前言

党的二十大报告提出，加快发展数字经济，促进数字经济和实体经济深度融合，打造具有国际竞争力的数字产业集群。近年来，深度学习、自然语言处理、计算机视觉等 AI 技术已取得突破性进展，并加速向各行各业渗透。新媒体运营作为连接内容、用户和商业的关键环节，正经历着向"智能驱动"的转变。传统的运营思维和模式面临着冲击，运营人员需要掌握 AI 工具和算法思维来适应新时代的要求，于是本书应运而生。本书以岗位能力培养为主线，深度融合前沿技术，展现行业发展新动态，反映新知识、新技术，旨在帮助学生掌握 AI 运营工具的用法、构建 AI 运营思维。

本教材具备以下核心优势。

一、落实立德树人，助力素养提升

本书全面落实立德树人根本任务，在内容设计上注重将思想性、科学性和时代性有机结合，注重培养学生的职业素养和行动能力。本书通过有机融入法律法规、德育知识等内容，提升学生的职业素养，使学生在未来的职业生涯中具备更强的适应能力和创新能力，力求在知识传授的过程中实现精神引领和品格塑造。

二、服务国家战略，对接产业需求

本书积极响应国家推动人工智能与数字经济发展的战略部署，将 AI 技术与新媒体运营深度融合，助力培养符合新时代要求的复合型人才。通过内容设计，本书强化对数字化转型和技术创新的支持，为实现科技强国目标贡献力量。此外，本书紧密结合行业前沿趋势，涵盖智能内容生产、数据分析等关键技能，帮助学生掌握最新技术和实战方法，满足企业对高效、精准新媒体运营的需求。

三、注重技能提升，践行理实一体

本书在设计开发中打破了传统的学科逻辑，以岗位能力培养为主线，突出能力培养和技能提升，同时大量引入实际工作情境中的案例、数据等，以激发学生的学习兴趣并引导学生应用 AI 技术解决新媒体运营中的实际问题。本书以"项目引领、任务驱动"为设计思路，围绕具体工作任务展开，从基础知识储备到前沿技术应用，循序渐进构建八大项目。其中，每个项目开篇都引入了"职场创新"板块，有机融入行业、岗位最新要求，旨在帮助学生更好地适应未来的职业环境。此外，本书将"知识储备"与"任务实施"相结合，以企业开展新媒体运营的实际情景为出发点，带领学生感知和理解 AI 如何赋能新媒体运营，提升学生的理论知识储备和实践技能。

四、创新教学形态，深化数字赋能

本书深度融合数字技术，配套多种数字资源。

本书提供慕课视频、交互式动画等资源，支持碎片化学习与个性化进度管理。

本书配套新媒体营销实战平台，还原微信公众号、小红书、微博等主流新媒体平台的工作场景，通过 AI 场景下的模拟运营、数据分析等环节，全方位提升 AI 赋能新媒体运营的实战能力。用书教师可通过人邮教育社区下载操作流程说明并获取试用账号。

本书立足产教融合，组建校企"双元"编写团队。本书由贵州电子商务职业技术学院的杨昌顺、叶彦希，以及北京博导前程信息技术股份有限公司的段建团担任主编；由贵州电子商务职业技术学院的陈诚、杨洋，以及北京博导前程信息技术股份有限公司的张磊担任副主编；此外，贵州电子商务职业技术学院的苏杨、北京博导前程信息技术股份有限公司的赵桂芸也参与了编写工作。其中，项目一由杨昌顺编写，项目二由叶彦希编写，项目三由段建团编写，项目四由陈诚编写，项目五由张磊编写，项目六由杨洋编写，项目七由苏杨编写，项目八由赵桂芸编写。最后，杨昌顺从意识形态、素质教育等维度把关教材编写质量，段建团从企业真实工作流、岗位人才需求等维度把关教材编写质量。

由于编者水平有限，书中难免存在各种不足，恳请广大读者批评指正，以便不断推动教材的改进与完善。

编者

2025 年 3 月

目录
CONTENTS

AI+新媒体运营基础认知

在当今，AI 技术正以前所未有的速度改变着新媒体运营的方式。对电商专业的学生而言，掌握 AI 在新媒体运营中的应用不仅是适应行业发展的必然选择，更是提升个人竞争力的关键所在。首先，AI 能够通过数据分析帮助我们更精准地了解目标用户群体，实现个性化推荐，从而提高转化率。其次，在内容创作方面，AI 可以自动生成文案、图像等素材，极大地提高了工作效率，降低了成本。最后，AI 还能够自动监控网络舆情，及时发现并处理负面信息，维护品牌形象。更重要的是，随着 AI 技术的不断进步，未来新媒体运营将更加依赖智能化工具，因此，学习和掌握 AI 在新媒体运营中的应用，将为同学们的职业发展打下坚实的基础。总之，AI 不仅为新媒体运营带来了革命性的变化，也为电商专业人才提供了更广阔的发展空间。希望同学们能够抓住这一机遇，成为新时代的数字营销专家。

项目一

走进新媒体运营

纵览各大招聘平台，在数智时代，企业对新媒体运营人员的能力提出了新的要求，很多企业在招聘信息中要求新媒体运营人员须具备多方面的能力，同时还要具备新技术的应用能力。而在新媒体运营中，应用 AI 技术正逐渐成为提高工作效率、优化用户体验和增强内容创新能力的重要手段。假设你是一家大型电商平台的新媒体运营部门负责人，负责管理内容创作与优化团队，在技术赋能的当下，你对部门人员的要求也发生了变化。以新媒体运营专员岗位为例，其典型工作任务技能要求如表 1-1 所示。

表 1-1　新媒体运营专员典型工作任务技能要求

典型工作任务	工作内容与要求（传统场景）	工作内容与要求（AI 赋能）
内容创作与发布	1. 根据公司产品和市场活动，撰写各类文案，定期策划内容主题和活动，确保内容的多样性和吸引力； 2. 熟悉各平台的发布流程和规则，能够高效管理多个发布渠道	1. 利用 AI 文本生成工具（如 ChatGPT、文心一言等）生成初步内容，再进行人工润色和优化； 2. 具备数据分析能力，能够根据 AI 提供的改进建议进行内容调整
用户管理和互动	1. 具备耐心和较强的沟通能力，能够及时响应和解决用户的需求和问题； 2. 具备社区管理经验和危机处理能力	1. 能够配置和管理 AI 聊天机器人，确保其回复的准确性和及时性； 2. 能利用 AI 工具自动化部分管理任务，如自动检测和过滤垃圾信息
数据分析与优化	具备较强的数据收集和整理能力，能够使用 Excel 等工具进行数据处理，从数据中发现问题和机会	具备使用数据可视化工具的能力，能够生成和解读图表报告
营销推广与活动策划	具备较强的创意策划能力和组织协调能力，能够制定详细的活动方案并执行	具备使用 AI 工具的能力，能够结合 AI 生成的建议制定详细的活动方案并执行

项目概述

本项目旨在引导学生初步认识新媒体运营，了解新媒体运营的具体工作内容，认识常见的新媒体运营平台，构建新媒体矩阵。除此之外，本项目还将深入解析人工智能生成内容（Artificial Intelligence Generated Content，AIGC）在新媒体运营中的核心技巧与常用工具，帮助学生认识到关键词和提示词的重要性，理解如何在新媒体运营的不同场景中运用提示词工程，以及熟悉各类 AIGC 工具的基本功能和应用场景。

学习目标

1. 能够在新媒体运营工作中尝试新技术、新工具，提升新媒体运营的效率与质量。
2. 分析新媒体运营的工作内容。
3. 设计新媒体矩阵运营策略，能够构建满足目标受众需求的新媒体矩阵。
4. 认识关键词和提示词在 AIGC 中的应用及重要性，能够区分关键词与提示词。
5. 能应用提示词工程原理，在不同新媒体运营场景中设计有效的提示词，以优化内容生成过程，提升内容的吸引力和传播效率。
6. 熟悉 AIGC 工具中的文本生成工具、图像生成工具、视频生成工具和语音生成工具的基本功能，能够根据具体的项目需求选择合适的 AIGC 工具。

任务一　认识新媒体运营

任务分析

全面认识新媒体运营，需要完成以下任务：
1. 了解新媒体运营工作内容，分析不同新媒体平台的特性与用户行为；
2. 整理常见的新媒体运营平台，了解每个平台的特性和适用场景；
3. 梳理数智时代新媒体运营的规范，包括内容合规、著作权保护、用户隐私保护和数据安全等方面的要求。

【知识储备】

一、数智时代新媒体运营工作内容演变

新媒体运营是指利用互联网及移动互联网平台进行内容创作、传播和用户互动，以达到品牌推广、产品销售等目的的一种营销活动。在数智时代之前，新媒体运营的工作内容相对简单，主要集中在内容制作与发布、渠道管理和用户互动三个方面。而在数智时代，新媒体运营的核心在于数据驱动和智能化服务。具体来说，数智时代新媒体运营工作内容发生了如下演变。

1. 数据驱动的内容优化

通过数据分析，新媒体运营人员可以了解用户的行为习惯和兴趣，从而优化内容策略，

提升内容的吸引力和传播效果。例如，今日头条利用大数据分析用户的阅读偏好，为其推荐个性化内容，提高了用户留存率和内容的点击率。

2. 智能化的用户互动

智能客服和 AI 聊天机器人等技术的应用，使得用户互动更加高效和个性化，提升了用户体验和满意度。例如，阿里巴巴的"阿里小蜜"智能客服系统通过自然语言处理技术，能够自动回答用户的问题，提供 24 小时不间断的服务。

3. 多渠道整合与协同

数智时代的新媒体运营不再局限于单一平台，而是通过多渠道整合，实现内容的跨平台传播并促进用户互动。例如，小米公司通过社交媒体、官方网站、线下门店等渠道进行品牌宣传，形成全方位的营销网络。

4. 品牌塑造与危机管理

在数智时代，品牌塑造不仅仅是广告宣传，更重要的是通过真实的故事和互动，建立与用户间的信任关系。同时，新媒体运营人员还需要具备应对负面信息的能力，能及时进行危机公关。例如，海底捞通过社交媒体发布员工生活视频，展示企业的社会责任感，成功提升了品牌形象。

5. 个性化营销与精准推送

通过大数据和 AI 技术，新媒体运营人员可以实现精准营销，将合适的内容推送给合适的用户，提升营销效果。例如，京东通过用户画像技术，为每位用户推荐个性化的产品和服务，提高了转化率。

> ✎ **知识链接**
>
> "数智化"一词在我国最早见于 2015 年北京大学"知本财团"课题组提出的思索引擎课题报告，最初的定义是数字智慧化与智慧数字化的合成。
>
> "数智化"是"数字化"与"智能化"两个概念的延伸和发展。数字化是技术概念，指将万事万物抽象为数字；而智能化则是数字技术的应用，强调人机的深度对话和深度学习，实现智慧的提升和应用。

▌二、常见的新媒体运营平台

在新媒体运营中，选择合适的平台是至关重要的。不同的平台有不同的用户群体和功能特点，了解这些平台的特性和适用场景，有助于新媒体运营人员有效地进行内容创作和用户互动。

1. 微信平台

微信是我国最大的社交平台之一，包括微信公众号、微信群、微信小程序、微信小商店等。微信公众号是企业进行品牌宣传和用户互动的主要渠道，微信群可以用于管理用户和提供服务，微信小程序和小商店则为企业提供了更多的商业机会。例如，一家旅游公司可以在微信公众号上发布最新的旅游攻略和优惠信息，通过微信群进行用户管理和互动，利用微信小程序提供在线预订服务。

2. 微博平台

微博的用户活跃度高，是国内最大的网络舆论阵地之一，是品牌营销的绝佳平台。企业可以通过微博热搜话题、图文消息、活动链接、品牌联动、推广代言等信息打造年轻、个性化的形象，与用户交流互动，拉近与用户之间的距离。例如，一个服装品牌可以通过微博发布新品上市信息，参与热门话题讨论，与用户互动，提高品牌曝光度。

3. 小红书平台

小红书是一个以生活方式分享为主的社交电商平台，其主要用户是"90后"，用户集中在一、二线城市。小红书涵盖护肤、彩妆、时尚穿搭、家居好物等领域，精准的垂直定位和"爆款"笔记是在小红书上实现成功运营的关键。例如，一个美妆品牌可以在小红书发布产品试用心得、化妆教程等内容，吸引用户关注和分享。

4. 抖音平台

抖音是我国最大的短视频平台之一，用户群体年轻、活跃，喜欢观看和分享有趣的短视频内容。企业可以通过抖音发布产品细节、用户故事、活动预告等内容，吸引用户关注和互动。例如，一个食品品牌可以在抖音发布产品制作过程、用户试吃视频等内容，增强用户的兴趣和购买意愿。

5. B站平台

哔哩哔哩（也称B站）是一个以二次元文化为主的视频社区，用户群体年轻、活跃，喜欢观看和分享动漫、游戏、科技类视频内容。企业可以通过B站发布产品介绍、用户故事、活动预告等内容，吸引用户关注和互动。例如，一个科技品牌可以在B站发布产品评测、使用教程等内容，增强用户的信任感和购买意愿。

▎三、数智时代新媒体运营规范

在数智时代，新媒体运营不仅要关注内容的创作和传播，还要遵守相关的法律法规和行业规范，确保内容的合法性和合规性。了解数智时代新媒体运营规范，有助于运营人员规避风险，提升内容的质量和影响力。

1. 内容合规

新媒体运营的内容必须符合国家法律法规的要求，不得含有不良信息，不得侵犯他人的合法权益。例如，不得发布含有淫秽、暴力、赌博等内容的不良信息，不得侵犯他人的肖像权、名誉权等。运营人员需要定期审查内容，确保内容的合法性和合规性。

2. 著作权保护

新媒体运营中使用图片、视频、音频等素材，不得侵犯他人的著作权。例如，使用网络上的图片时，需要确认图片的著作权归属，必要时应购买著作权或取得许可使用权。运营人员需要建立著作权意识，避免因著作权问题引发法律纠纷。

3. 用户隐私保护

新媒体运营中收集和使用用户个人信息时，必须遵守相关法律法规的要求，保护用户的隐私权。例如，收集用户信息时需要明确告知用户信息的用途，不得滥用用户信息。运营人员需要建立用户隐私保护机制，确保用户信息的安全。

4. 数据安全

新媒体运营中收集和使用用户数据时，必须采取有效的安全措施，防止数据泄露和滥用。例如，建立数据加密、备份、访问控制等安全机制，定期进行安全检查和漏洞修复。运营人员需要建立数据安全意识，确保数据的安全和合规使用。

【任务实施】

任务活动1　认识常见新媒体运营平台

新媒体运营涉及多种平台，每种平台都有其独特的用户群体和内容形式。了解这些平台的特点和运营规则，是对新媒体运营人员的基本要求。

步骤1：常见平台分析。

选择3～5个你熟悉的新媒体运营平台，收集用户群体、主要功能、内容类型、运营策略等平台基本信息，并汇总到表1-2中。

表1-2　常见平台基本信息

平台	用户群体	主要功能	内容类型	运营策略

步骤2：账号注册与设置。

根据在步骤1中选择的平台，完成账号注册与基本信息设置。一般需要进入所选平台的官方首页，选择注册账号，按照平台提示提交所需资料。注册完成后，进入账号管理中心，可以初步设置头像、昵称、简介等信息。

步骤3：发布内容

在注册了账号的每个平台上发布一条内容，内容可以是文字、图片或视频，要求内容具有一定的吸引力和互动性。

知识链接

1. 微博内容发布

进入新浪微博后台，单击"发微博"按钮，输入文字内容，上传图片或视频，选择合适的标签，单击"发送"按钮，操作页面如图1-1所示。注意内容的吸引力和互动性，可以使用热门话题标签提高曝光度。

图1-1　微博内容发布页面

2. 微信公众号内容发布

进入微信公众号后台，在"新的创作"区域单击"文章"按钮。进入"文章"内容编辑页面后，输入标题和正文，也可以在正文区域上传图片或视频，设置封面图，单击"发表"按钮，如图1-2所示。在微信公众号中，除发布文章之外，还可以发布图片、视频、音频及转载内容等。

图1-2　微信公众号内容发布页面

3. 抖音内容发布

进入抖音 App，点击"+"按钮，选择拍摄或上传视频等，编辑内容，添加音乐和特效，如图1-3所示，点击"下一步"按钮，输入描述性文字，选择合适的标签，点击"发作品"按钮。注意内容的创意和趣味性，可以使用热门音乐和挑战增强互动性。

4. 小红书内容发布

进入小红书 App，点击"+"按钮，选择拍摄或上传图片等，编辑内容，输入标题和描述性文字，选择合适的标签，点击"发笔记"按钮，如图1-4所示。注意内容的真实性和实用性，可以使用热门话题标签提高曝光度。

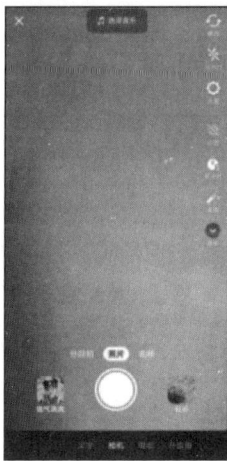

图1-3　抖音内容发布页面　　　　图1-4　小红书内容发布页面

任务活动2　梳理数智时代新媒体运营规范

步骤1：梳理相关规范。

各个平台都会公布相关规范，例如，在微信公众号官方首页的"规则中心"，可以看到公示的规范，如图1-5所示。

图 1-5 微信公众号官方首页公示的相关规范

根据在本任务活动 1 中选择的相关平台，分析平台公示的相关规范，尤其是关于著作权、广告、内容的具体规范。

? 想一想

在实际的新媒体运营工作中，除了要遵守平台的相关规范，还要遵守哪些规范？

步骤 2：制定运营规范。

请基于前文相关内容，根据表 1-3 所示的运营规范提示框架，制定后续运营新媒体运营平台账号的规范。

表 1-3 运营规范提示框架

规范类型	规范内容
内容审核	制定内容审核流程，包括初审、复审、终审等环节，确保内容合法合规
著作权管理	制定著作权管理规定，包括素材的来源、使用权限、授权方式等，确保素材的合法使用
用户隐私保护	制定用户隐私保护措施，包括用户信息的收集、存储、使用和销毁等环节，确保用户信息安全
数据安全	制定数据安全管理规范，包括数据的加密、备份、访问控制相关安全机制，确保数据的安全和合规使用

✎ 练一练

请你选择一个自己感兴趣的平台，按照上述任务实施步骤进行操作，制定一份新媒体运营规范手册，手册内容应包括内容审核、用户隐私保护、著作权管理等方面。

🔬 任务二 构建新媒体矩阵

📖 任务分析

构建新媒体矩阵，需要完成以下任务：

1. 了解构建新媒体矩阵的原则；
2. 熟悉新媒体矩阵的常见形式，包括横向矩阵和纵向矩阵。

一、新媒体矩阵的构建原则

新媒体矩阵是指企业在多个新媒体平台上建立的账号体系，这些账号之间相互关联，形成一个有机的整体。新媒体矩阵的作用在于实现多渠道、多形式的内容传播和用户互动，提高品牌曝光度，扩大用户覆盖范围，提高用户黏性和转化率。

构建新媒体矩阵时，需要遵循以下原则，以确保矩阵的高效运行和效益最大化。

1. 目标一致

所有账号的目标用户和内容方向应保持一致。这意味着每个平台上的内容和活动应该围绕相同的品牌核心价值和目标用户展开。例如，如果品牌的核心价值是提供高质量的户外探险体验，那么在微信公众号上发布的文章、微博上发布的动态、小红书上发布的使用体验、抖音上发布的短视频都应该围绕这一核心价值展开，确保用户在不同平台获得一致的品牌体验。

2. 互补性强

不同平台的用户群体和功能特点应形成互补。每个平台都有其独特的用户群体和功能特点，因此在构建新媒体矩阵时，需要选择能够互补的平台。例如，微信公众号适合发布有深度的文章和品牌故事，微博适合发布实时动态和热点话题，小红书适合分享使用体验和"种草"内容，抖音适合发布短视频和创意内容。

3. 协同运作

不同平台的账号之间应相互配合，形成合力。这意味着在不同平台上发布的内容和活动应该相互呼应，形成联动效应。例如，可以在微信公众号发布一篇文章，引导用户在微博参与话题讨论，在小红书上分享心得，在抖音观看短视频。

4. 内容差异化

尽管所有账号的目标一致，但在不同平台上发布的内容应有所差异，以满足不同平台用户的偏好。例如，微信公众号上的内容应有深度、专业，微博上的内容应简洁、有热度，小红书上的内容应生动、个性化，抖音上的内容应有趣、有创意。

5. 资源集中

在资源有限的情况下，应优先选择用户基数大、用户活跃度高、与品牌定位匹配度高的平台进行重点运营。例如，如果品牌的目标用户主要是年轻人，那么可以优先选择抖音、小红书等年轻人活跃的平台进行重点运营，而在其他平台上进行基础维护。

6. 数据互通

不同平台之间的数据应实现互通，以便进行综合分析和优化。这意味着需要建立统一的数据管理系统，收集和整合不同平台的数据，进行综合分析，为优化运营策略提供依据。例如，运营人员通过数据分析，发现某个平台的用户更喜欢某种类型的内容，从而有针对性地推送相关内容，提高用户活跃度。又如，运营人员通过数据分析，评估不同平台的运营效果，优化资源配置，提高整体运营效率。

二、新媒体矩阵常见形式

1. 横向矩阵

横向矩阵是指企业在多个不同类型的新媒体平台开设账号，以此构建跨平台的传播网络。例如，在微信、微博、小红书、抖音等各个新媒体平台开设账号并发布多样化的内容，以此来吸引不同的受众，从而快速提升品牌影响力。

2. 纵向矩阵

纵向矩阵是指企业在某个新媒体平台的生态内布局，即在同一平台开设不同功能的账号并使之形成组合，以深度挖掘用户需求，实现更精准的营销。例如，在微信平台开设公众号、服务号，并开发小程序，通过多账号或功能布局，实现对目标用户的深度运营，提高用户黏性和转化率。

【任务实施】

假设你是一家名为"绿源健康"的新兴健康食品公司的新媒体运营负责人。公司主要生产有机食品、健康零食、功能性饮料等产品，目标用户群体为注重健康生活的人。公司希望通过搭建和优化新媒体矩阵，提升品牌知名度，促进用户互动，促进产品销售。

任务活动 1　认识新媒体矩阵

查阅相关资料，列出 2～3 个你熟悉的新兴健康食品品牌，查询、整理其所搭建的新媒体矩阵的相关信息，并分析其搭建的新媒体矩阵在品牌宣传、用户互动、销售转化等方面发挥的具体作用，最后将信息汇总到表 1-4 中。

表 1-4　相关品牌的新媒体矩阵信息

新兴健康食品品牌	搭建的新媒体矩阵	新媒体矩阵发挥的作用

任务活动 2　设计新媒体矩阵形式

步骤 1：品牌信息整理。

"绿源健康"品牌信息如表 1-5 所示。

表 1-5　"绿源健康"品牌信息

公司概况	<ul><li>公司名称：绿源健康</li><li>成立时间：2022 年</li><li>主营产品：有机食品、健康零食、功能性饮料</li><li>目标用户：注重健康生活的人</li><li>产品特点：天然、无食品添加剂、健康、美味</li></ul>
当前市场情况	<ul><li>竞争格局：市场上已有多个知名健康食品品牌，竞争激烈</li><li>用户需求：越来越关注食品安全和健康，对有机食品和健康零食的需求日益增加</li><li>市场趋势：健康食品市场持续扩大，特别是线上渠道的销售增长迅速</li></ul>

现有新媒体资源	• 微信公众号：已注册，粉丝约 1000 人，每周发布 2～3 篇内容，主要包括产品介绍、健康知识等 • 微博：已注册，粉丝约 500 人，每周发布 5～7 条内容，内容以产品动态、用户互动等为主 • 抖音：已注册，粉丝约 300 人，每周发布 3～4 条短视频，内容以产品展示为主 • 小红书：已注册，粉丝约 200 人，每周发布 2～3 篇笔记，内容以用户体验分享为主
目标	• 品牌知名度提升：品牌知名度在半年内提升 30% • 用户互动增加：提高用户互动率，每月互动次数增加 50% • 销售转化率提高：线上销售额在半年内提升 20%

步骤 2：账号规划。

根据品牌或产品的特点，确定企业号、个人号等账号类型，并打造相应的账号人设。制定各账号的内容规划，包括内容类型、发布频率、更新时间等，确保内容具有吸引力和传播力。将相关信息填写到表 1-6 中。

表 1-6 "绿源健康"新媒体运营账号规划

平台	账号人设规划	账号内容规划
微信公众号		
微博		
抖音		
小红书		

步骤 3：横向矩阵与纵向矩阵搭建。

在同一平台内部布局多个账号，实现生态布局和产品线纵深布局。在不同平台进行营销，形成横向矩阵，覆盖更广泛的用户群体。根据"绿源健康"新媒体运营目标，完成矩阵搭建，填写表 1-7。

表 1-7 "绿源健康"矩阵搭建

矩阵	账号	矩阵设计
横向矩阵		
纵向矩阵		

任务三 AIGC 提示词的设计与应用

任务分析

掌握 AIGC 提示词设计的核心技巧并应用，需要完成以下任务：

1. 认识关键词和提示词在 AIGC 中的应用及其重要性；
2. 熟练应用提示词工程，能够根据不同新媒体运营场景设计有效的提示词。

【知识储备】

一、认识关键词和提示词

在新媒体运营中，关键词是指那些能够高度概括内容主题、产品特点或服务优势的词语或短语。而在 AIGC 领域，关键词是指那些能够准确反映用户需求或主题的词语，它的选取应以对目标市场和目标用户的深入分析为基础。例如，在为一个旅游网站撰写推广文案时，通过调研发现"自然风光""文化遗产""美食体验"等是潜在游客十分关心的话题，因此可以将这些词汇作为关键词融入 AI 生成的内容中，以吸引目标用户的注意。

知识链接

关键词在新媒体运营中可应用于以下几个方面。

搜索引擎优化（Search Engine Optimization，SEO）：使用相关性高且具有高搜索量的关键词，可以提高网页或文章在搜索结果页面中的排名，从而吸引更多的自然流量。例如，如果运营一个健康食品网站，那么"有机食品""天然零食"等词汇就可能是关键词。

内容创作：在撰写博客文章、社交媒体帖子或其他类型的内容时，围绕特定的关键词进行创作有利于更好地定位目标读者，并满足他们的需求。例如，如果目标是吸引健身爱好者，那么"增肌食谱""减脂餐计划"等关键词就应该被融入内容中。

广告投放：在进行在线广告投放时，选择合适的关键词可以增大广告展示给对产品或服务感兴趣的潜在客户的概率，从而提升广告效果和投资回报率。例如，在谷歌广告（Google Ads）或百度推广中设置精准的关键词，可以使广告更加有针对性地出现在潜在客户的搜索结果页面中。

数据分析：分析关键词的表现数据（如点击率、转化率等），可以了解哪些关键词表现较好，进而调整策略，优化内容和营销活动。

在新媒体运营中，提示词是指用于引导 AIGC 工具生成特定内容或执行特定任务的一段文本或指令。提示词的设计和优化对确保 AI 输出内容的质量和相关性至关重要。

二、新媒体运营场景中的提示词工程的应用

提示词工程，也称指令工程，包括为生成式人工智能工具提供提示词的各种技术和方法。提示词工程是一种通过优化输入文本来改进模型生成结果质量的方法。在新媒体运营中，提示词工程可以应用到新媒体文本内容生成、视觉内容生成、用户行为分析、客户服务等多个方面。

1. 文本内容生成

新媒体运营中，内容创作是吸引和保持用户注意的重要手段，内容的多样性和创新性是

留住用户的关键。运营人员通过提示词工程，可以快速生成符合需求的高质量内容，节省时间和成本。图 1-6 所示为文心一言生成的文本内容示例。

图 1-6　文心一言生成的文本内容示例

2. 视觉内容生成

在新媒体运营中，高质量的图片和视频不仅能够提升品牌形象，还能促使用户产生情感共鸣。特别是在社交媒体平台上，视觉内容往往比纯文字内容更容易引起用户的兴趣。运营人员通过提示词工程，可以快速生成符合品牌风格和满足特定需求的视觉内容，提升内容的多样性和创意性。图 1-7 所示为文心一言生成的视觉内容示例。

图 1-7　文心一言生成的视觉内容示例

3. 用户行为分析

了解用户的行为模式和偏好是优化营销策略和提升用户体验的基础。运营人员通过分析用户在网站、App 或社交媒体平台上的行为数据，可以发现用户的兴趣和痛点，从而制定更精准的营销策略。提示词工程可以帮助运营人员自动生成详细的用户行为分析报告，并提供数据支持，使决策更加科学和有效。图 1-8 所示为文心一言生成的小红书用户画像报告示例。

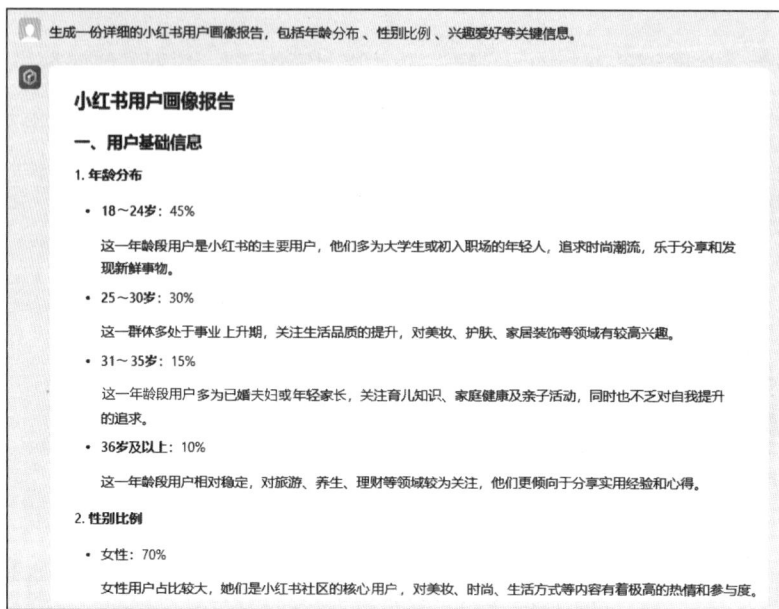

图 1-8　文心一言生成的小红书用户画像报告示例

4．客户服务

优质的客户服务是提升用户满意度和品牌口碑的重要因素。在新媒体运营中，运营人员通过在线客服系统及时解决用户的问题和处理用户的投诉，可以有效解决用户的困扰，增强和提升用户的信任感和忠诚度。提示词工程可以帮助运营人员自动生成标准的回复模板，确保每一条回复都专业、礼貌且有效，提高客服效率和质量。图 1-9 所示为文心一言生成的标准回复模板示例。

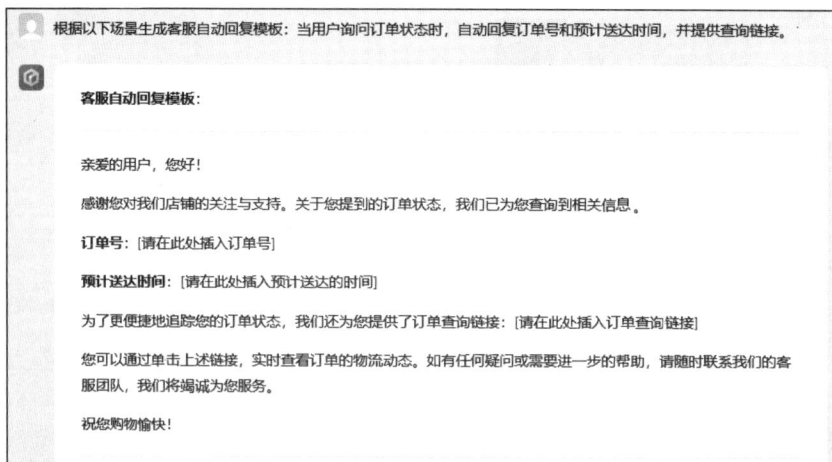

图 1-9　文心一言生成的标准回复模板示例

这里需要特别注意的是，提示词工程不仅涉及给出指令，还涉及如何精心设计和优化这些指令，以使 AI 能够更高效、准确地完成任务。

德育课堂

在新媒体运营中，内容创作者不仅需要追求技术的先进性和内容的创新性，还应确保内容的正面导向。近年来社会上出现了许多关于网络暴力、隐私泄露和个人信息安全的热点事件，这些事件提醒内容创作者在利用 AI 生成内容时，必须坚守道德底线，传递正能量。具体来说，内容创作者应该具备诚实守信的品质，避免传播虚假信息或误导性内容，确保信息的真实性和可靠性。同时，要尊重用户隐私，不滥用用户个人信息，保护用户的数据安全。此外，内容创作者应积极倡导社会主义核心价值观，反对任何形式的歧视和偏见，促进社会和谐。例如，在生成有关女性职场地位的内容时，应强调性别平等和女性赋权，避免使用带有性别刻板印象的语言。在涉及环保话题时，内容创作者应倡导绿色生活和可持续发展理念，鼓励用户采取实际行动保护环境。做到以上方面，不仅有利于内容创作者提升自身的道德素养，还有利于传递更多积极向上的价值观，共同营造健康、文明的网络环境。

【任务实施】

任务活动 1　设计关键词和提示词

假设你是一名新媒体运营人员，负责一个专注于户外探险和旅行的旅游网站的推广工作，在春天到来前，你需要通过一系列高质量的内容营销活动，吸引更多潜在游客的关注，提高网站流量和用户转化率。为了实现这一目标，你决定利用 AI 技术来辅助内容创作。首先你需要研究与选择关键词并设计提示词。

步骤 1：研究与选择关键词。

研究与选择关键词的目的是确保关键词能吸引目标受众关注。

在调研关键词时，可使用 SEO 工具，如熊猫关键词工具、斗牛 SEO 工具、谷歌关键词规划师（Google Keyword Planner）、Semrush 等，收集与"春季户外探险"相关的热门关键词。同时，参考社交媒体上的热门话题标签，了解潜在游客的兴趣。

调研之后，最终确定如下关键词：春季徒步旅行、赏花地点、家庭友好露营地、春季户外装备推荐、自然保护区徒步路线。

练一练

请同学们选择一款关键词工具，通过调研，整理出 3 个与"春季户外探险"相关的热门关键词。

步骤 2：设计提示词。

基于选定的关键词，设计能够引导 AI 生成高质量、符合品牌风格的内容的提示词。设计提示词时，需要确保每个提示词都具备清晰度、具体性和导向性。

对于"春季徒步旅行"，提示词可以是："撰写一篇关于春季徒步旅行的最佳目的地指南，包括路线建议、必备装备清单及安全注意事项。"

对于"赏花地点"，提示词可以是："请生成一份详细的春季赏花地点推荐列表，每个地点都配有美图和简短的介绍。"

对于"家庭友好露营地"，提示词可以是："创建一篇关于适合家庭露营的营地指南，强调设施完善、安全性高且交通便利的地点。"

对于"春季户外装备推荐"，提示词可以是："列出五款适合春季户外活动的装备，包括但不限于徒步鞋、背包、防晒霜等，并简要说明每款产品的优点。"

对于"自然保护区徒步路线"，提示词可以是："编写一篇关于中国顶级自然保护区的徒步路线推荐文章，涵盖路线难度、景观特色和生态保护知识。"

任务活动2 优化提示词

基于活动1设计的提示词，根据需要解决的问题或达成的目标，构建合理的逻辑结构，并适当加入情感元素，例如"春季徒步旅行"的提示词可以优化为：

"你是一名新媒体运营人员，负责一个专注于户外探险和旅行的旅游网站的推广工作。你的目标是在春天到来前，通过一系列高质量的内容营销活动，吸引更多潜在游客的关注，提高网站流量和用户转化率。现在你需要围绕陕西省撰写一篇关于春季徒步旅行的最佳目的地指南，包括徒步路线建议、必备装备清单及安全注意事项。"

以文心一言为例，其生成的结果如下。

陕西省春季徒步旅行最佳目的地指南

春季是徒步旅行的最佳季节，陕西省作为我国的历史文化名省，不仅拥有丰富的人文景观，还拥有许多令人心旷神怡的自然风光。在这个万物复苏的季节，让我们走进陕西，探寻那些隐藏在山水间的徒步秘境。

一、徒步目的地建议

1. 太白山。

- 里程：视具体路线而定（一般登山路线为30千米左右）
- 难度：★★★
- 特色：太白山是陕西的最高峰，其以雄伟和植被丰富著称。春季的太白山，万物复苏，漫山遍野的鲜花和清新的空气让人心旷神怡。徒步太白山，不仅可以欣赏到壮丽的山景，还能感受到大自然的生机与活力。

2. 华山。

- 里程：视具体路线而定（一般登山路线约10千米）
- 难度：★★★★
- 特色：华山以其险峻著称，春季的华山更是美不胜收。无论是清晨的云海还是傍晚的晚霞，都能让徒步者感受到大自然的鬼斧神工。建议选择一条适合自己的徒步路线，仔细品味华山的每一处美景。

二、必备装备清单

1. 背包：选择一款轻便且容量适中（20L以内）的背包，如始祖鸟、萨洛蒙等品牌的背包。

2. 徒步鞋：选择防滑的徒步鞋，确保徒步过程中的安全。

3. 登山杖：建议带两根，保持身体平衡，省力又实用。优先选择由碳纤维制成的登山杖，因为其不易折断。

---

4. 衣物：速干透气的衣物是首选。准备运动内衣、速干衣、防晒衣、冲锋衣等，根据天气增减。

5. 路餐：准备饮用水 1～1.5L，可搭配功能饮料。食物可选面包、饼干、八宝粥等，水果也是好选择。

6. 急救包：准备创可贴、消毒药水、止痛药等，以备不时之需。

三、安全注意事项

1. 列队行走：徒步队伍应保持适当的距离，避免走失或迷路。经验丰富的领队通常负责收尾，确保团队成员的安全。

2. 避免单独行动：单独行动容易迷路，应尽量避免。若需临时离开队伍，应告知领队并要求留人等待。

3. 保持联络：携带哨笛、头灯、手机等工具，确保在紧急情况下能够与外界联络。

4. 节省体力：徒步前做热身运动，活动脚部、腰部、背部等。徒步过程中，定时休息，增减衣物，避免憋尿。

5. 原地等待：如发生走失或迷路等情况，应在保证自身安全的情况下，尽量在原地等待救援。

在这个春季，不妨背起行囊，走进陕西的自然美景中，享受一次难忘的徒步旅行。希望这篇指南能够帮助您规划一次安全、愉快的徒步之旅，留下美好的回忆。

练一练

请同学们根据活动 1 整理出的其他关键词——"赏花地点""家庭友好露营地""春季户外装备推荐""自然保护区徒步路线"，设计并优化对应的提示词，并任选一款 AIGC 工具，生成新媒体营销文案。

任务四　常用 AIGC 工具

任务分析

掌握常用 AIGC 工具，需要完成以下任务：

1. 认识常用的 AIGC 工具，理解这些工具的基本功能及其在新媒体运营中的应用；
2. 熟练使用 AIGC 工具，生成具有吸引力和互动性的内容。

【知识储备】

一、常用的 AIGC 工具

在新媒体运营中，利用 AIGC 工具已经成为提高内容生产效率和内容质量的重要手段。

市面上有许多优秀的 AIGC 工具，每种工具都有其独特的功能和适用场景，如表 1-8 所示。

表 1-8 常用的 AIGC 工具

工具类型	AIGC 工具	功能	优点	适用场景
文本生成工具	文心一言	擅长自然语言理解和生成文本内容；能够撰写不同类型的文本；提供文本润色和摘要提取服务；支持多语言翻译	功能多样，可满足多种文本创作和翻译需求；其文本润色和摘要提取功能能够提升文本质量	文本创作和翻译、文本润色和摘要提取
	DeepSeek	支持文字输入和文件上传，理解并解析自然语言，快速响应并给出详细答复；提供准确流畅的翻译服务；根据指令自动生成创意文案，撰写各类文章和报告	功能全面，能满足多种文本生成需求；翻译准确，支持多语言环境	文本创作、内容设计等
图像生成工具	文心一格	能够生成艺术作品、工业设计作品、游戏动漫作品、文章插画等不同种类的图像	风格多样：能生成多种艺术风格的作品；操作便捷：用户输入文字描述即可快速生成图像	图像创作、设计等场景
	亿图图示 AI	能够一键生成思维导图、解析总结文件、生成 PPT/海报；能依据用户给定的主题、关键词等快速生成思维导图的框架内容	功能丰富，能满足多种图像生成需求；节省构思时间，提高工作效率	项目规划、学习笔记整理、创意头脑风暴等场景
视频生成工具	可灵 AI	支持基于文本和图片的视频生成；允许用户自定义视频的起始和结束画面，实现视频内容的续写	视频生成能力强，支持自定义内容；对用户友好，易于上手	视频创作、内容续写等场景
	即梦 AI	能够生成流畅自然的视频片段；支持智能画布和故事创作	生成的视频自然流畅；提供丰富的创作功能，有利于增强视频多样性	日常视频创作、故事叙述等场景

▌二、AIGC 工具的使用技巧

正确使用 AIGC 工具不仅能够帮助创作者节省大量时间和精力，还能激发其更多的创意灵感。以下是使用 AIGC 工具的一些技巧。

1. 选择合适的 AIGC 工具

目前存在多种多样的 AIGC 工具，每种工具都有其特色和优势。创作者应该根据自己的实际需求来挑选最合适的工具。

2. 精心设计提示词

无论是生成文本还是生成图像，提示词都是创作者与 AIGC 工具沟通的桥梁，它的质量直接决定了生成内容的好坏。好的提示词应该是具体、清晰且富有创意的。例如，在要求 AIGC 工具生成一篇关于健康饮食的文章时，提示词不可以是"写一篇关于健康饮食的文章"，而应更具体地说明文章的叙述角度、字数、风格等细节，如"写一篇 800 字左右的科普文章，介绍地中海饮食的好处，采用轻松幽默的风格"。

3. 不断试验和迭代

初次生成的内容可能并不完美，这需要创作者不断地调整提示词，尝试不同的设置和参数，直至获得满意的结果。这个过程虽然可能会耗费时间，但它是提高生成内容质量不可或缺的一步。同时，创作者也可以在这一过程中总结出哪些做法有效，哪些做法不尽如人意，为后续的工作积累宝贵的经验。

4. 合理进行润色和完善

AI 生成的内容往往还需要经过人工的润色和完善。例如，对于生成的文本内容，可能需要校对语法错误、优化句子结构；对于生成的图像，则可能需要使用专业的图像编辑软件进行裁剪、调色等操作。合理进行润色和完善，可以使最终的作品更加专业和精致。

【任务实施】

以任务三中设计的关键词和提示词为例，展示如何运用不同的 AIGC 工具生成高质量的新媒体营销内容。

任务活动 1 AI 生成文本

步骤 1：选择文本生成工具。

目前市场上有多种文本生成工具，这些工具各有特色，能满足不同的创作和办公需求。根据个人需求选择文本生成工具。

知识链接

主要文本生成工具如下。

1. Kimi

功能：具备长文本写作、智能搜索、高效阅读、专业解读文件、整理资料、辅助创作及编程等功能。

优势：创意丰富，能生成多样化文案；操作简便，用户页面友好。

2. 豆包

功能：自动识别并修正文本中的语法错误、拼写错误，自动调整排版格式。

优势：可在多平台使用，能提升文档的专业性和美观度。

3. 文心一言

功能：支持多轮对话、AI 角色切换、多语言翻译。

优势：智能化程度高，对话自然流畅。

4. 笔灵 AI

功能：支持文本生成、改写和润色。

优势：快速生成论文大纲、短视频脚本和演讲稿等内容，提供海量模板。

5. 讯飞智文

功能：基于规则模型，支持一键生成文档内容，具有在线编辑、美化、排版和一键动效功能。

优势：支持多种文件导出格式和动画效果。

6. 聪明灵犀

功能：智能生成高质量文本内容。

优势：功能全面，操作简便，支持自定义文章风格和篇幅，可在多平台使用。

7. Copysmith

功能：快速生成广告文案、产品描述和销售信件等内容。

优势：高效实用，能满足全球营销需求；支持多种语言，提供丰富模板。

8. ChatGPT

功能：支持多种类型文档的生成。

优势：文本生成效果自然，语言流畅，支持多种文档类型。

本活动以文心一言为例，进行后续操作演示。

步骤2：AI生成初稿。

打开文心一言，新建对话，以"赏花地点"为关键词，在指令框中输入相应提示词，生成文本内容。提示词及生成的文本内容如下。

【提示词】

你是一名新媒体运营人员，负责一个专注于户外探险和旅行的旅游网站的推广工作。你的目标是在春天到来前，通过一系列高质量的内容营销活动，吸引更多潜在游客的关注，提高网站流量和用户转化率。请生成一份详细的陕西西安春季赏花地点推荐列表，每个地点都配有美图和简短的介绍。

【生成内容】

陕西西安春季赏花地点推荐

春天是万物复苏的季节，也是赏花的好时节。在陕西西安，您可以欣赏到种类繁多的花。以下是我们为您精心挑选的春季赏花地点，每个地点都配有简短介绍，但由于实际限制，无法直接提供美图，建议您实地探访或查阅相关旅游网站获取美图。

1. 土门峪桃花

- 花期：3月中旬—4月上旬。
- 地址：长安区土门峪村。
- 介绍：土门峪的桃花盛开时，漫山遍野的粉红色桃花如诗如画，吸引很多摄影爱好者前来拍照。

2. 大明宫遗址公园桃花

- 花期：3月—4月。
- 地址：新城区自强东路585号。
- 介绍：大明宫遗址公园不仅具有深厚的历史文化底蕴，春天还有桃花盛开的美景，是踏青赏花的好去处。

3. 青龙寺樱花

- 花期：3月中旬—4月初。
- 地址：雁塔区西影路铁炉庙村。
- 介绍：青龙寺樱花锦簇，是全国十大樱花观赏地之一。

4. 太平国家森林公园紫荆花

- 花期：3月中旬—4月下旬。
- 地址：鄠邑区太平峪煤场村。
- 介绍：太平国家森林公园每年4月都会举办紫荆花节，这里的紫荆花规模宏大，景色壮观，门票60元/人，学生半价。

5. 汉长安城遗址公园油菜花

- 花期：3月下旬至4月。
- 地址：未央区371乡道。
- 介绍：在汉长安城遗址公园，您可以欣赏到成片的油菜花，一边赏花一边露营，是春天最美好的体验之一。

6. 沣东梅园梅花

- 花期：2月下旬—3月下旬。
- 地址：长安区108国道斗门段路东。
- 介绍：沣东梅园是西安最大的梅园，占地350亩（1亩≈666.67平方米），梅花盛开时如粉红色海洋一般，是3月踏青的好去处，入园观赏和停车均免费。

7. 兴庆宫公园郁金香

- 花期：3月—4月。
- 地址：碑林区咸宁西路55号。
- 介绍：兴庆宫公园的郁金香十分出名。游客在春天可以欣赏到大片大片的盛开的郁金香，还可以泛舟湖上，无比惬意。

8. 子午峪白鹃梅

- 花期：3月中旬—4月中旬。
- 地址：长安区子午镇。
- 介绍：子午峪的白鹃梅在春天盛开，花香四溢，是赏花爱好者的理想之地。

9. 蓝关古道白鹃梅

- 花期：3月中旬—4月中旬。
- 地址：蓝田县境内。
- 介绍：蓝关古道的白鹃梅在春天盛开，游客可以一边赏花一边体验古道的历史韵味。

在春天，以上地点不仅鲜花盛开，而且各具特色，无论是徒步、摄影还是亲子游，都能找到适合自己的活动。在这个春天，不妨来西安，享受一场视觉盛宴吧！

练一练

请同学们使用文本生成工具，撰写一篇关于"未来职业发展的趋势"的文章，文章内容包含行业变化、技能需求和职业规划，并进行内容优化。

任务活动2　AI生成图像

步骤1：选择图像生成工具。

目前市场上图像生成工具种类繁多，能够满足不同用户的需求。根据个人需求选择图像生成工具。

知识链接

主要图像生成工具及其特点如下。

1．Starry AI。这是一款功能强大的图像生成工具，集成了自动图像生成、文转图、NFT铸造等多种功能，支持多种风格的图像生成，包括超现实、抽象、卡通、像素等风格。它可以根据用户输入的关键词自动生成相关的图像，并提供丰富的图像编辑功能。

2．Jasper Art。这款工具不仅能够帮助用户生成图像，还具备写作功能，页面设计简洁直观，用户能够轻松上手。

3．即梦 AI。这是一款为创意爱好者打造的 AI 表达平台，具有 AI 图片创作、视频创作、探索创意世界等功能。

4．豆包。这是一个多模态生成式 AI 模型，其支持通过文本指令生成符合描述的图像。

5．可灵 AI。这是快手推出的新一代 AI 创意生产力平台，能够生成高质量的图像。

6．Midjourney。这是一款在 Discord 上运行的 AI 艺术生成器，用户只需在其中输入关键词便能生成高质量的图像，该工具提供多种变体供用户选择。

这些工具各具特色，能够满足不同用户在不同场景下的需求。

本活动以 Midjourney 为例，进行后续操作演示。

步骤 2：AI 生成图像。

打开 Midjourney，新建对话，在指令框中输入提示词，生成所需的配图。例如，围绕"紫色森林"生成 1 组配图，如图 1-10 所示。这里需要注意的是，使用 Midjourney 时，需要使用英文提示词。

【提示词】

Purple forest, Ultra high definition, Photography style, aspect 2：3

【生成内容】

图 1-10　Midjourney 生成图像

📝 **练一练**

请同学们使用图像生成工具，生成一张关于"秋季时尚"的图像，描述应包含服装、色彩和背景方面的具体要求，并进行图像编辑。

任务活动 3　AI 生成视频

步骤 1：选择视频生成工具。

目前市面上有多款视频生成工具可供选择，这些工具可以帮助用户轻松创建高质量的视频内容。

✏️ **知识链接**

主要视频生成工具及其特点如下。

1. D-ID。D-ID 是一款强大的 AIGC 工具，可以用来制作以会说话的数字人为特色的视频。它提供了多种功能，包括使用现有的照片生成逼真面孔或插图面孔、上传自己的图像或者使用 Stable Diffusion 生成新面孔。D-ID 还具有 GPT-3 文本生成、文本生成图像功能。

2. 即梦 AI。即梦 AI 的核心功能包括文字生成图片、文字或图片生成视频，以及智能画布，让用户的想象力得以自由驰骋。

3. 可灵 AI。可灵 AI 依托自主研发的先进可灵大模型技术，展现了强大的视频生成能力。它支持单次生成 5 秒视频，并可多次延长 4 秒，生成的视频最长可达 2 分钟。可灵 AI 可生成短视频、广告视频等。

4. 1 号 AI。1 号 AI 是一款 AI 数字人视频工具，提供近百个数字人形象，具有 AI 写脚本、一键成片、AI 配音等功能。利用该工具，用户无须写文案、拍摄或剪辑，只需一键套用模板，3 分钟即可生成一条短视频。

5. Pika Labs。Pika Labs 具备将文本及图像转化为高品质视频的能力，用户可以通过简洁的文本指令或图像素材轻松创造出多样化的动态视频内容。它还提供免费版本，用户可以在一定范围内使用基本功能。

6. 腾讯智影。腾讯智影集成了智能剪辑、语音识别、自动生成字幕等多项功能，让视频制作变得更加简单高效。它还提供丰富的剪辑效果和转场动画。

这些工具各有特色，适用于不同的创作场景，用户可以根据自己的需求选择合适的工具进行视频创作。

本活动以可灵 AI 为例，进行后续操作演示。

步骤 2：AI 生成视频。

进入可灵 AI 官网首页，如图 1-11 所示，在左侧导航栏选择"视频生成"选项，进入视频生成页面，如图 1-12 所示。

以文生视频为例，根据文生视频的提示词设计思路——主体（描述）+运动+场景（场景描述）+镜头语言+光影+氛围，首先撰写创意描述，如图 1-13 所示；创意描述撰写完成后，根据视频制作需求设置参数，如图 1-14 所示。

图 1-11 可灵 AI 官网首页

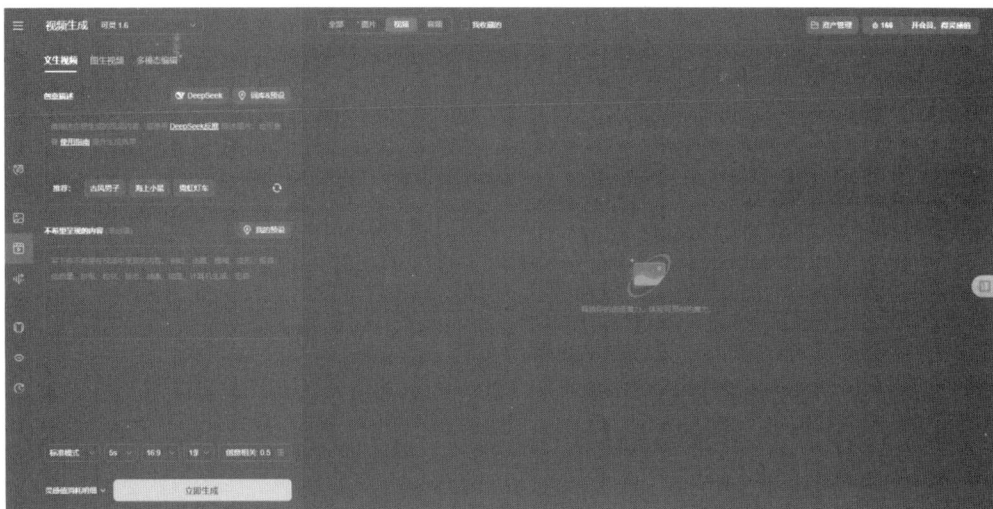

图 1-12 视频生成页面

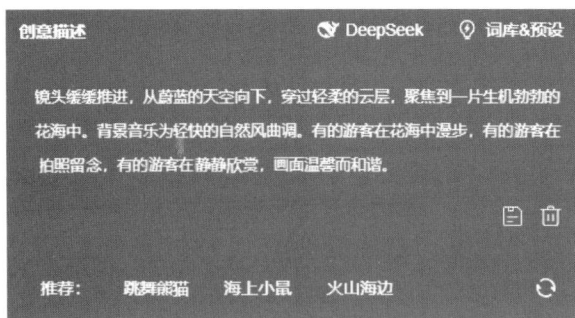

图 1-13 撰写创意描述

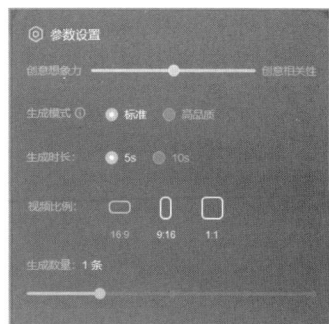

图 1-14 设置参数

　　单击"立即生成"按钮，等待几分钟之后，就可以预览视频，视频截图如图 1-15 所示。如果对视频不满意，可以继续调整参数、删除不希望呈现的内容等。如果满意，就可以直接下载视频。

图 1-15　生成的视频的截图

练一练

请同学们使用视频生成工具，制作一段关于"冬季滑雪"的宣传视频，视频内容包含目的地、活动和客户反馈，并进行视频编辑。

任务活动 4　AI 生成语音

步骤 1：选择语音生成工具。

目前市面上有多款语音生成工具可供选择，这些工具可以帮助用户轻松创建高质量的语音内容。

知识链接

目前市场上主要的语音生成工具包括 TTSMaker、Luvvoice、ChatTTS、Murf、LOVO、Speechelo、Play.ht、讯飞智作、魔音工坊等。

这些工具各有特色，适用于不同的场景。例如，TTSMaker 提供了 50 多种人物音色，支持多种语言，适用于商业用途。Luvvoice 提供超过 200 种音色和 70 种语言的内容转换服务，适合大规模企业使用。ChatTTS 是一个在线文本转语音平台，适用于视频配音和有声书制作。Murf 支持 15 种语言、110 多种声音，适用于各种领域。LOVO 和 Speechelo 分别提供了丰富的语音集和自定义语音皮肤，适用于音频广告和培训视频等的制作。Play.ht 是一款由 PlayHT 公司开发的在线人工智能语音生成器和文本转语音工具，可以将文本转换为自然发音的语音，且支持多种语言和口音。讯飞智作和魔音工坊则分别在智慧办公和 AI 配音方面表现出色，适用于音频创作。

这些工具不仅提供了高质量的语音生成服务，还支持多种语言，能够满足用户不同场景下的需求。

本活动以讯飞智作为例，进行后续操作演示。

步骤 2：AI 生成语音。

进入讯飞智作官网，选择"讯飞配音"—"AI 配音"—"立即制作"选项，进入"讯飞 AI 配音"页面，如图 1-16 所示。

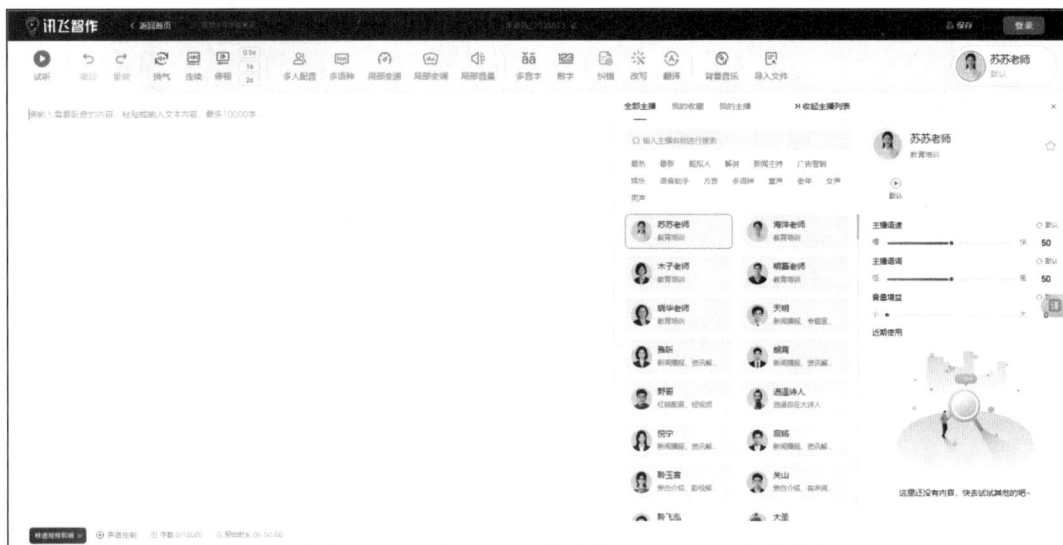

图 1-16 "讯飞 AI 配音"页面

在内容框中输入需要配音的内容，最多 10000 字。然后根据配音的场景，选择合适的 AI 主播，如图 1-17 所示。

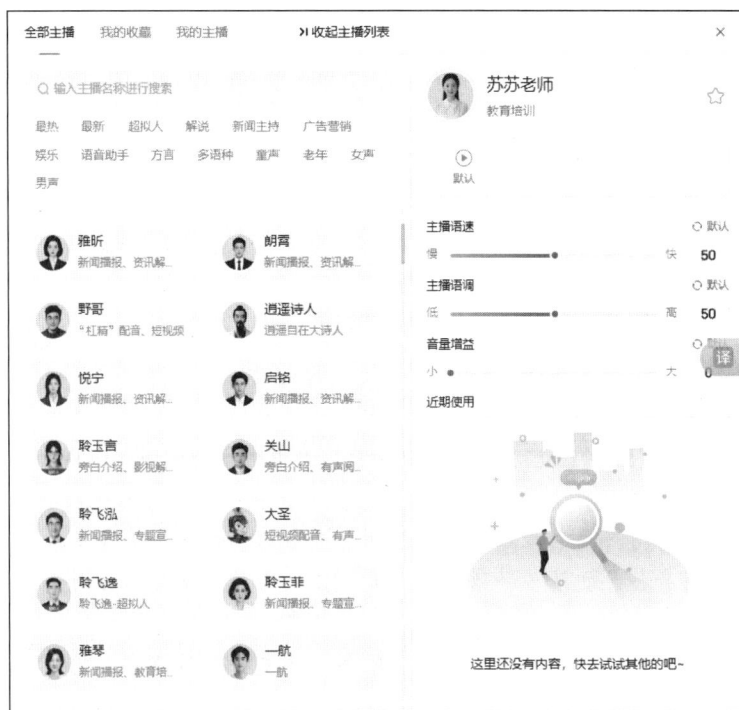

图 1-17 选择 AI 主播

选好主播后，可以试听音频。如果不满意试听效果，还可以通过顶部的设置栏进行调整，如内容改写，多音字标注，换气、连续、停顿，局部变速、变调，等等。

满意试听效果的话，就可以单击"生成音频"按钮，在弹出的"作品命名"对话框（见图1-18）中设置音频名称、格式等，完成后单击"确认"按钮。

图1-18　"作品命名"对话框

音频制作完成后，在"我的作品"列表中可以直接下载使用。

> **练一练**
>
> 请同学们使用语音生成工具，制作一段关于"健康饮食"的语音解说，内容应包括饮食建议和注意事项，并进行语音编辑。

同步实训

■ 实训任务一　为"千乐咖啡"品牌设计新媒体矩阵

实训描述

你是一名新媒体运营专员，负责为"千乐咖啡"品牌设计新媒体矩阵。你的任务是根据品牌的现有信息和市场情况，设计完整的新媒体矩阵，包括账号规划、内容策划、纵向矩阵与横向矩阵搭建等，确保"千乐咖啡"能够在各大新媒体平台上有效吸引和维护目标用户，提升品牌知名度、用户互动率和销售转化率。

操作指导

步骤1：品牌信息整理。

整理"千乐咖啡"品牌的基本信息，包括公司概况、当前市场情况和现有新媒体资源。

步骤2：账号规划。

根据品牌或产品的特点，确定企业号、个人号等账号类型，并打造相应的账号人设。制定各账号的内容规划，包括内容类型、发布频率、更新时间等，确保内容具有吸引力和传播力。

步骤3：纵向矩阵与横向矩阵搭建。

在同一平台内部布局多个账号，实现生态布局和产品线纵深布局。在不同平台进行营销，形成横向矩阵，覆盖更广泛的用户群体。根据"千乐咖啡"品牌新媒体运营目标，完成矩阵搭建。

实训评价

基于学生在本次实训中的表现及完成结果，学生自己和教师对考核项目进行评分，同时学生进行自我评价，教师进行成果点评。

考核项目	学生 自评分（30%）	教师 评分（70%）
全面、准确地整理了品牌的基本信息、市场情况和现有新媒体资源（20分）		
账号人设规划符合品牌特点和满足用户需求；账号内容规划详细、具体，能够吸引和留住用户（30分）		
纵向矩阵设计合理，能够实现生态布局和产品线纵深布局（30分）		
横向矩阵设计有效，能够覆盖更广泛的用户群体（20分）		
总计（100分）		

自我评价	教师点评

实训任务二　为咖啡品牌设计中秋促销活动的内容创作提示词

实训描述

你是一名新媒体运营专员，负责为某知名咖啡品牌设计中秋促销活动的内容创作提示词。

操作指导

步骤1：市场调研与目标受众分析。

了解当前市场上中秋促销活动的趋势和消费者偏好。同时，明确该咖啡品牌的目标受众，他们对咖啡产品有哪些特别的需求。例如，年轻白领可能更关注咖啡的口感和包装设计，而家庭主妇可能更关心咖啡的性价比。

步骤2：关键词选择。

基于市场调研和目标受众分析的结果，选择一组关键词，这些关键词应能高度概括中秋促销活动的主题、咖啡产品的特点及目标受众的偏好。例如，"中秋特惠""精选咖啡豆""家庭分享装""折扣"等。

步骤3：提示词设计。

根据选定的关键词，设计一系列提示词，用于引导AIGC工具生成符合品牌风格和活动目的的内容。设计提示词时，要确保每个提示词都具有清晰度、具体性和导向性。例如，对于"中秋特惠"，提示词可以是："请创作一条咖啡产品中秋特惠的促销文案，强调优惠力度。"对于"精选咖啡豆"，提示词可以是："生成一篇关于中秋精选咖啡豆的文章，介绍咖啡豆的来源、烘焙工艺及适合搭配的月饼口味。"

实训评价

基于学生在本次实训中的表现及完成结果，学生自己和教师对考核项目进行评分，同时学生进行自我评价，教师进行成果点评。

考核项目	学生 自评分（30%）	教师 评分（70%）
选择的关键词准确反映了中秋促销活动的主题、咖啡产品的特点及目标受众的偏好（50分）		
设计的提示词能够清晰、具体地引导 AIGC 工具生成高质量的内容（50分）		
总计（100分）		
自我评价	教师点评	

实训任务三 为咖啡品牌生成微信公众号中秋促销文案

实训描述

你是一名新媒体运营专员，负责某知名咖啡品牌中秋促销活动的内容创作。你的任务是利用 AIGC 工具，创作一篇微信公众号促销文案，要求文案至少包含 6 张配图、1 个视频，并且生成音频。

操作指导

步骤 1：微信公众号文案创作。

根据微信公众号定位及产品受众，利用 AIGC 工具创作一篇吸引人的微信公众号文案，文案中突出咖啡的使用场景、咖啡产品的卖点、中秋促销内容等。

步骤 2：AIGC 制作文案配图。

根据文案内容，设计文生图的提示词，选择合适的 AIGC 工具，生成多张配图，要求配图与文案内容紧密相关。

步骤 3：AIGC 生成视频。

根据文案内容，创作视频脚本，选择合适的 AIGC 工具，以"文生视频"或者"图生视频"的方式，生成一段 10 秒左右的咖啡宣传视频。

步骤 4：AIGC 生成语音。

根据生成的视频，或者创作的微信公众号文案，利用 AIGC 工具生成多人配音或者语音播报。

实训评价

基于学生在本次实训中的表现及完成结果，学生自己和教师对考核项目进行评分，同时学生进行自我评价，教师进行成果点评。

考核项目	学生 自评分（30%）	教师 评分（70%）
生成的微信公众号文案符合品牌风格和活动目的（35分）		
生成的配图符合品牌风格和活动目的（25分）		
生成的视频流畅，符合品牌风格和活动目的（25分）		
生成的语音符合品牌风格和活动目的（15分）		
总计（100分）		

自我评价	教师点评

知识与技能训练

一、单选题

1. 一名优秀的市场营销人员应该具备（　　）能力。

    A. 创意策划　　　　　B. 沟通协调　　　　　C. 市场分析　　　　　D. 以上皆是

2. 在新媒体运营中，内容合规性主要是指（　　）。

    A. 内容的创作过程　　　　　　　　　　B. 内容必须符合国家法律法规

    C. 内容的传播方式　　　　　　　　　　D. 内容的推广效果

3. 在新媒体运营中，关键词和提示词的主要区别是（　　）。

    A. 关键词用于搜索引擎优化，提示词用于 AI 内容生成

    B. 关键词用于 AI 内容生成，提示词用于搜索引擎优化

    C. 关键词和提示词的主要区别是名称不同

    D. 关键词用于用户行为分析，提示词用于社交媒体管理

4. 在设计提示词时，（　　）不是重要的原则。

    A. 清晰度　　　　　B. 具体性　　　　　C. 模糊性　　　　　D. 导向性

5. （　　）不是 AIGC 在新媒体运营中的优势。

    A. 减少人力成本　　　　　　　　　　B. 降低用户互动率

    C. 提高内容质量　　　　　　　　　　D. 提高内容生成效率

二、多选题

1. （　　）是新媒体平台。

    A. 微信　　　　　B. 微博　　　　　C. 纸质杂志　　　　　D. 抖音

2. 新媒体运营中，（　　）会影响用户互动。

    A. 内容质量　　　　　　　　　　B. 内容发布频率

    C. 用户需求　　　　　　　　　　D. 竞争对手的策略

3. 在设计提示词时，（　　）是重要的原则。

    A. 清晰度　　　　　B. 具体性　　　　　C. 开放性　　　　　D. 导向性

4. 以下关于 AIGC 工具应用技巧的说法，正确的有（   ）。

    A. 市面上有多种多样的 AIGC 工具，我们应根据自身实际需求挑选最适合的工具

    B. 在使用 AIGC 工具时，提示词需具体、清晰且富有创意

    C. 初次使用 AIGC 工具生成的内容若不完美，应不断调整提示词，通过试验和迭代提高内容质量

    D. AIGC 工具生成的内容无须人工处理，可以直接使用

5. （   ）是 AIGC 在新媒体运营中的工具。

    A. AI 文本生成工具   B. AI 图像生成工具

    C. AI 视频生成工具   D. AI 语音生成工具

三、判断题

1. 新媒体运营人员只需要关注内容的创作，不需要关注用户互动。（   ）

2. 不同新媒体平台的用户群体和功能特点是相同的。（   ）

3. AI 技术在新媒体运营中不会对内容创作产生影响。（   ）

4. 提示词不需要精心设计和优化。（   ）

5. 内容创作者应该具备诚实守信的品质，避免传播虚假信息或误导性内容。（   ）

AI+新媒体运营技能提升

　　AI 不仅能精准分析用户行为，预测市场趋势，还能实现自动化内容创作与分发，极大地提升运营效率。此外，AI 还能辅助运营人员进行竞争情报分析，帮助运营人员快速响应市场变化。面对未来，融合 AI 的新媒体运营能力将成为运营人员的核心竞争力。

新媒体运营策划

职场创新

传统新媒体运营策划的工作主要集中在内容创作、社交媒体管理和线上活动策划等方面，而在数智时代，新媒体运营策划的工作内容和要求发生了显著变化，如表 2-1 所示。

表 2-1 新媒体运营策划的工作内容和要求

典型工作任务	工作内容与要求（传统场景）	工作内容与要求（AI 赋能）
前期调研与汇报	1. 能够设计调研问卷、组织访谈，有效收集并初步整理调研数据； 2. 掌握基础的数据分析方法，撰写调研报告，为新媒体运营策略提供参考	1. 能够借助 AIGC 工具设定调研目标、制订计划，利用智能工具设计问卷，并组织访谈，高效收集调研数据； 2. 熟练运用 AIGC 工具进行数据整理、数据清洗与数据可视化分析，借助智能报告生成工具完成汇报文档的设计，并优化内容
运营策划	具备一定的市场洞察力和活动策划能力，根据营销目的，制定内容策略，策划并执行线上营销活动	1. 具备全面的新媒体运营知识和技能，能够根据营销目的，制订全面的新媒体运营策略和计划； 2. 能利用数据分析工具进行用户行为分析，优化内容策略； 3. 能策划并执行更加个性化、数据驱动的营销活动，提升用户体验和参与度

项目概述

本项目旨在帮助学生了解市场动态和用户需求，掌握运营方案的框架和标准格式，运用 AI 工具撰写调研报告和新媒体运营方案。通过这一系列的学习和实践，学生能够全面提升新媒体运营能力，为未来的职业发展奠定坚实的基础。

● 学习目标

1. 能进行新媒体运营市场调研，独立收集和分析相关数据，为撰写报告打下基础。

2. 能运用 AI 工具撰写新媒体运营调研报告，能够清晰、准确地表达调研结果和分析内容。

4. 能编制新媒体运营方案框架，掌握新媒体运营方案的结构和要素，并设计出合理的方案框架。

5. 能利用 AI 工具撰写完整的新媒体运营方案，且方案具有可行性和创新性。

任务一　市场调研与报告撰写

📖 任务分析

掌握市场调研与报告撰写，需要完成以下任务：

1. 掌握在线调研平台及调研问卷设计要点；

2. 利用 AI 撰写调研报告，确保报告的逻辑性和实用性。

🕊 【知识储备】

一、在线调研平台

在线调研平台是一种通过互联网进行市场调研的工具，企业可以通过在线调研平台设计问卷和调研项目，收集用户的意见和反馈。AI 可以应用于在线调研平台的问卷设计和数据分析环节，以提高调研的效率和准确性。例如，AI 可以自动生成问卷框架和选项，并根据用户的回答进行实时分析和挖掘，以快速获取用户的意见和需求。

表 2-2 所示为对不同在线调研平台的分析，以及 AI 工具在这些平台中的功能应用。

表 2-2　常见的在线调研平台分析及 AI 工具的功能应用

在线调研平台	平台特点	AI 功能应用
腾讯文档	在线文档协作平台，具备生成调研报告的功能	AI 工具可自动收集、整理数据，快速生成结构化、高质量的调研报告
阿里云-数据智能平台	大数据分析工具，具备生成调研报告的能力	AI 工具强化数据分析能力，支持多种数据源接入，确保报告的高准确度
百度数据开放平台	提供丰富的服务，包含生成调研报告的功能	AI 工具成熟，支持自定义报告模板，快速生成调研报告
Zoho Survey	专注于市场调研和数据收集的工具，适用于企业、学术机构和非营利组织	AI 工具支持智能逻辑设置，使问卷更智能；提供报告生成功能，便于理解和分享调查结果

在线调研平台	平台特点	AI 功能应用
SurveyMonkey	提供直观友好的用户页面，支持创建和设计问卷	AI 工具保障数据安全，提供丰富的数据分析工具，助力深度挖掘调查数据
Google Form	支持在不同设备上进行访问和填写，支持跨平台使用	AI 工具与谷歌的其他产品无缝整合，可简化数据整合和后续处理流程
Typeform	以独特的问卷设计风格著称	AI 工具支持动态展示问题和个性化调查；提供数据可视化功能
Qualtrics	提供高度定制化的服务，包括问卷设计、数据分析等	AI 工具可进行数据分析，深度挖掘隐藏信息
SurveyGizmo	多功能性平台，适用于不同行业，满足多种调查需求	AI 工具支持多样化的问卷定制选项，确保数据安全，防止数据泄露

从表 2-2 可以看出，AI 工具在在线调研平台中主要有数据收集、数据分析、报告生成等方面的功能，这些功能极大地提升了在线调研的效率和准确性，为企业决策提供了有力的支持。

二、调研问卷设计要点

调研问卷的设计需要遵循调研目的明确，逻辑清晰、结构分明，问题设计合理，调研工具合适，填写者隐私保护及结尾致谢等要点。遵循这些要点，可以设计出高质量的调研问卷，为新媒体运营提供有力的数据支持。

1. 调研目的明确

在设计问卷之前，首先要明确调研的目的，即希望通过调研了解哪些方面的信息。这有助于确保问卷中的问题都是围绕调研目的而展开的，避免无关问题的出现。

2. 逻辑清晰、结构分明

（1）循序渐进。问卷中的问题应按照一定的逻辑顺序排列，从基本信息到主题信息，从宏观到细节，从简单到复杂，确保填写者能够顺畅地完成问卷。

（2）板块化设计。将问卷内容划分为不同的板块，每个板块聚焦一个主题，这有助于填写者更好地理解问卷内容，并避免填写时产生困惑。

3. 问题设计合理

（1）明确性。问题应表述清晰，避免模棱两可或含糊不清的表述，确保填写者能够准确理解问题。

（2）客观性。避免设计过于主观的问题，尽量让填写者从客观事实出发进行回答。例如，避免使用"您认为新媒体的作用是什么？"这样的主观问题，而是提供更具体的选项供填写者选择。

（3）全面性。问题应涵盖所有需要了解的信息，确保调研结果能够全面反映目标受众的需求和偏好。

（4）简洁性。问题应简洁明了，避免冗长和复杂的表述。理想的问卷设计应是通过最少的问题获取最多的研究信息。

4. 调研工具合适

利用专业的在线调研平台进行问卷设计和发布。这些平台通常提供丰富的问卷模板和数据分析工具，有助于简化调研过程并提高调研效率。

5. 填写者隐私保护

如果问卷中涉及填写者的个人信息或敏感数据，调研者应在问卷开头明确告知填写者其将如何保护这些信息，并承诺不会泄露给第三方。这有助于打消填写者的疑虑，提高问卷的回收率和数据质量。

6. 结尾致谢

在问卷的结尾部分，应向填写者表示感谢，并附上祝福语或关心语等。这有助于提升填写者的满意度和忠诚度，为未来的调研活动打下良好的基础。

▍三、AI 在调研报告撰写中的赋能价值

在完成市场调研后，企业需要通过撰写调研报告来总结调研结果和发现。AI 可以助力企业快速撰写出高质量的新媒体运营调研报告。

1. 自动化报告生成

AI 可以自动化地生成调研报告，包括数据整理、图表制作、文字撰写等。例如，AI 可以将市场调研数据进行清洗和整理，自动生成各类图表和统计结果。同时，AI 还可以根据数据结果自动生成文字描述和分析内容，大大减少了人工撰写报告的工作量。

2. 智能分析与解读

AI 可以对市场调研数据进行智能分析和解读，帮助企业深入挖掘数据背后的规律。例如，AI 可以利用机器学习算法对用户的购买行为、兴趣爱好等数据进行建模和分析，找出用户的潜在需求和偏好。同时，AI 还可以对竞争对手的市场表现进行监测和分析，为企业提供有针对性的竞争策略。

3. 个性化报告定制

AI 可以根据企业的具体需求和偏好，生成个性化的调研报告。例如，企业可以根据自身的业务特点和市场定位，选择特定的分析维度和指标来生成报告。同时，AI 还可以根据企业人员的阅读习惯和偏好，对报告的格式、排版等进行个性化定制，以提高报告的可读性和实用性。

【任务实施】

本任务要求，基于千乐咖啡新媒体营销项目，通过市场调研，了解咖啡领域新媒体运营的情况，并完成调研报告的撰写。

步骤 1：设计并投放调研问卷。

你需要通过投放调研问卷，了解不同咖啡品牌的目标受众，调研目标受众在哪些渠道购买咖啡、了解咖啡，他们日常的饮用偏好、日常关注的咖啡信息等情况，精准刻画出咖啡领域新媒体运营的情况。你可以借助在线调研平台的 AI 功能快速完成调研问卷设计、调研问卷投放、调研数据收集等工作。例如，在问卷星平台上，利用 AI 助手快速创作调研问卷，如图 2-1 所示。

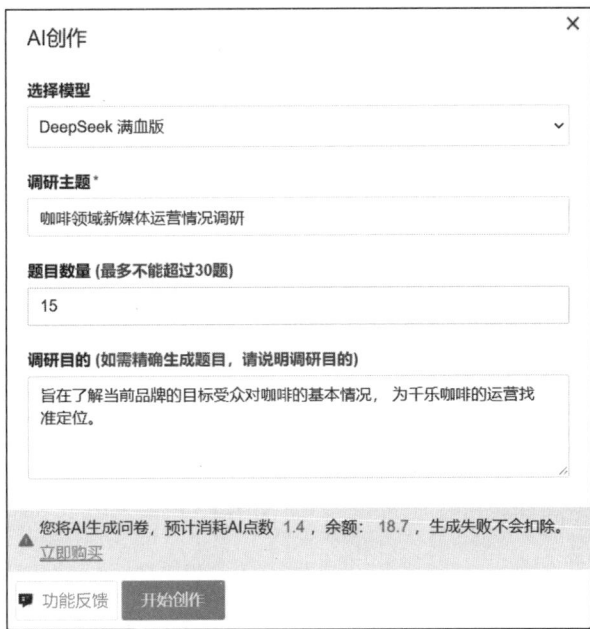

图 2-1　利用问卷星 AI 助手创作调研问卷

步骤 2：收集咖啡相关运营数据。

借助一些数据工具，收集网络上关于咖啡的运营数据，了解咖啡领域新媒体运营情况。例如，利用数据分析工具新红了解小红书平台上与咖啡相关的数据，如内容创作、品牌营销、市场洞察等。图 2-2 所示为通过应用场景地图功能查询的小红书平台近 30 天内的咖啡内容创作趋势。

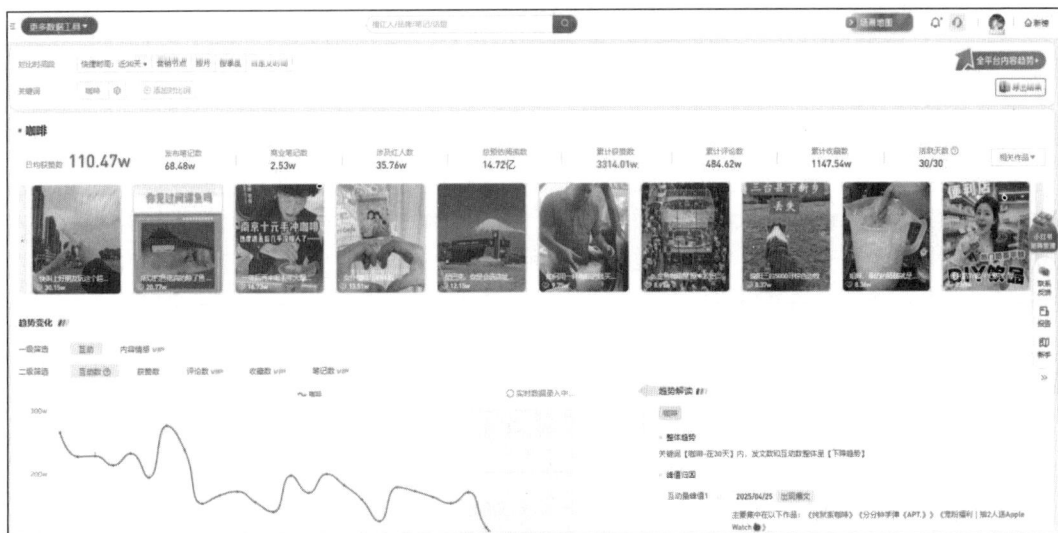

图 2-2　小红书平台近 30 天内的咖啡内容创作趋势

图 2-3 所示为在新红查询的小红书平台内某幸咖啡的运营数据，如账号近 30 天数据表现、粉丝分析、笔记分析、投放分析、品牌推广等。

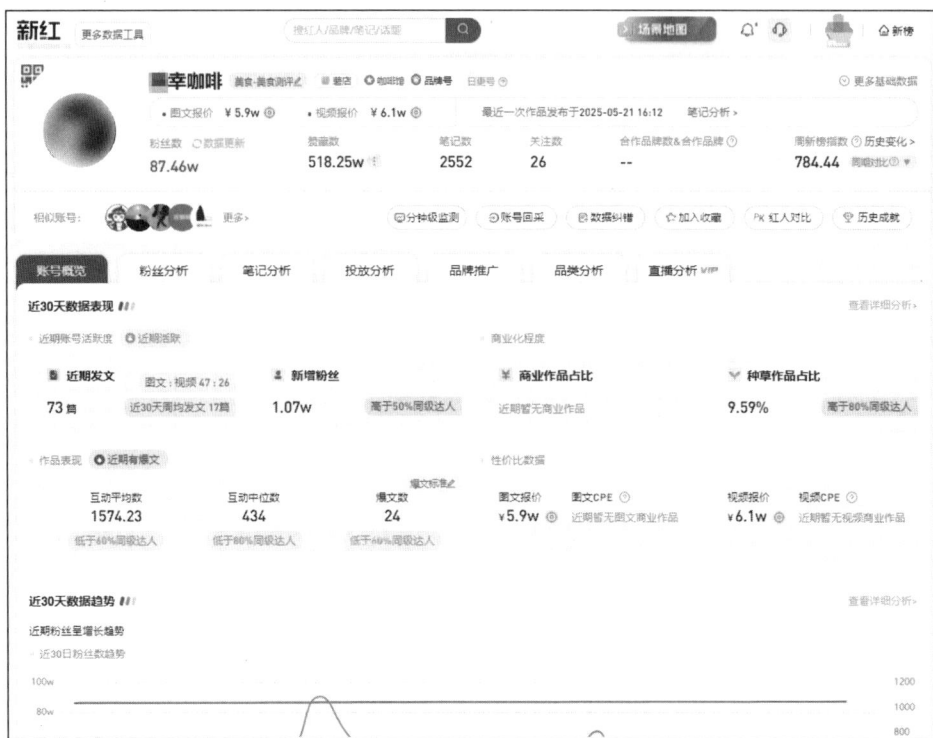

图 2-3 小红书平台内某幸咖啡的运营数据

步骤 3：分析咖啡领域新媒体运营调研数据。

整合市场调研数据，并对这些数据进行分析，就可以对目前市场上的咖啡领域新媒体运营状况有基本认知，为后续制定新媒体运营方案提供决策依据。

这一步，可以借助 AI 工具快速完成。例如，在 AI 工具中输入如下提示词：

"请根据我提供的咖啡领域新媒体运营数据，帮我对咖啡领域新媒体运营整体情况进行总结分析。"

通义千问生成的结果（部分）如下。

　　根据您提供的咖啡领域新媒体运营数据，结合小红书平台的用户行为和内容趋势，以下是对咖啡领域新媒体运营情况的整体分析和总结。

一、用户兴趣与内容趋势

◆ **核心兴趣点**

关键词热度：咖啡相关话题热度极高，核心关键词，如"咖啡""咖啡店""咖啡拉花""家庭咖啡角"等热度值均超过 10 万，用户对咖啡文化、咖啡制作技巧、咖啡场景体验（如咖啡店打卡）关注度较高。

细分领域：用户对"家庭咖啡角""便携咖啡机""咖啡渣再利用"等家居类内容兴趣浓厚，说明咖啡与生活方式的结合成为新趋势；同时，"魔法咖啡厅""咖啡探店"等娱乐化、场景化内容互动量高，反映出用户对沉浸式体验的需求。

◆ **内容偏好**

高互动内容：创意类内容（如"快叫上好朋友玩这个超酷的转场！"）、生活化场景（如"魔法咖啡厅初体验"）、实用技巧（如"手作咖啡详细教程"）和热点结合类内容（如"济

州岛旅行攻略")更易获得高点赞量和高收藏量。

情感倾向：积极内容占比约 70%（如"咖啡治愈生活"），但也存在部分与负面情绪相关的内容（如"社区咖啡厅倒闭原因"），需优化用户对品牌的信任感和满意度。

◆ 时间周期表现

高峰时段：4 月底至 5 月中旬为咖啡内容发布高峰期，而节假日期间（如"五一"假期）此类内容的互动量激增，说明用户更倾向于在闲暇时间探索咖啡相关内容。

低谷时段：5 月 22 日数据表现骤降，可能与平台流量分配或内容更新频率有关，需关注内容持续性。

二、品牌运营表现

◆ 头部品牌对比

* 某幸咖啡

优势：商业笔记数（754 篇）和投放金额（167.09 万元）较高，说明其商业化能力较强。

用户覆盖：相关笔记预估阅读量达 41.77 亿，种草笔记数达 1.37 万篇，用户渗透率高。

* 某迪咖啡

优势：种草笔记互动量（81.52 万）和预估阅读数（18.3 亿）表现亮眼，但商业投放力度较弱（45.04 万元），可能依赖自然流量。

品类拓展：主推品类覆盖即饮咖啡、茶饮料、糕点等，品牌定位更偏向大众化和性价比。

◆ 内容策略差异

某幸：侧重商业化内容（如新品推广、联名营销），互动量高的笔记集中在品牌合作和用户口碑方面。

某迪：更注重用户生成内容，通过高互动笔记吸引价格敏感型用户，但商业转化率待提升。

三、用户行为与需求

◆ 互动偏好

* 高互动内容类型

创意场景：如"魔法咖啡厅""金鱼咖啡屋"等主题店体验类内容，获赞超 8 万。

实用技巧：如"咖啡渣做侘寂风花瓶""家庭咖啡雪糕制作"，体现了用户对手作和环保的重视。

热点结合：如"济州岛旅行攻略""上海 city walk"，将咖啡与旅游、生活方式相关联。

* 低互动内容

部分商业推广类内容互动量较低，需优化文案和视觉呈现。

◆ 用户痛点

价格敏感：笔记"便利店 7 元喝星巴克""自制咖啡省钱教程"热度高，反映了用户对性价比的追求。

场景需求：用户对"咖啡店拍照姿势""咖啡厅氛围感"等视觉内容关注度高，说明场景化体验是用户的核心需求。

健康意识：低卡咖啡、黑咖啡推荐等内容热度上升，健康化追求趋势明显。

步骤4：编写调研报告。

整理调研资料，编写一份详细的调研报告，报告中应包含调研方法、数据分析、趋势预测等内容。报告应内容翔实、数据准确、逻辑清晰，报告格式应该规范。可以使用 AI 工具辅助撰写调研报告，并制作汇报 PPT。

练一练

请选择一个自己感兴趣的新媒体运营账号进行调研，收集该账号近 30 天的运营数据，完成上述活动中的步骤 3 和步骤 4，并准备一个 5 分钟的口头汇报，分享调研结论。

任务二　编制新媒体运营方案

任务分析

编制新媒体运营方案，需要完成以下任务：

1. 通过理论学习，掌握新媒体运营方案的框架、标准格式及编制新媒体运营方案的注意事项；

2. 通过实践活动，熟悉新媒体运营方案的撰写流程。

【知识储备】

一、新媒体运营方案的框架

在编制新媒体运营方案时，一个清晰、系统的框架至关重要。新媒体运营方案的框架通常包括以下几个部分。

（1）项目背景与目标：阐述运营项目的背景信息，包括市场现状、品牌需求等，并设定明确的运营目标，如用户增长、活跃度提升等。

（2）目标受众分析：详细描述目标受众的特征，包括年龄、性别、所处地域、兴趣爱好等，以便制定有针对性的运营策略。

（3）内容策略：规划运营期间将发布的内容类型、主题、发布频率等，确保内容能够吸引目标受众并传递品牌价值。

（4）渠道策略：选择合适的传播渠道，如社交媒体、短视频平台、搜索引擎等，并设计整合营销策略，实现多渠道协同作战。

（5）活动策划与执行：设计具有吸引力的线上线下活动，包括活动主题、时间、地点、参与方式等，并明确开展活动的具体步骤和人员分工。

（6）数据分析与评估：设定可量化的绩效指标，如用户增长率、转化率、活动参与度等，并规划数据收集、分析和评估的方法，以便及时调整运营策略。

二、新媒体运营方案的标准格式

新媒体运营方案的标准格式通常包括封面、目录、正文和附录四个部分。

（1）封面：包含项目名称、编制日期、编制人等基本信息。

（2）目录：列出新媒体运营方案的主要章节和页码，便于查阅。

（3）正文：按照上述框架，详细阐述新媒体运营方案的具体内容。

（4）附录：包含市场调研数据、参考文献、相关图表等辅助材料。

三、编制新媒体运营方案的注意事项

编制新媒体运营方案是一个复杂且细致的过程，需要综合考虑多个方面以确保方案的有效性和可执行性。以下是编制新媒体运营方案时需要注意的关键事项。

1. 明确目标与定位

（1）确定运营目标：明确销售目标、用户增长目标、品牌知名度提升目标等，这些目标应与企业整体战略相一致。

（2）精准市场定位：包括产品定位、目标用户定位、竞争对手定位等，以确保新媒体运营方案能够精准地触达目标市场。

2. 深入了解用户需求

（1）市场调研：通过问卷调查、用户访谈、数据分析等方式，深入了解目标用户的需求、偏好和行为习惯。

（2）用户画像：基于市场调研结果，构建用户画像，以便更好地理解用户需求和制定个性化的运营策略。

3. 制定有效的营销策略

（1）产品定价：根据产品成本、产品定位和用户价值感知，制定合理的价格策略。

（2）渠道选择：根据目标用户的特点和偏好，选择合适的营销渠道，如线上平台或线下活动等。

（3）广告推广：设计具有吸引力的广告内容，选择合适的广告形式和投放时间，以提升广告效果。

（4）促销活动：策划并执行各类促销活动，如折扣、满减优惠、赠品等，以吸引用户购买和提升销售量。

4. 优化用户体验

（1）产品设计：注重产品的功能性和易用性，确保产品能够满足用户需求并易于操作。

（2）页面设计：优化产品的页面设计，提升用户的交互体验，进而提升其愉悦度和满意度。

（3）客户服务：建立完善的用户服务体系，及时响应和解决用户反馈和问题，提高用户满意度和忠诚度。

5. 塑造品牌形象

（1）品牌定位：明确品牌的定位和价值观，确保品牌形象与企业的整体战略相一致。

（2）品牌标志：设计独特的品牌标志和视觉形象，以区别于竞争对手并提升品牌认知度。

（3）品牌故事：打造具有吸引力的品牌故事和口碑，以增强和提升用户的品牌认同感和忠诚度。

6. 建立科学的追踪与评估体系

（1）设定评估指标：根据运营目标设定具体的评估指标，如产品销售转化率、用户留存率、品牌知名度等。

（2）收集与分析数据：建立健全的数据收集和分析体系，通过数据分析了解用户行为和市场趋势。

（3）及时调整策略：根据评估结果和数据分析结果及时调整运营策略，以确保方案的有效性和可执行性。

7. 其他注意事项

（1）避免过于理论化：确保新媒体运营方案具有可行性，避免过于理论化或空洞的表述。

（2）保持简洁明了：用清晰简洁的语言表述新媒体运营方案，避免过于复杂或冗长的表述。

（3）建立预算机制：制订合理的预算计划，明确预算的分配和使用情况，以确保新媒体运营方案的顺利实施。

（4）与团队保持沟通：与产品开发团队、销售团队等保持密切沟通，确保运营方案能够得到有效的执行和支持。

【任务实施】

本任务基于任务一的调研结论，制定千乐咖啡小红书账号的运营方案。

步骤1：明确运营目的。

在制定新媒体运营方案之前，明确此次运营或者未来一段时间内的运营目的是什么，例如提升品牌曝光度，吸引并转化目标用户，以及建立稳定的粉丝群体。这些目标将指导后续的所有工作，包括内容创作、用户互动、数据分析等。

步骤2：建设账号。

基于运营目的，对运营账号进行建设规划，并对账号内容进行规划。例如，千乐咖啡的小红书账号可以定位为品牌宣传的主窗口，账号的简介可以设置为"千乐咖啡，品质生活的选择，每一口都是享受"，使用品牌标志作为账号头像，账号主页应体现咖啡文化和品牌风格。

步骤3：规划内容主题和形式。

规划内容主题和形式，确保发布的内容能够吸引目标用户，例如围绕"咖啡知识""咖啡文化""咖啡生活"等主题，制作图文、视频等多种形式的内容，每周发布3～5篇内容，保持账号活跃度。例如，可以撰写一篇关于千乐咖啡品鉴之旅的文章，配以精美的咖啡图片；或者制作一段展示咖啡制作过程的视频，让用户了解咖啡从选材到制成的全过程。在发布内容时，需要注意定时发布、标题和排版优化与标签的使用，以提高内容的曝光度和吸引力。

步骤4：编制新媒体运营方案。

完成上述步骤之后，就可以着手编制千乐咖啡小红书账号运营方案了。方案中除了要展示已经规划的内容，还需要对可能出现的各种突发状况做出应急预案。

在这一步，可以借助AI工具编制初步的新媒体运营方案。例如，可以向AI提问：

"请帮我为千乐咖啡小红书账号编制一份新媒体运营方案，账号定位为品牌宣传，要求新媒体运营方案包含项目背景与目标、目标受众分析、内容策略、渠道策略、活动策划与执行、数据分析与评估等。"

文心一言生成的结果如下。

千乐咖啡小红书账号运营方案

一、项目背景与目标

1. 背景

千乐咖啡是一家专注于生产高品质咖啡豆的公司，致力于为消费者提供优质咖啡产品。为了进一步扩大品牌影响力和市场份额，千乐咖啡决定利用小红书这一社交平台进行品牌宣传，通过精准的内容营销吸引目标受众。

2. 目标

◆ 在未来6个月内将粉丝数量增加至10000人。

◆ 提升品牌认知度，使千乐咖啡成为小红书用户心中的高端咖啡品牌。

◆ 每月至少3篇内容获得超过10000次曝光。

◆ 通过小红书引流至官方商城或其他销售渠道，实现销售转化。

二、目标受众分析

1. 用户画像

◆ 年龄段：20～40岁。

◆ 性别分布：女性略多于男性。

◆ 兴趣偏好：热爱生活、注重健康饮食、对美食尤其是饮品有较高追求。

◆ 消费习惯：愿意尝试新鲜事物，重视产品背后的故事和文化价值，倾向于选择具有品牌故事和个人情感联结的产品。

2. 需求洞察

◆ 寻找优质的在日常或特殊场合使用的咖啡产品。

◆ 对咖啡知识的学习欲望强烈，包括咖啡豆种类、烘焙程度、冲煮方法等。

◆ 希望通过购买和分享高质量的咖啡产品来表达自我生活方式和个人品位。

三、内容策略

◆ 分享咖啡知识：分享关于咖啡的知识，如不同产地的咖啡豆的特点、挑选合适的咖啡豆的方法、正确的冲泡技巧等。

◆ 分享体验：邀请顾客分享他们饮用千乐咖啡的真实感受。

◆ 制作创意视频：制作有趣的短视频，例如DIY咖啡饮品教程、新品预告等，保持用户的持续关注。

◆ 用户生成内容：鼓励用户上传自己的照片或视频，并参与话题讨论，形成良好的社区氛围。

四、渠道策略

1. 内部资源

◆ 整合千乐咖啡现有的线上线下的推广资源，例如官方网站、微信公众号、实体店活动等，引导流量至小红书账号。

◆ 以员工个人社交网络作为传播节点，扩大品牌触达范围。

2. 外部合作

◆ 与相关领域意见领袖建立合作关系，借助他们的影响力推广千乐咖啡。

◆ 参加或赞助行业内的重要展会、论坛等活动，提升品牌知名度。

五、活动策划与执行

1. 常规活动

◆ 千乐咖啡挑战任务：每月推出一个与咖啡相关的挑战任务，参与者完成并分享后有机会赢取奖品。

◆ 用户评价奖励计划：对在评论区留下真实反馈的用户给予一定形式的奖励，如折扣券、赠品等。

2. 特别企划

◆ 节假日特辑：结合节日氛围设计特别的主题内容，如七夕限定款咖啡、中秋家庭烘焙指南等。

◆ 线下体验日：组织线下试饮会、咖啡课程等活动，加深品牌与消费者的联系。

六、数据分析与评估

1. 指标设定

◆ 粉丝增长数：定期统计新增粉丝数，衡量品牌吸引力。

◆ 互动率：计算点赞、评论、收藏、分享等互动行为的比例，评估内容受欢迎程度。

◆ 转化率：跟踪从小红书引流至其他平台所带来的销售额变化，了解营销效果。

◆ 观看时长：观察用户平均停留时间，判断内容是否足够吸引人。

2. 工具选择

◆ 使用小红书提供的后台数据报告功能获取基础信息。

◆ 引入第三方监测工具，如百度统计、TalkingData 等进行更深入的数据挖掘。

3. 调整机制

◆ 根据每周/月的数据表现，快速识别问题所在，并及时调整运营策略。

◆ 对于有效的内容形式和推广方式，加大投入力度；对于无效的内容形式和推广方式，优化改进。

以上就是针对千乐咖啡小红书账号的品牌宣传运营方案。此方案旨在通过系统化的内容创作、高效的渠道整合及持续的数据驱动优化，帮助千乐咖啡成功塑造品牌形象，赢得更多忠实顾客的支持。

练一练

请你基于任务一"练一练"选择的新媒体运营账号，根据调研结论，编制一份运营方案。

同步实训

▊ 实训任务一 千乐咖啡抖音账号运营市场调研

实训描述

你是一名新媒体运营专员，负责为千乐咖啡品牌进行抖音账号运营市场调研。你的任务是通过调研了解咖啡领域抖音平台账号运营的情况，并完成一份详细的调研报告。该调研将帮助该品牌深入了解目标受众的喜好、精准刻画用户画像，以及分析当前市场上的内容运营状况，为后续制定新媒体运营方案提供决策依据。

操作指导

步骤 1：获取抖音用户画像，设计并发放调研问卷。

利用抖音官方提供的数据分析工具或第三方工具（如新抖、飞瓜数据等），获取抖音用户画像，包括年龄、性别、地理位置、活跃时间等信息。

利用 AI 设计一份专门针对抖音用户的调研问卷，并在抖音平台内进行投放，重点了解用户对咖啡的需求、关注的内容类型（图文、视频等）、参与互动的方式（评论、分享、点赞）等。

步骤 2：分析抖音平台的内容。

收集抖音平台上与咖啡相关的热门话题标签，观察哪些话题更容易获得高曝光度和引起用户互动。

分析竞争对手的抖音账号，研究其内容发布频率、形式、时长、发布时间等，以及这些因素如何影响用户互动和粉丝增长。

步骤 3：抖音营销活动效果评估。

回顾过去一段时间内"千乐咖啡"或其他相似品牌的抖音营销活动，评估活动期间的用户参与情况、粉丝增量、品牌曝光度等关键指标。（该步骤所需数据可通过第三方数据工具获取）

使用 AI 工具预测不同类型的营销活动可能带来的效果变化，为未来的活动策划提供参考。

实训评价

基于学生在本次实训中的表现及完成结果，学生自己和教师对考核项目进行评分，同时学生进行自我评价，教师进行成果点评。

考核项目	学生 自评分（30%）	教师 评分（70%）
准确刻画抖音用户画像，调研问卷设计合理，收集的数据具有代表性（40分）		
对抖音平台内容的分析深入，能识别出受欢迎的内容类型及特点（60分）		
总计（100分）		
自我评价	教师点评	

▌实训任务二　撰写"千乐咖啡"抖音产品促销方案

实训描述

本次实训你将负责为"千乐咖啡"抖音账号制定一个产品促销方案，促销产品为挂耳咖啡，该产品选用中度烘焙的阿拉比卡咖啡豆，通过科学配比和精细研磨制作而成。挂耳咖啡以其便捷性和高品质深受消费者青睐，尤其适合喜欢手冲咖啡体验的 25～40 岁的白领。它既保留了咖啡豆原始的香气与风味，又便于携带和冲泡，无论是在办公室还是家中都能轻松享用。

操作指导

步骤 1：明确目的。

认真了解此次促销的产品"挂耳咖啡"，基于实训任务一的前期调研结果，掌握目前抖音账号的基本情况，从而明确此次促销的目标。

步骤 2：促销策略制定。

根据市场分析和用户画像的结果，确定本次促销的核心卖点，如独特风味、便捷包装等。规划具体的促销形式，如买一送一、满减活动、抽奖等，并设定清晰的时间表和规则说明。同时，明确促销期间的目标，如曝光量、点击率、转化率、销售额增长等。

步骤 3：内容规划与创意生成。

结合挂耳咖啡的特点和促销主题，策划一系列有吸引力的内容，包括短视频、图文帖子、直播等内容。使用 AI 助手生成创意文案和视觉素材，确保内容符合品牌调性且易于传播。预先安排好内容发布的频率和时间点，保证在用户最活跃的时间段内推送。

步骤 4：编制促销方案。

根据策划的挂耳咖啡的产品促销策略、内容、创意等，编制一份切实可行的千乐咖啡产品促销方案。

实训评价

基于学生在本次实训中的表现及完成结果，学生自己和教师对考核项目进行评分，同时学生进行自我评价，教师进行成果点评。

考核项目	学生 自评分（30%）	教师 评分（70%）
方案目标是否明确（10 分）		
提出的促销策略是否合理、创新，能否有效吸引目标受众（30 分）		
内容规划是否详细、具体，生成的内容是否具有吸引力和传播力（30 分）		
促销方案是否完整，是否可以落地执行（30 分）		
总计（100 分）		
自我评价	教师点评	

知识与技能训练

一、单选题

1. 市场调研问卷设计的首要步骤是（　　）。

　　A. 选择调研工具　　　　　　　　　　B. 明确调研目的

　　C. 设计问题　　　　　　　　　　　　D. 保护填写者隐私

2. 撰写新媒体运营方案时，（　　　）是必须包含的内容。

 A. 产品定价   B. 目标受众分析   C. 用户反馈   D. 竞争对手分析

3. 市场调研的重要性在于（　　　）。

 A. 提高品牌知名度   B. 了解市场动态和用户需求

 C. 制订销售计划   D. 增加产品种类

4. 在调研问卷设计中，应该避免（　　　）。

 A. 逻辑跳跃   B. 主观性问题

 C. 包含个人信息   D. 问题复杂冗长

5. 在市场调研中，问卷设计需要遵循的要点不包括（　　　）。

 A. 逻辑清晰   B. 保护填写者隐私 C. 明确调研目的   D. 问题复杂

二、多选题

1. 撰写调研报告时，可以使用的辅助工具有（　　　）。

 A. 在线调研平台 B. AI 工具   C. 纸质问卷   D. 数据分析软件

2. AI 在市场调研中可以提供的帮助有（　　　）。

 A. 自动化问卷设计   B. 数据分析

 C. 竞争对手监测   D. 用户满意度调查

3. 编制运营方案的标准格式应该包括（　　　）。

 A. 目录   B. 附录   C. 封面   D. 正文

4. 以下属于市场调研方法的有（　　　）。

 A. 问卷调查   B. 用户访谈   C. 财务分析   D. 数据分析

5. 在调研问卷设计中，属于设计要点的有（　　　）。

 A. 逻辑清晰   B. 保护填写者隐私 C. 使用复杂术语   D. 提供明确选项

三、判断题

1. 市场调研问卷的设计不需要考虑填写者的隐私问题。（　　　）

2. 撰写调研报告时，AI 能帮助自动化生成内容。（　　　）

3. 新媒体运营人员可以忽视数据分析部分，因为他们主要负责内容创作。（　　　）

4. 市场调研的主要目的是提高品牌知名度。（　　　）

5. 新媒体运营方案的框架应包括目标受众分析。（　　　）

AI 助力新媒体运营文案创作

在新媒体运营的文案创作场景中，AI 的应用正掀起一场创新变革。假设你任职于一家新兴的互联网公司，担任新媒体运营团队的文案策划主管，负责各类平台的运营文案的产出与优化。随着 AI 的发展，你对团队成员，尤其是新媒体文案策划专员的技能要求也发生了显著变化。以新媒体文案策划专员岗位为例，其典型工作任务技能要求如表 3-1 所示。

表 3-1　新媒体文案策划专员典型工作任务技能要求

典型工作任务	工作内容与要求（传统场景）	工作内容与要求（AI 赋能）
文案主题策划	深入了解公司产品特性、目标受众喜好及市场趋势，通过市场调研与竞品分析，挖掘新颖且具有吸引力的文案主题，确保主题与品牌定位高度契合	利用 AIGC 工具中的创意生成工具，输入相关产品关键词、目标受众信息及市场趋势要点，获取 AI 生成的多样化文案主题创意，再结合自身专业判断进行筛选、优化，激发更多创意灵感
文案撰写与编辑	1. 具备良好的逻辑构建与文字组织能力，合理运用段落结构、修辞手法等写作技巧，使文案层次分明、通俗易懂，提升用户阅读体验； 2. 具备一定的排版能力，了解不同新媒体平台的排版规则和审美要求，合理运用标题、段落格式、图片、列表等元素，使文案在视觉上呈现清晰、美观的效果，增强用户阅读欲望	1. 运用 AIGC 工具中的文本生成工具，输入文案主题、风格要求、字数限制等指令，获取 AI 生成的文案内容，再对其进行深度编辑与完善，充分发挥人工创作的主观能动性与创造力，确保文案质量达到专业水准； 2. 具备运用 AIGC 工具中的智能排版工具的能力，使其根据不同平台格式要求，自动对文案进行排版，优化视觉呈现效果，提高用户阅读的舒适度，同时能够根据实际情况对 AI 排版结果进行微调，确保排版符合文案内容风格和平台特性
文案优化	通过用户反馈、数据分析等渠道，收集文案阅读量、转化率、互动率等数据指标，深入分析文案的效果，找出文案存在的问题与不足之处	使用 AIGC 工具中的语法检查与纠错工具，对撰写的文案进行全面的语法、拼写、标点检查与修正，避免出现低级错误，提升文案的规范性

续表

典型工作任务	工作内容与要求（传统场景）	工作内容与要求（AI 赋能）
跨平台文案适配	熟悉不同新媒体平台的文案风格与规范要求，能够根据平台特点对文案进行针对性创作，以适应各平台用户的阅读习惯	不仅要熟悉不同新媒体平台的文案风格与规范要求，还需借助 AIGC 工具快速梳理各平台风格特点

◖ 项目概述

本项目通过深入剖析电商平台、微信公众号、小红书、微博、社群等平台的特点与用户需求，引导学生掌握运用 AIGC 工具生成各平台文案的方法；同时，帮助学生学会对 AI 生成文案进行优化的方法，使文案在风格、内容和传播效果上更契合平台定位与用户喜好，提升新媒体运营的内容创作质量与效率。

◖ 学习目标

1. 具备独立自主与积极思考的能力，在新媒体运营文案的创作中，不盲目依赖 AI 生成的内容，能结合自身经历、知识与深入调研成果，对文案进行富有创意和深度的加工，创作出独具特色且高质量的作品。

2. 掌握电商平台、微信公众号、小红书、微博、社群等不同新媒体平台文案的特点和要求，判断各平台文案创作方向。

3. 熟悉并掌握常见 AIGC 工具的功能与应用方法，根据平台特点和文案需求，合理选择并熟练操作 AIGC 工具，能够运用它们创作出具有吸引力和互动性的新媒体文案。

任务一 AI 助力电商文案创作

◖任务分析

要借助 AI 完成电商文案创作，需完成以下任务：

1. 通过对电商文案知识的系统学习，深入理解电商文案的特点，明确标题、主图文案、详情页文案等不同类型电商文案的撰写要求和要点；

2. 能够根据不同电商平台的风格和要求，选择合适的文本生成工具，并且通过实际操作，学会引导 AI 生成符合电商运营需求的文案。

【知识储备】

一、认识电商文案

电商文案是在电子商务平台上用于推广产品或服务的文字内容，具有鲜明的特点。

1. 突出产品优势

电商文案需精准且生动地阐述产品的功能、材质、品质、设计等独特卖点，如推广一款健康监测智能手表，需详细说明其监测血压和心率精准、分辨率高及操作简单等优势，让消费者了解产品价值，如图 3-1 所示。

2. 契合目标受众

撰写电商文案时需深入分析目标受众的年龄、性别、消费习惯、兴趣爱好、购买动机等特征，使用符合其语言习惯和心理预期的表述。例如，针对年轻、追求生活趣味的群体，某"生活解压包"电商文案采用了轻松幽默、富有创意的语言风格，如图 3-2 所示。

图 3-1　某健康监测智能手表的电商文案

图 3-2　某"生活解压包"的电商文案

3. 引发情感共鸣

撰写电商文案需挖掘消费者在使用产品过程中可能产生的情感需求，如安全感、成就感、归属感、幸福感等，通过文案传递积极情感。例如，宣传某款灯芯绒模块沙发，可突出其柔软的灯芯绒材质带来的舒适触感，如"如同置身于温暖的怀抱中"，让消费者联想到在忙碌一天后回到家中，能在这款沙发上放松身心，享受惬意的居家时光的场景，从而引发消费者对舒适温馨居家生活的向往和对这款沙发的喜爱之情。引发情感共鸣的文案如图 3-3 所示。

4. 引导购买行动

电商文案可运用具有号召力的语言，如低价优惠、独家福利等，营造紧迫感和稀缺感，促使消费者尽快下单购买，如图 3-4 所示。

图 3-3　某家居产品的电商文案

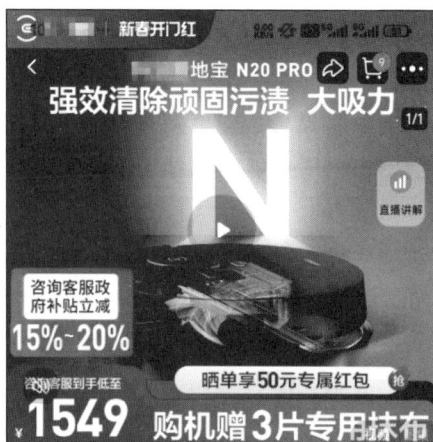

图 3-4　某扫地机器人的电商文案

二、电商文案分类

因在电商销售流程中所承担的功能和展示位置不同，电商文案有着清晰的分类。不同类型的电商文案各自发挥着独特的作用，从不同角度吸引消费者，引导其做出购买决策。

1. 标题

标题是吸引消费者的首要因素，它应当简洁明了、极具吸引力，并且包含核心关键词。同时，标题的字数需要符合平台规定，以确保在搜索结果页面能够完整显示。在创作标题时，可以从突出产品的卖点、功效或优惠信息等方面入手。例如，某破壁机的标题写明"低音破壁机 家用大功率"，既点明了产品的大功率属性，又突出了"低音"这一核心卖点，如图 3-5 所示。

图 3-5 某破壁机的标题

2. 主图文案

主图文案是展示在产品主图上的简短文字信息，其作用是辅助图片传递关键信息，快速吸引消费者的注意力。主图文案的字数不宜过多，一般控制在 10~20 个字。创作时可突出产品的核心卖点、使用场景或促销信息。例如，一款投影仪的主图文案为"500 寸！不用幕布""360° 云台投影"等，其清晰地传递了产品的核心卖点，如图 3-6 所示。

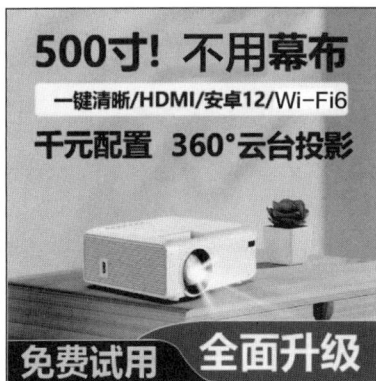

图 3-6 某投影仪的主图文案

3. 详情页文案

详情页文案是对产品的详细介绍，需要全面、深入地展示产品的特点、优势和价值。具体可从以下几个方面展开撰写。

（1）产品概述。介绍产品的品牌、产地、基本功能等信息，让消费者对产品形成初步认识，如图3-7所示。

（2）原料与工艺。强调产品采用的优质原料和独特制作工艺，如食品类产品可介绍原料的天然、有机特性，如图3-8所示；电子产品可阐述先进的生产工艺，以此突出产品品质。

图3-7　某蛋白粉的详情页文案-产品概述　　图3-8　某蛋白粉的详情页文案-原料与工艺

（3）产品功效。详细描述产品的功效及能为消费者带来的利益，并可引用相关研究、数据或用户评价来提升可信度，如图3-9所示。

（4）使用方法与注意事项。清晰地指导消费者如何正确使用产品，以及提示使用过程中的注意要点，避免因使用不当产生问题，同时体现品牌的贴心服务，如图3-10所示。

图3-9　某蛋白粉的详情页文案-产品功效　　图3-10　某蛋白粉的详情页文案-使用方法与注意事项

（5）品牌故事。讲述品牌的起源、发展历程、理念和价值观，拉近与消费者的情感距离，增强和提升消费者对品牌的认同感和忠诚度，如图3-11所示。

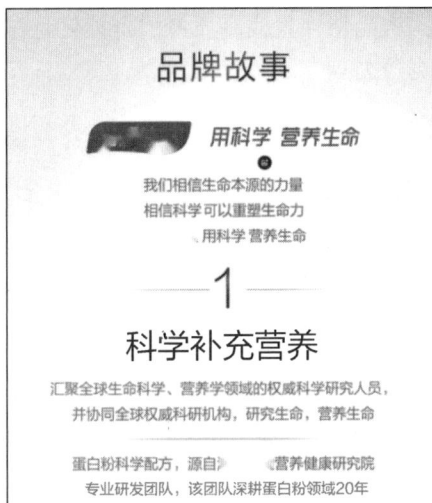

图 3-11 某蛋白粉的详情页文案-品牌故事

德育课堂

在实际的新媒体运营文案创作场景中，AI 能够快速生成大量文案内容，这为创作者提供了便利，但也容易导致过度依赖。学生必须明确，AI 虽能提供基础素材与思路，却无法替代人类的创造力与深度思考。学生需要树立自主创作的意识，不能简单地将 AI 生成的内容直接照搬使用。例如，在为一款电子产品撰写电商文案时，AI 可能会给出关于产品功能、特点的常规描述。然而，学生不能满足于此，而应思考如何从独特视角出发，挖掘产品的差异化优势，形成具有竞争力的文案。

自身的经历与知识储备是创作过程中宝贵的财富。在文案创作过程中，学生应主动将这些财富融入其中。通过回忆自己或身边人使用类似产品的体验，结合所学的市场营销、消费者心理等专业知识，对 AI 生成的文案进行完善。

学生通过新媒体运营文案创作，不仅能提升自身在新媒体领域的竞争力，还能在这个过程中培养独立自主与积极思考的能力。这些能力不仅能助力学生在学业和职业发展中取得成功，更能使其在面对复杂多变的社会环境时保持独立思考、做出理性判断，以积极的态度应对各种挑战。

【任务实施】

任务活动：AI 创作电商文案

假设你是一名香薰网店的运营人员，店铺主要在淘宝平台面向年轻上班族、学生及其他追求生活品质的消费者群体售卖各类香薰商品。正值元旦，你现在要为一款新上市的香薰商品创作电商文案。为了让文案更具吸引力和竞争力，你决定借助文案生成工具。以下是此次利用 AI 创作电商文案的活动步骤。

步骤 1：选择文案生成工具。

在众多文案生成工具中，经过调研与试用，你最终选定了悉语。悉语在电商文案创作领域具有专业性，能够针对不同商品特性生成高质量、个性化且符合市场需求的文案，有助于提升香薰商品在电商平台的竞争力。

📝 知识链接

悉语是由阿里妈妈·创意中心推出的一款智能文案生成工具，主要有以下功能。

1. 场景化文案生成：结合商品的特点和应用场景，以故事化、生动形象的方式展现商品魅力，使消费者更容易产生共鸣和购买欲望。

2. 营销文案创作：根据促销策略和活动主题，生成具有说服力和吸引力的营销文案，帮助电商从业者提升促销效果，吸引更多消费者参与。

3. 商品属性文案撰写：能够生成详尽的商品属性文案，包括商品的规格、特点、优势、材质、使用方法等，帮助消费者全面了解商品，做出更明智的购买决策。

步骤 2：准备仿写内容/设计提示词。

如果应用悉语，需要提供合适的商品文案，使其仿写。如果选择其他文案生成工具，需围绕香薰商品设计提示词，设计的提示词包括生成商品标题、商品主图文案、商品详情页文案的提示词。

步骤 3：进入阿里妈妈·创意中心官网。

进入阿里妈妈·创意中心官网，如图 3-12 所示。选择"创意工具"—"悉语智能文案"，如图 3-13 所示。

图 3-12　阿里妈妈·创意中心官网

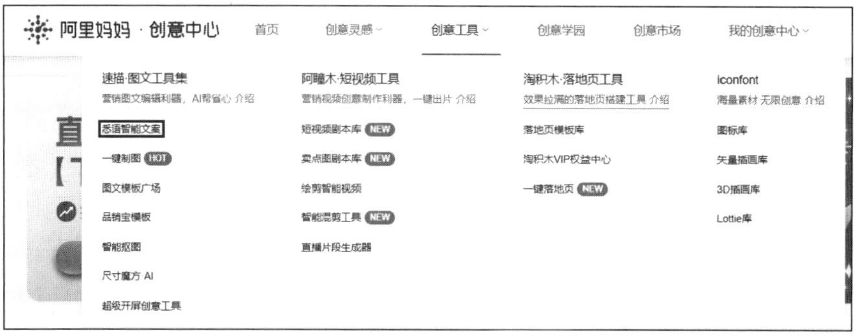

图 3-13　选择"创意工具"—"悉语智能文案"

步骤 4：选择商品。

在"标题文案"设置页面中选择商品，如图 3-14 所示。在这一页面，可以通过两种方式选择商品：一是单击"添加"按钮，输入具体商品的链接；二是单击"导入商品"按钮，从自己店铺的商品库中选取商品，系统会直接从店铺的商品信息库中提取相关数据。

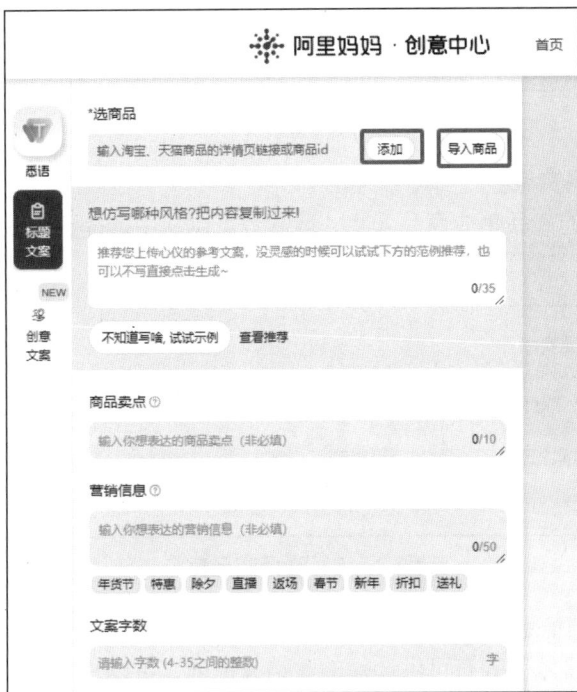

图 3-14　选择商品

这里选择输入商品链接的方式，将商品链接复制粘贴到指定位置，如图 3-15 所示。

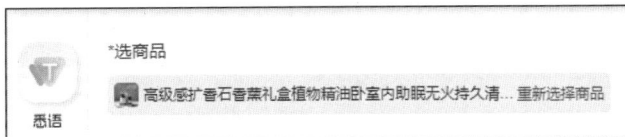

图 3-15　输入商品链接

步骤 5：设置仿写风格。

在参考文案输入框中上传心仪的参考文案，如果没有参考文案，可以单击"不知道写啥，试试示例"按钮，如图 3-16 所示。系统生成的推荐文案如图 3-17 所示。

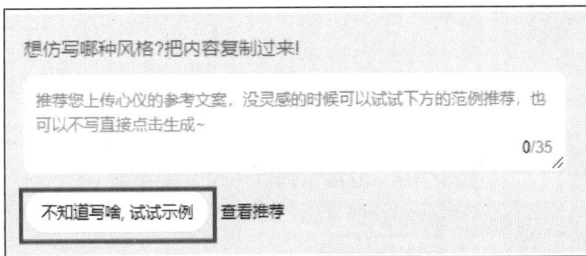

图 3-16　设置示例

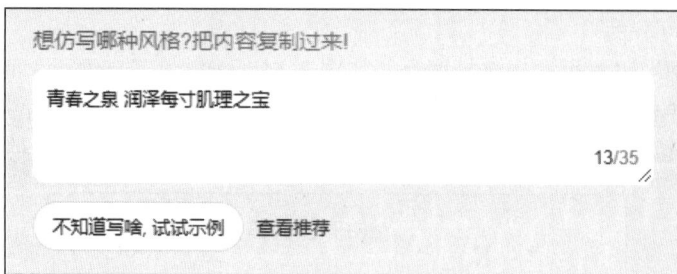

图 3-17　系统生成的推荐文案

步骤 6：选择商品卖点。

系统会根据选择的商品生成商品卖点，运营者可以从中选择，如图 3-18 所示，也可以自行进行卖点挖掘。

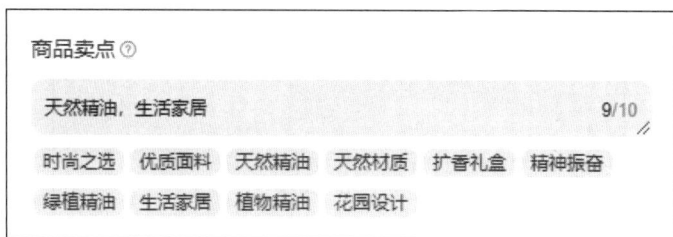

图 3-18　选择商品卖点

步骤 7：设置营销信息及文案字数。

在营销信息设置区域下方有可供选择的营销关键词，可以从中选择，也可以自行填写。同时设置文案字数，确保生成的文案符合平台规范，有效传递关键信息，如图 3-19 所示。完成上述设置后，单击"开始生成"按钮。

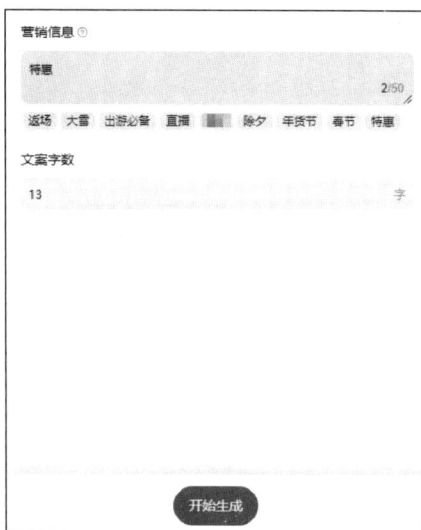

图 3-19　设置营销信息及文案字数

步骤 8：生成商品标题。

生成的商品标题如图 3-20 所示，可以进行复制和编辑。

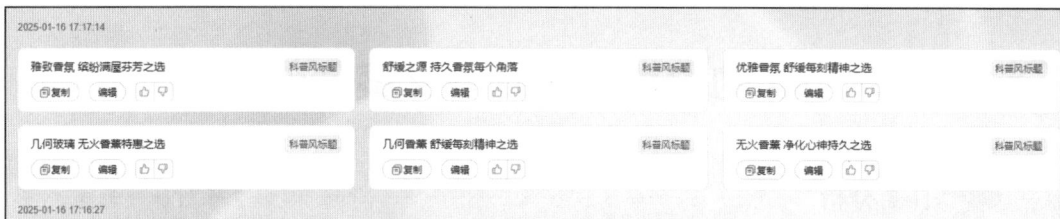

图 3-20 生成的商品标题

依照上述步骤，生成香薰商品的主图文案，如图 3-21 所示。

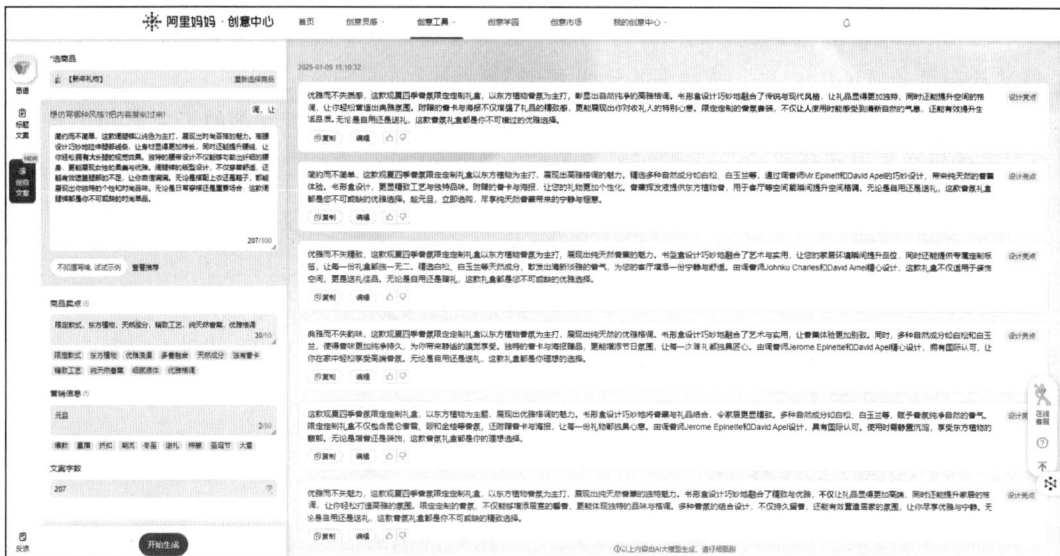

图 3-21 生成的商品主图文案

选择合适的文案进行优化，确定的标题及主图文案如下。

商品标题：香薰蜡烛 优雅香氛 舒缓每刻精神之选

商品主图文案：

优雅不失魅力，这款观夏四季香氛限定定制礼盒，以东方植物香调为主打，尽显天然纯粹。

设计精巧，融合艺术性与实用性，瞬间提升家居格调。精选白松、白玉兰等天然成分，香气清新淡雅。

附赠独特香卡与海报，让每份礼物别具新意。

无论是自留品味，还是送礼传情，都是理想之选。

练一练

请同学们参照上述步骤，利用悉语生成香薰商品详情页文案初稿。

任务二　AI 助力微信公众号文案创作

任务分析

要借助 AI 完成微信公众号文案创作，需完成以下任务：

1. 深入学习微信公众号文案的创作技巧，同时了解各类智能排版工具的功能和适用场景，为创作高质量微信公众号文案奠定基础；

2. 学会根据微信公众号的内容方向和受众需求确定具有吸引力的文案主题，并且能够选择合适的 AIGC 工具，并熟悉其使用方法。

3. 围绕文案主题和亮点设计精准的提示词，引导 AI 生成符合预期的文案初稿，并对 AI 生成的文案进行优化。

4. 运用 AI 排版工具选择与微信公众号风格一致的排版样式，提升文案的视觉效果，优化用户阅读体验。

【知识储备】

一、认识微信公众号

微信公众号是腾讯公司在微信的基础上，为用户提供的信息发布与传播平台。自 2012 年 8 月正式上线以来，微信公众号以强大的功能和广泛的适用性，在不同主体的信息传播与交流中扮演着关键角色。微信公众号属于微信公众平台下的细分板块，除了微信公众号，还包括服务号、企业微信、小程序等，详见表 3-2。

表 3-2　微信公众平台的账号类型及相关内容

类型	功能定位	适用主体	消息推送限制	展现形式
公众号	侧重于为用户提供信息，是用户获取各类知识、新闻、观点等内容的重要渠道	适用于个人、媒体、企业、政府机构等各类主体	每天可以群发一条消息	订阅号发送的消息会集中显示在订阅号文件夹中，用户只有打开该文件夹才能查看具体内容
服务号	重点在于为用户提供各种服务，让用户能够通过服务号便捷地享受服务、办理业务等	主要适用于企业、政府机构、服务提供商等需要为用户提供专业服务的主体	每月仅能群发四条消息	服务号的消息展示在微信聊天列表中，与普通聊天对话并列，具有较高的曝光度
企业微信	主要用于满足企业内部沟通与管理的需求，是企业实现数字化办公、提升工作效率的重要工具	主要适用于各类企业组织，包括大型企业、中小企业等，以及一些有内部管理和协作需求的机构	在消息推送方面有较强的灵活性，企业可根据自身需求和管理规定，制定不同的消息推送策略	有独立的应用页面，与个人微信有一定的区分

续表

类型	功能定位	适用主体	消息推送限制	展现形式
小程序	聚焦轻量化服务，满足用户特定场景的需求，如电商购物、生活缴费、工具查询等	适用于企业、商家、个人开发者等	每月推送次数有限且需符合平台规则	展现形式多样，涵盖图文列表、卡片式、视频嵌入等，适配不同业务场景与用户操作习惯

二、微信公众号文案的创作技巧

微信公众号文案作为在微信公众号平台上发布的文字信息，在吸引读者关注、传递有价值的内容及促进读者互动等方面发挥着不可替代的关键作用。以下是微信公众号文案的创作技巧。

1. 标题撰写技巧

一个标题的好坏直接决定了读者是否愿意阅读正文。标题要让读者感觉到新鲜、震撼、有趣、有贴近感。在进行标题撰写时，可以参考下面几个写作要点。

（1）制造悬念，激发好奇

利用读者的好奇心，在标题中故意隐藏关键信息或抛出疑问，激发读者想要深入探究的欲望。例如，"揭秘！那些让你越吃越瘦的食物"，"揭秘"一词瞬间抓住读者眼球，而"越吃越瘦的食物"这种违背常理又极具吸引力的表述，促使读者迫不及待地点开文章一探究竟。在运用这一技巧时，要注意把握好悬念的度，不能晦涩难懂，让读者摸不着头脑，也不能为了制造悬念而脱离文章内容，变成"标题党"，否则会引起读者反感，降低微信公众号的信誉度。

（2）突出数字，直观呈现

数字能够让信息更加清晰、具体，给读者直观的感受，同时也有助于读者快速判断文章内容的价值。例如，"7 天学会 Python 编程的实用攻略"，明确告知读者在 7 天内可以学会 Python 编程，并且表明文章提供了实用攻略，迅速吸引有学习需求的读者。使用数字时，要确保数字准确且与文章内容紧密相关，避免使用夸张或虚假的数字来吸引眼球，否则读者阅读文章后会产生上当受骗的感觉。

（3）结合热点，借势引流

借助当下热门的事件、话题、人物等，将其与微信公众号文案主题巧妙结合，能够迅速吸引大量读者的关注。例如，在奥运会举办期间，体育类微信公众号可以撰写"奥运会上的那些'黑马'选手是如何逆袭的"等文章标题，借奥运会的热点提高文章的曝光度。结合热点时，要注意时效性和相关性，及时跟进热点事件，确保微信公众号文案与热点紧密相连，同时要从独特的角度进行解读，避免内容同质化。

（4）情感共鸣，触动心灵

从读者的情感需求出发，在标题中运用能够引发情感共鸣的词汇或表达方式，触动读者的内心。例如，"致所有在大城市漂泊的年轻人：你并不孤单"，直接面向在大城市漂泊的年轻人这一群体，传递理解和安慰的情感，让他们产生强烈的共鸣。

2. 正文写作技巧

只有内容质量足够好，才能吸引更多的读者。撰写微信公众号的正文可以从以下几个方面着手。

（1）以故事导入，吸引读者

以一个生动有趣、与主题相关的故事作为文章的开篇，能够迅速吸引读者的注意力，让他们自然而然地进入文章营造的情境中。故事要简洁明了，具有吸引力和启发性，并且要与文章主题紧密相关，能够自然地过渡到主要内容。

（2）逻辑清晰，层次分明

在撰写正文时，要确保文章逻辑清晰，层次分明，让读者能够轻松理解文章的主旨和内容。可以采用总分总、总分、分总等结构，运用小标题将文章划分为不同的部分，每个部分围绕一个核心观点展开论述。例如，在一篇介绍旅游攻略的文章中，可以使用"前期准备""行程安排""美食推荐""注意事项"等小标题，对旅游攻略的各个方面进行详细阐述，使读者一目了然。在论述过程中，要注意段落之间的过渡和衔接，使用恰当的连接词，如"首先""其次""然而""因此"等，使文章的逻辑更加连贯。

（3）提供价值，解决问题

微信公众号文案要能够为读者提供有价值的信息，如实用的知识、技能、经验，或者解决问题的方法。例如，在一篇关于健康养生的文章中，可以详细介绍缓解失眠的5种有效方法，包括具体的操作步骤、注意事项及原理，让读者能够从中获得实用的知识。在一篇职场类文章中，可以分享提高工作效率的技巧，如时间管理方法、高效沟通技巧等，帮助读者解决在职场中遇到的问题。

文章不仅要提供价值，还要根据目标受众的需求和兴趣进行针对性创作，满足读者的期望。

（4）语言生动，富有感染力

运用生动形象、通俗易懂的语言进行写作，避免使用过于专业、晦涩的词汇和句子，使文章更易于被读者理解和接受。可以运用比喻、拟人、排比、夸张等修辞手法，增强文章的表现力和感染力。在写作过程中，要注意语言的节奏感，适当运用短句和长句，使文章读起来朗朗上口。同时，要保证语言的风格与微信公众号的定位和目标受众相契合。

三、智能排版工具

在微信公众号运营中，内容的排版工作至关重要，它直接影响着读者的阅读体验。随着AI技术的发展，众多智能排版工具应运而生，为微信公众号运营者提供了高效、智能的排版方案。表3-3所示为几款常见的智能排版工具。

表3-3　常见的智能排版工具

工具名称	功能	适用场景
135编辑器	智能分析内容结构，一键生成涵盖字体、颜色、布局的排版方案，可学习用户偏好	适合各类微信公众号文案排版
秀米编辑器	可依据输入文案的结构与风格，智能推荐适配的排版模板	适合各类微信公众号文案排版，尤其适合追求独特视觉效果和精细排版的微信公众号，如时尚类、艺术类、文化类微信公众号
小墨鹰编辑器	自动完成文章基本样式排版	适合各类微信公众号文案排版，包括日常和复杂专题排版
有一云AI	一键排版，还可一键选题、按提示词创作文章和一键配图	适合需要创意选题和快速内容产出的微信公众号文案创作与排版

【任务实施】

任务活动：AI 创作微信公众号文案

假设你负责运营一个名为"贵州风物志"的微信公众号，目标受众为对贵州文化感兴趣的人群，包括游客、美食爱好者及热衷于探索地方特色的消费者等。该微信公众号旨在推广贵州特产，传播贵州特色文化。

步骤1：确定文案主题。

在撰写微信公众号文案之前，首先要明确文案的主题和目标受众，这有助于更好地设计提示词，以便 AI 能够生成符合创作需求的内容。

确定本次文案主题为"贵州特色美食，味蕾上的多彩盛宴"。其亮点在于深入介绍贵州酸汤、香酥鸭、破酥包、洋芋制品、脆哨等美食的独特风味与背后的文化故事，展现贵州美食文化的魅力。例如，讲述酸汤作为贵州饮食文化重要符号，如何融入当地人的生活；香酥鸭从传统小吃转变为"网红"美食的历程。

步骤2：选择 AIGC 工具。

本活动以有一云 AI 为例，进行后续操作演示。

知识链接

有一云 AI 是一款为微信公众号运营者提供多方位支持的智能工具，其功能全面且实用，能够有效提升微信公众号运营效率，主要有以下功能。

1. 一键选题：借助强大的算法和海量数据，结合当下热点、用户兴趣及行业趋势，快速为运营者提供一系列新颖且具有吸引力的选题建议。

2. 按提示词创作文章：支持按提示词创作文章，在运营者输入与主题相关的关键词、核心观点或创作要求等后，有一云 AI 会基于这些信息，利用自然语言处理技术生成文章初稿。

3. 一键配图：可根据文章内容，自动从丰富的图片素材库中筛选并匹配契合主题的图片，解决运营者寻找合适配图的难题，确保图文搭配协调，提升文章整体视觉效果。

4. 一键排版：可快速对微信公众号文章进行排版，无须运营者手动逐一调整字体、字号、颜色、行距、缩进等烦琐的排版细节。只需简单操作，它就能依据文章内容的特点和风格，生成美观且易读的排版样式，极大节省排版时间，让运营者能将更多精力投入内容创作。

步骤3：设计提示词。

围绕文案主题和亮点设计提示词。例如："为对贵州文化感兴趣的人创作一篇关于贵州特色美食的微信公众号文案，深入介绍酸汤、香酥鸭、破酥包、洋芋制品等美食的独特风味与文化故事。文案语言生动有趣、富有感染力，字数在 1000 字左右，突出美食的特色与文化内涵。"

步骤4：输入提示词。

进入有一云 AI 官网，单击"新媒体 AI 写作"按钮，如图 3-22 所示；然后单击"立即使用"按钮，如图 3-23 所示。

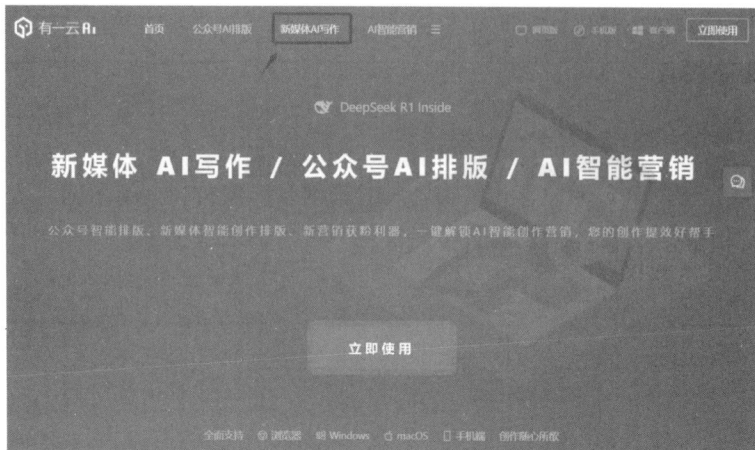

图 3-22　单击"新媒体 AI 写作"按钮

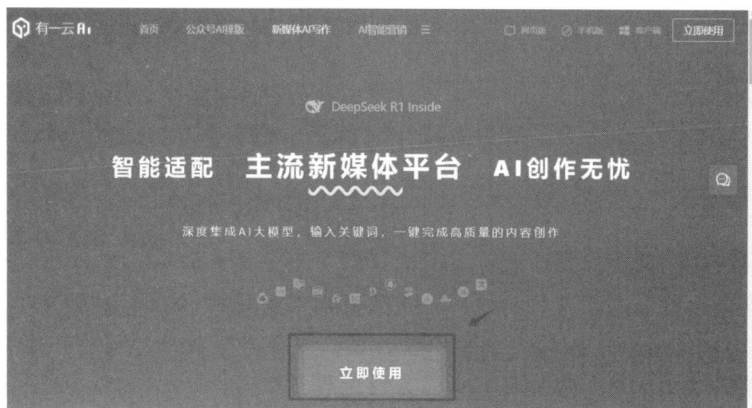

图 3-23　单击"立即使用"按钮

在打开的页面中选择"公众号"选项，并在"公众号"下拉菜单中单击"智能写作"按钮，如图 3-24 所示。

图 3-24　单击"智能写作"按钮

进入内容创作页面，在输入框中输入步骤 3 设计好的提示词，单击"开始创作"按钮，如图 3-25 所示。

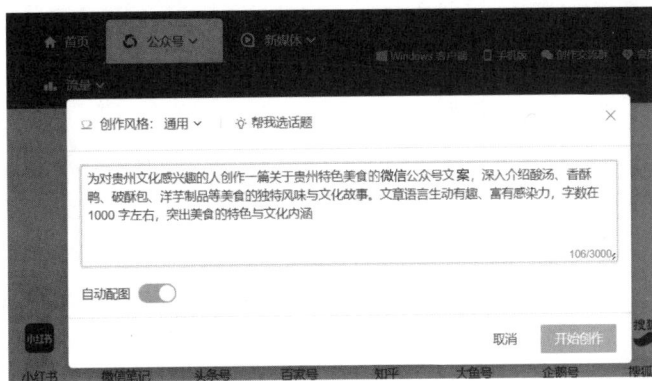

图 3-25　输入提示词

步骤 5：生成微信公众号文案。

生成的微信公众号文案初稿如图 3-26 所示。

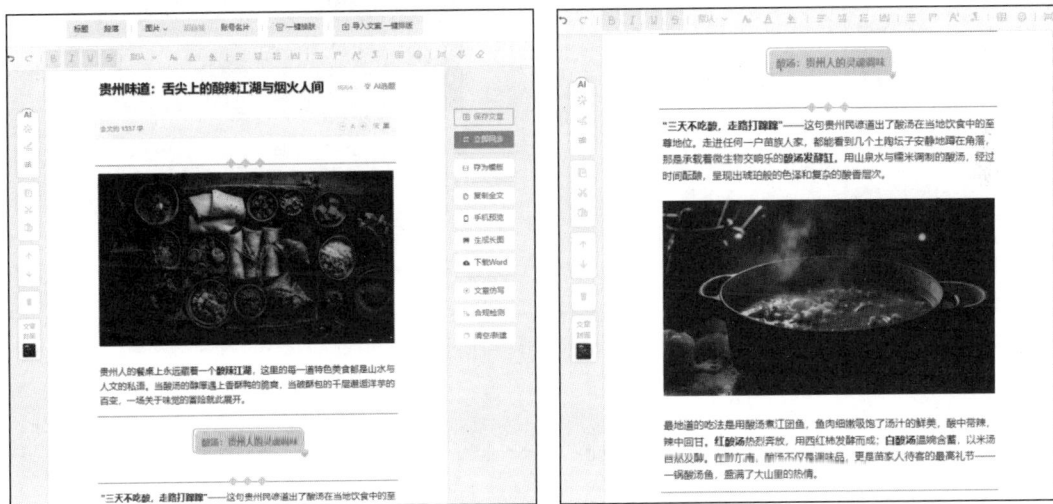

图 3-26　生成的微信公众号文案（部分）

步骤 6：优化微信公众号文案。

单击"内容润色"按钮，使语言更生动，如图 3-27 所示；调整段落顺序，使文案逻辑更清晰。

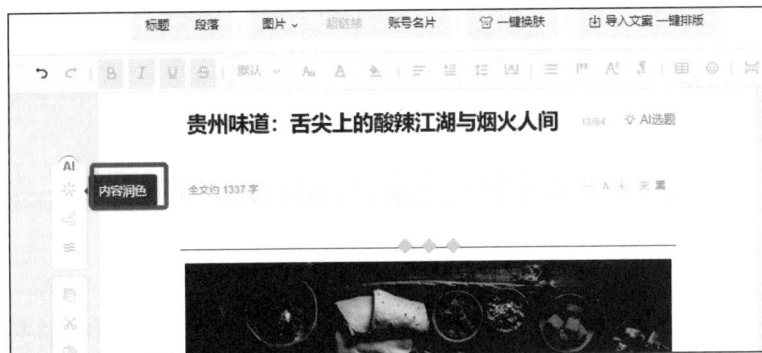

图 3-27　单击"内容润色"按钮

步骤7：AI一键排版。

单击"速排"按钮，为优化后的文案选择符合文案风格的排版样式，如图3-28所示。采用合适的色彩搭配、装饰元素，调整字体、字号、颜色和段间距等，使文案美观易读。检查排版无误后，将文案发布到"贵州风物志"微信公众号，供目标受众阅读。

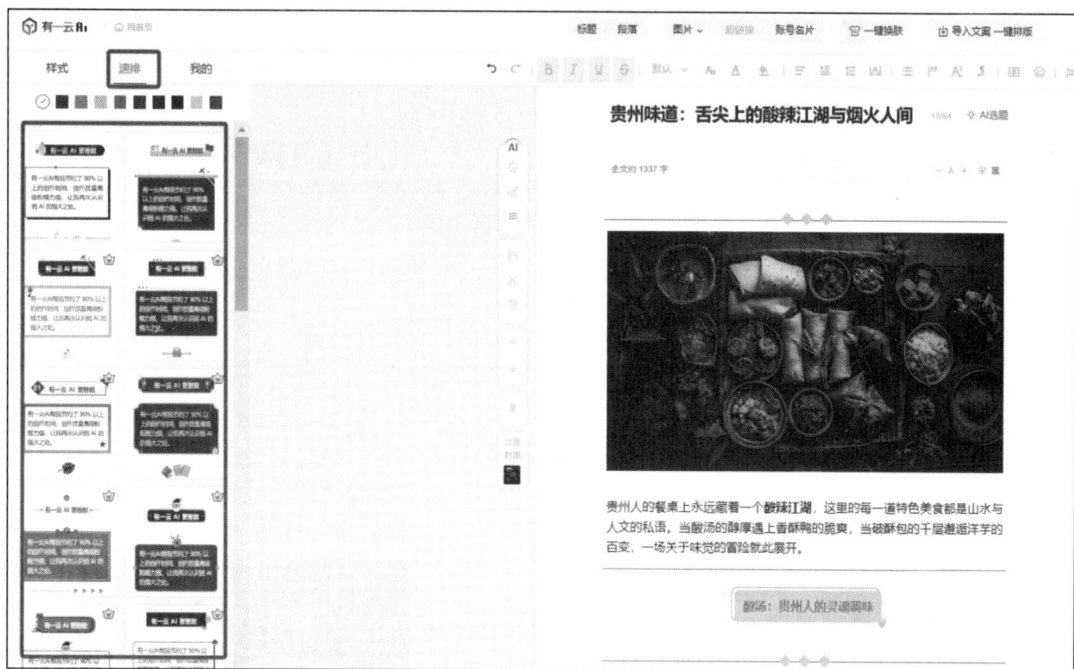

图 3-28　选择排版样式

练一练

请同学们使用 AI 工具，生成一段关于"健康饮食"的公众号文案，内容应包括饮食建议和注意事项。

任务三　AI 助力小红书笔记创作

任务分析

借助 AI 进行小红书笔记创作，需完成以下任务：

1. 全面学习小红书笔记的特点，以及常见笔记的适用范围、标题设计要求和封面设计要求，理解这些知识对创作符合小红书风格的笔记的重要性；

2. 通过对小红书平台的调研和目标受众分析，确定笔记的主题和目标，并根据目标受众的喜好和平台流行趋势，选择合适的 AIGC 工具，熟悉其功能和操作流程；

3. 详细描述产品或内容的关键信息，结合小红书用户的语言习惯和喜好，设定语言风格要求，设计具有针对性的提示词，引导 AI 生成符合小红书风格的笔记初稿；

　　4. 利用智能配图功能，挑选与笔记内容高度相关、清晰美观且能突出产品或内容特点的图片，提升笔记的视觉吸引力。

【知识储备】

一、认识小红书笔记

　　小红书是当下热门的生活方式分享平台，而小红书笔记是用户分享内容的主要形式，具有独特的魅力与特点，它不仅是创作者表达自我、传递价值的载体，也是连接用户与产品、品牌的桥梁。了解小红书笔记的特点，对精准创作吸引目标受众的内容至关重要。

1. 视觉优先性

　　小红书以图片、视频等视觉内容为重要载体。高质量、吸睛的图片或视频能瞬间吸引用户注意力，是吸引用户浏览笔记的关键。例如，在一篇美食探店笔记中，精美的菜品图片可以极大提升笔记的吸引力，让人产生强烈的阅读兴趣，如图 3-29 所示。

2. 文案简洁性与互动性

　　小红书笔记通常简洁明了，在有限的字数内传达关键信息。同时，小红书笔记强调与用户的互动，常用提问、引导评论等方式引导用户互动，如图 3-30 所示。

图 3-29　视觉优先性

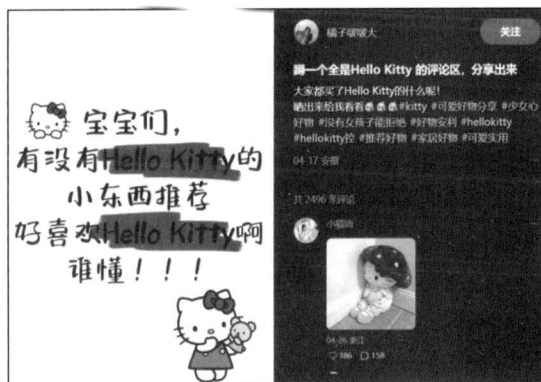

图 3-30　互动性

3. 标签的重要性

　　标签是小红书内容分类和搜索的关键。合理使用标签可以提高笔记的曝光率，让笔记更容易被目标用户搜索到。例如，旅游类笔记可添加 "旅游攻略""小众景点"等标签，精准定位目标用户，如图 3-31 所示。

图 3-31　笔记标签

▍二、常见的小红书笔记形式

在小红书平台上，不同的笔记形式适用于不同的内容类型与分享目的，能满足用户在各个领域的信息需求。创作者可以根据自身想要传达的信息及目标受众的喜好，选择最为合适的笔记形式进行创作。表 3-4 所示为常见的小红书笔记形式。

表 3-4　常见的小红书笔记形式

笔记形式	适用范围	标题设计要求	封面设计要求	示例
合集类	适合归纳整理同一主题下的多种元素，尤其适合好物分享和知识分享	通常直接点明主题及合集数量，突出丰富性与实用性	多采用拼图形式，将合集中涉及的物品、场景等关键元素用拼接图片展示出来，直观呈现合集概貌	
测评类	常用于对产品、服务或体验进行评价和比较，如电子产品测评、酒店住宿测评、餐厅菜品测评等	一般包含测评对象及测评核心点，强调客观公正	多为表现测评对象的图片，搭配简洁明了的文字标注，并通过一些对比元素或数据图表在封面上初步展示测评优势或结果	

笔记类别	适用范围	标题设计要求	封面设计要求	示例
科普类	适用于科普各种知识，如科学知识、历史文化、健康养生、生活常识等	往往突出科普主题及价值，激发用户的求知欲	常以与科普内容相关的高清图片、插画或图表作为背景，搭配简洁的文字说明	
避"坑"类	主要针对各种容易让用户踩"坑"的情况进行分享，如旅游陷阱、网购雷区、装修误区等，帮助用户避免不良体验	通常以警示性语言吸引用户，激发用户的警惕心理和阅读兴趣	通常采用带有警示标志（如红色感叹号）的图片，结合文字，突出避"坑"主题。图片可以是一些关于退货场景或问题产品的图片，让用户直观感受到笔记内容与避"坑"相关	
教程类	适用于教授用户某项技能或方法，如绘画教程、摄影教程、手工制作教程、语言学习教程等	明确教程主题及其能达到的效果，强调实用性	多为展示最终成果的图片，搭配文字说明	
攻略类	广泛应用于旅游、学习、职场等多个方面，旨在为用户提供系统的行动指南，如旅游攻略、备考攻略、求职攻略等	一般包含攻略主题及适用场景，突出针对性	常以与攻略相关的场景图片为主，标注攻略主题和关键信息，如"××（场景）攻略"。例如，旅游攻略的封面可以是当地标志性景点的美丽照片，搭配用文字标注的目的地和"攻略"字样	

【任务实施】

任务活动：AI 创作小红书笔记

假设你是一名电商运营者，负责推广一款新上市的学生手账本。这款手账本专为学生打造，封面设计活泼，材质防水耐磨；内页纸张书写顺滑，不透墨；有索引页，方便快速查找；有方格页、空白页，能满足多样记录需求。此外，手账本附带精美贴纸、实用书签等小配件，价格实惠，性价比极高。你希望通过小红书笔记吸引学生关注并购买这款产品。

步骤 1：明确笔记主题与目标。

确定主题。将主题定为"学生做手账必备！超绝手账本来袭"，明确创作方向，聚焦学生对手账本的需求。

明确目标。旨在吸引学生关注品牌，提高手账本的销量。创作时突出手账本的独特设计、实用功能、高性价比等特点，激发学生的购买欲望。

步骤 2：选择 AIGC 工具。

本活动以讯飞绘文为例，进行后续操作演示。

知识链接

讯飞绘文是科大讯飞推出的一站式智能创作平台，基于讯飞星火大模型，为内容创作者提供全流程功能支持，有利于提升创作效率与质量。其功能如下。

1. 智能创作。运用先进的自然语言处理技术，快速生成高质量文章初稿。支持多种生成模式，还能模仿特定人物风格进行写作，能满足多样化的创作需求。

2. 智能选题。实时分析热点话题与用户兴趣，提供有潜力的选题建议，可按指定热点和节日选题，为创作者提供灵感，解决选题难题。

3. AI 配图。根据文章内容、描述词或段落，匹配合适的图片。若用户指定图片风格，则配图精准度更高。

4. 智能排版。提供多种模板，对新手友好，可优化文章结构与布局，实现图文一键排版，使内容美观大方。

5. AI 润色。对文章内容进行智能优化与修饰，提升文章可读性和专业性，提高文章质量。

6. 一键发布。支持微信公众号、今日头条、小红书等多平台内容分发，根据平台要求调整格式，简化发布流程。

7. AI 审查。检查内容，进行文字纠错与风险审查，识别敏感词和风险内容，确保文章合规，避免发布后被打回。

步骤 3：设计提示词。

围绕学生手账本推广场景，设计提示词，例如："为热爱手账的学生创作一篇关于手账本的小红书推广笔记，结合学生日常学习、生活场景，如记录课程表、读书笔记、心情日记等，介绍手账本的实用功能与贴心设计，突出其丰富的内页布局、精美的封面图案、实惠的价格，语言生动有趣，富有感染力，字数在 200 字以内。"

步骤4：输入提示词。

进入讯飞绘文官网，找到小红书笔记创作入口，进入内容创作页面。在输入框中输入设计好的提示词，如图3-32所示，单击"生成文章"按钮。

图 3-32　输入提示词

步骤5：生成小红书笔记。

生成小红书笔记初稿如图3-33所示。

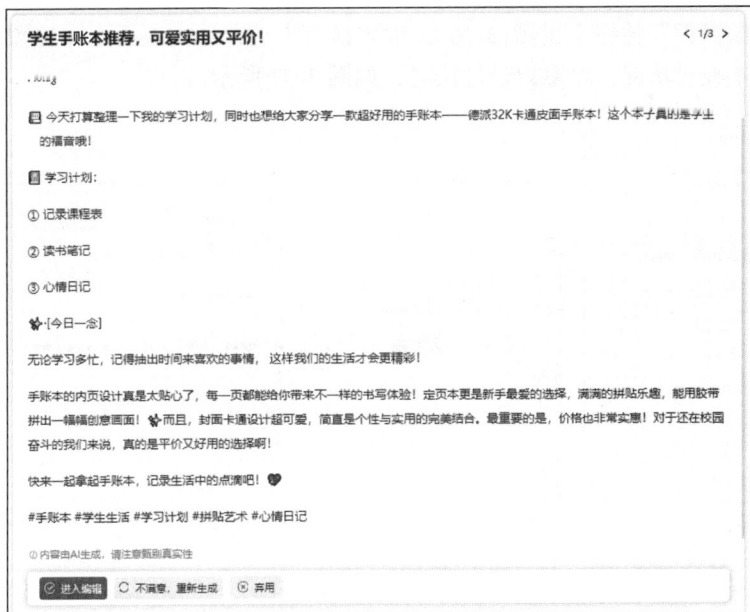

图 3-33　生成的小红书笔记初稿

步骤6：智能配图。

单击"图片编辑"下的"添加"按钮（见图3-34），在智能配图输入框中输入"手账本"，从图片素材库中挑选手账本的高清图（见图 3-35），确保图片清晰、美观，能突出手账本的特色，与笔记内容相互映衬。

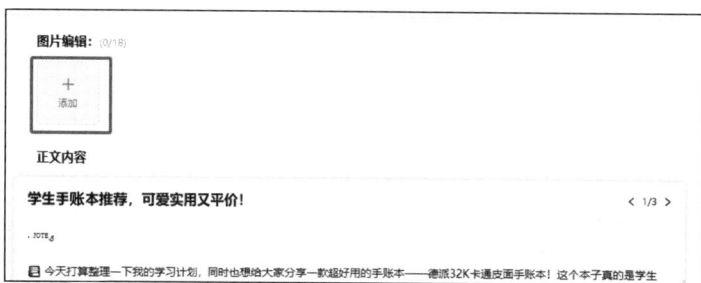

图 3-34　单击"添加"按钮　　　　　　　　图 3-35　挑选图片

步骤 7：优化并校对笔记。

单击"小绘润色"按钮（见图 3-36），优化语言表达，让文案更生动，增强吸引力。同时可以使用文本校对功能，对笔记进行校对，如图 3-37 所示。

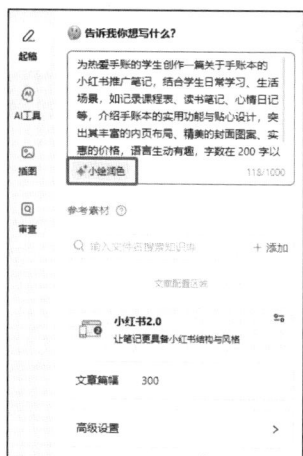

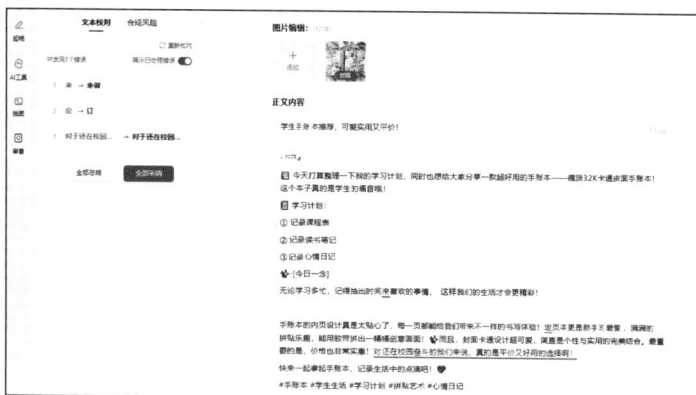

图 3-36　单击"小绘润色"按钮　　　　　　图 3-37　笔记校对

步骤 8：预览与发布笔记。

预览笔记，如图 3-38 所示，检查无误后，将笔记发布到小红书平台，带上相关产品链接与话题标签，吸引学生关注与购买。

图 3-38　预览笔记

练一练

请同学们选择其他的 AIGC 工具，针对上述任务，创作一篇小红书笔记。

任务四　AI 助力微博文案创作

任务分析

借助 AI 进行微博文案创作，需完成以下任务：

1. 深入了解微博平台的特性及微博文案的构成要素，明确这些知识对创作优秀微博文案的指导意义；

2. 根据推广产品、宣传活动或表达观点等需求，结合微博平台的特性，确定具有吸引力的文案主题和目标，并且选择合适的 AIGC 工具；

3. 详细描述产品或活动的核心信息，结合微博平台的特性和目标用户喜好，设定生动有趣、富有引导性的语言风格，设计包含产品亮点、热门话题、互动引导语等要素的提示词，引导 AI 生成符合微博平台特性的文案初稿。

【知识储备】

一、认识微博

微博作为互联网时代极具影响力的社交平台，已然成为人们获取信息、交流互动、分享观点的重要阵地。其强大的传播力和较广的覆盖面，让每一个用户都有可能成为信息的源头与传播者。了解微博的独特魅力，能帮助我们更好地利用它进行内容创作与推广。

1. 微博平台特性

（1）信息传播的即时性

微博作为热门社交平台，在其上发布的信息能迅速传播。这要求文案创作注重时效性，如突发新闻、热点事件相关文案需迅速发布，抢占先机。

（2）用户群体的多样性

微博用户涵盖各年龄段、职业、兴趣爱好的人群。文案创作需考虑受众的多元性，语言表达、话题选择要兼顾不同群体。例如，科普类微博文案要用通俗易懂的语言，让普通用户都能理解。

（3）话题生态的开放性

在微博平台，话题丰富且开放，用户可自由发起和参与话题讨论。创作者要善于利用热门话题，或结合自身内容创建独特话题，吸引用户关注。例如，创建"我的美食探索之旅"话题，分享美食体验。

2. 微博文案构成要素

（1）正文

微博正文要求用简短的文字精准概括核心内容，吸引用户注意力。例如"新品发布，优惠来袭"，突出新品和优惠，引发用户好奇。

（2）热门话题

微博文案可以带上与内容相关的热门话题，如行业热点、产品关键词。话题能增加文案曝光量，让更多对该话题感兴趣的用户看到文案，如发布电子产品文案，带上"电子产品"话题，借助话题热度扩大传播范围。

（3）超话

超话是微博推出的一项功能，它允许拥有共同兴趣的人集合在一起形成特定的圈子。这些圈子通常以艺人、偶像或特定主题为中心。

（4）@功能

利用@功能提示相关用户可以增加微博文案被关注的机会。如果@的对象进行了转发、评论或点赞，则会将微博文案传递给他们的粉丝，扩大其传播范围。例如，品牌发布新品时@相关领域的知名博主，可能会获得他们的关注，提升微博文案的影响力。

（5）表情符号

表情符号能丰富文案的情感表达，让文案更生动有趣。合适的表情符号能帮助用户更好地理解文案，拉近与用户的距离，增强互动性。

二、微博营销活动文案

微博营销活动形式多样，不同活动形式的文案有其独特的撰写要点，能从不同角度吸引用户参与活动，助力品牌实现营销目标。

1. 转发抽奖活动文案

转发抽奖是微博中采用频率最高的活动形式，如图 3-39 所示。只要用户关注、转发、评论、@好友就有机会中奖，这种活动较易参与，用户的积极性比较高。转发抽奖活动旨在通过提供奖品，吸引用户参与，提升品牌曝光度与用户活跃度。撰写该类活动文案时，一是要突出奖品价值，以具有吸引力的奖品激发用户兴趣，如描述奖品为 "热门新款电子产品，具备前沿科技功能"。二是清晰说明参与规则，如"关注账号、转发微博并 @两位好友"，确保规则简单易懂。三是明确活动时间，包括起止时间与开奖时间，如 "活动时间：××××（具体开始日期）—××××（具体结束日期）""开奖时间：××××（开奖日期）"，让用户合理安排参与。

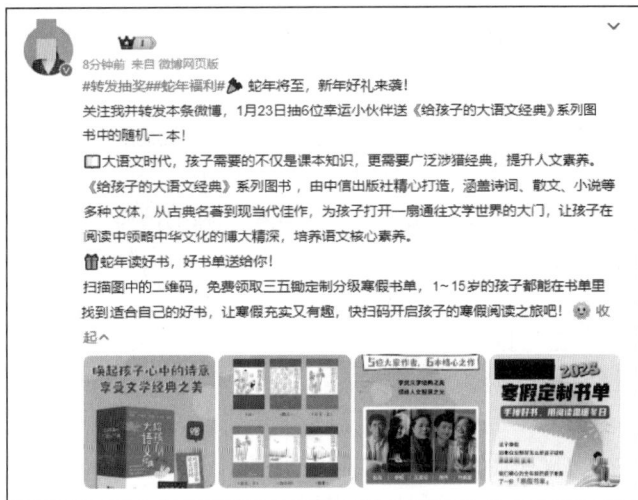

图 3-39　转发抽奖

2. 话题活动文案

话题活动是一种比较常见的微博营销活动。企业可以借助时事热点创建话题，也可以围绕主推的产品来创建话题。如果企业选择的话题比较热门，自然会得到大量微博用户的自愿转发；如果选择的并非热门话题，企业则需要提前做好推广部署，例如可以联系相关意见领袖、行业权威人物等参与话题转发、讨论，使选定的话题能够在短时间内提高热度，扩大影响力。在撰写话题活动文案时，要突出话题的吸引力，语言要简洁有趣且能引发共鸣。例如，可以结合活动亮点，如奖品、优惠等，设置互动引导语，鼓励用户参与讨论与转发。在撰写话题活动文案时，要巧妙关联企业产品或品牌，让用户在参与中加深对企业的认知与好感。

3. 投票活动文案

投票活动是微博上让用户参与品牌决策，增强用户对品牌归属感的活动方式，如图 3-40 所示。品牌列出选项，让用户在评论区留言或通过特定链接选择。撰写投票活动文案时，要点明投票主题与目的，对投票选项进行简洁且特点突出的描述，便于用户选择。同时，明确投票方式和时间范围，设置参与奖励，提高用户参与积极性，最后及时公布投票结果。

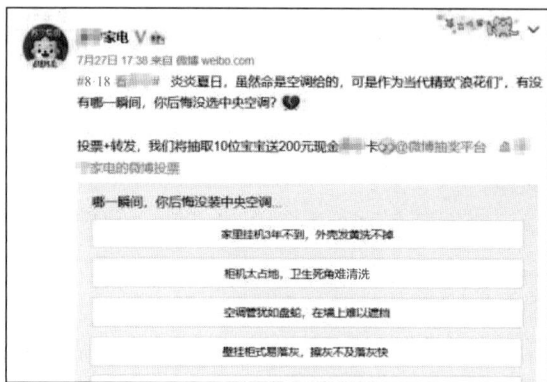

图 3-40　投票活动

【任务实施】

任务活动：AI 创作微博文案

假设你是一名电商运营者，负责推广一款新上市的燕窝。这款燕窝产自印度尼西亚，由经验丰富的采燕人精心挑选，盏型完整，杂质极少；经过先进的湿挑工艺处理，最大限度地保留了燕窝的营养成分，富含唾液酸、蛋白质等，具有美容养颜、增强免疫力、滋阴润肺等功效。其口感细腻爽滑，炖煮方便，无论是上班族在忙碌的清晨，还是产妇在产后调养，都能轻松享用。为了提高产品曝光度与用户参与度，你决定举办转发抽奖活动。你希望通过微博文案吸引用户关注、参与抽奖并购买这款产品。

步骤 1：明确文案主题与目标。

确定主题。将主题定为"燕窝新品来袭，转发抽奖享好礼"，围绕产品推广与抽奖活动设定主题，吸引用户关注。

明确目标。本次活动旨在通过转发抽奖吸引更多用户关注产品，提高品牌在微博平台的知名度，提高产品曝光度，同时激发用户的购买欲望。

步骤 2：选择 AIGC 工具。

本活动以豆包为例，进行后续操作演示。

知识链接

豆包是字节跳动基于云雀模型开发的 AIGC 工具，拥有丰富的功能，能为用户在多场景提供高效且智能的支持。其功能如下。

1. 内容创作。只需输入主题或关键词，豆包几秒内就能生成新闻稿、商业文案、诗歌、故事等高质量文案。豆包还可根据用户设定，模仿特定风格进行写作，满足不同创作需求。

2. 图像生成。豆包能依据用户描述，例如场景、角色、风格等要求，生成对应的图像。

3. 学习辅助。学生和研究人员能在豆包中通过拍照或输入问题，获取学术问题解答与详细解题思路。此外，豆包还具备英语学习辅助功能，可纠正语法错误、解释词汇等。

4. 文档处理。用户上传 PDF 文档、Word 文档等文档后，豆包能智能分析内容，快速提炼核心要点、关键数据，回答与文档相关的问题。

5. 音乐创作。豆包能根据用户输入的关键词生成个性化音乐。

6. 数据分析。导入数据文件后，豆包可自动处理数据并生成可视化图表，帮助用户理解数据趋势。

7. 智能搜索。豆包可根据用户提问快速搜索并整合多方数据，精准回答问题，节省用户查找信息的时间。

步骤 3：设计提示词。

在提示词中详细描述想要的微博文案内容，如"创作一条转发抽奖微博活动文案，推广新上市的燕窝。该燕窝产自印度尼西亚，由经验丰富的采燕人挑选，盏型完整，杂质少，采用先进湿挑工艺处理，富含唾液酸、蛋白质等。该燕窝口感细腻爽滑，炖煮方便，适合上班族、产妇等人群。抽奖活动为在关注并转发本条微博的用户中抽取 5 位用户赠送燕窝礼盒一份，活动截止时间为××××（具体日期）。同时引导用户购买，强调产品优势。字数在 140 字左右"。尽可能全面地描述产品特点与活动信息，让豆包生成丰富且满足需求的内容。

步骤 4：设定风格。

考虑到微博平台和目标用户的特点，在提示词中添加"语言风格生动活泼，多使用网络热词和表情符号，突出产品优势和抽奖活动的吸引力，具有较强的互动引导性，激发用户参与转发抽奖和购买产品的欲望"的要求，使生成的文案更符合微博平台的风格且满足营销需求。

步骤 5：输入提示词。

进入豆包的交互页面，选择"社媒文章"—"微博"，如图 3-41 所示。进入内容创作页面，如图 3-42 所示。将设计好的提示词完整输入指定区域，如图 3-43 所示，单击右下角的"发送"按钮，发送指令，等待豆包生成微博文案。

图 3-41 选择"社媒文章"—"微博"

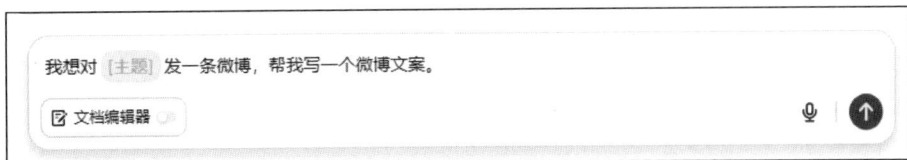

图 3-42 内容创作页面

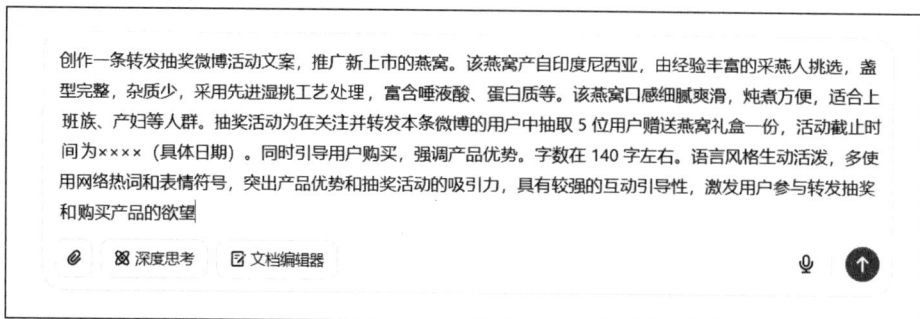

图 3-43　输入提示词

步骤 6：生成微博文案。

豆包根据输入的提示词，快速生成微博文案，如图 3-44 所示。

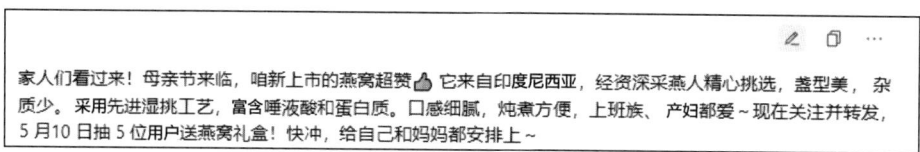

图 3-44　生成微博文案

步骤 7：添加话题标签。

为微博文案初稿添加相关话题标签，提高微博文案的曝光度，如图 3-45 所示。

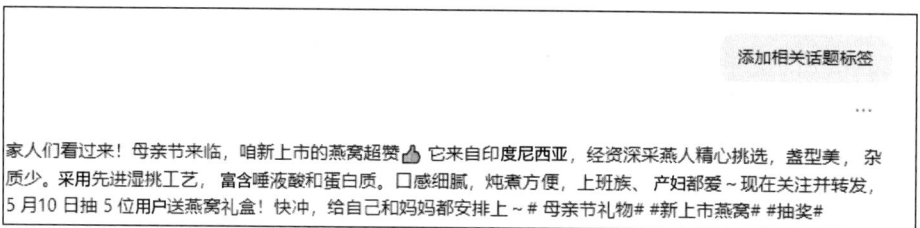

图 3-45　添加话题标签

步骤 8：优化微博文案。

仔细审查文案初稿，检查是否存在信息错误或遗漏，确保对产品功能和特点的描述准确无误。进一步润色，增加网络热词和表情符号，提升文案的趣味性和互动性。优化后的微博文案如图 3-46 所示。

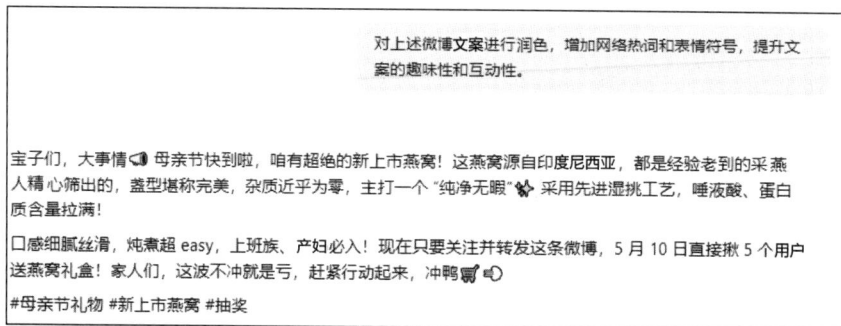

图 3-46　优化后的微博文案

步骤9：发布与互动。

完成文案优化后，发布微博文案，及时关注用户的评论和转发情况，积极与用户互动，回复他们的评论，引导用户了解产品，进一步提升微博文案的热度和产品的销售转化率。

> **练一练**
>
> 你是一家专注于潮流服饰销售的电商公司的新媒体运营人员，公司准备在微博开展"最受欢迎的秋季新款服装"微投票活动，让用户选出他们最喜爱的秋季服装款式，投票结束后将从参与投票的用户中抽取幸运者赠送优惠券。现在请运用 AI 创作一条投票活动文案，并在公司官方微博发布。

任务五　AI 助力社群文案创作

> **任务分析**
>
> 借助 AI 进行社群文案创作，需完成以下任务：
> 1. 系统学习社群文案的相关知识，包括社群文案的分类及社群文案的传播要点；
> 2. 通过实际操作练习，熟练运用 AIGC 工具完成社群文案创作全流程。

【知识储备】

一、认识社群

如今，社群已经成为人们交流互动、分享兴趣、获取价值的重要线上聚集地。简单来说，社群就是由一群具有共同兴趣、目标或需求的人所组成的群体，他们通过特定的社交平台进行沟通与协作。无论是热衷于电子产品的数码爱好者，还是痴迷于健身塑形的运动达人，抑或是追求精致生活的美食鉴赏家，都能在对应的社群中找到归属感。

社群文案是运营社群的关键工具。不同类型的社群文案，在功能与表达方式上各有侧重，对社群运营的效果有着不同程度的影响，常见类型如下。

（1）邀请用户入群文案

这类文案的核心目的是吸引潜在用户加入社群。这类文案要突出社群的价值与独特之处，如丰富的独家资源、专业的交流氛围、有趣的互动活动等，如图 3-47 所示。

（2）入群欢迎文案

新成员入群时，欢迎文案能让他们感受到社群的热情与温暖，使其快速融入社群。入群欢迎文案的语言风格要亲切友好，可简要介绍社群的宗旨、规则和近期活动，帮助新成员了解社群，如图 3-48 所示。

图 3-47 邀请用户入群文案

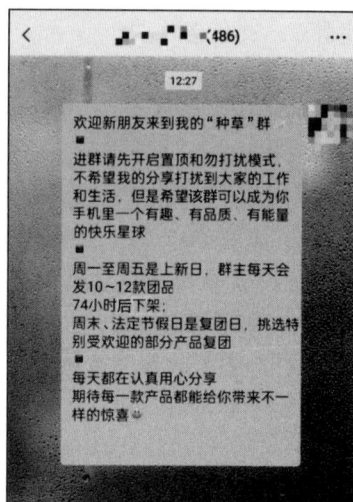

图 3-48 入群欢迎文案

（3）社群规则文案

社群规则文案用于清晰明确地阐述社群的各项规则，保障社群的良好秩序，语言需简洁明了、严谨规范，避免歧义，如图 3-49 所示。

（4）产品促销文案

产品促销文案主要用于向社群成员推广产品，促进销售，需详细介绍产品的优势、特点、使用场景，以及优惠活动、购买方式等，如图 3-50 所示。

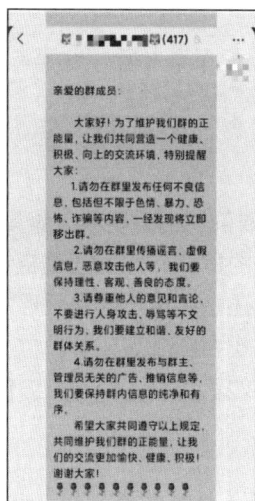

图 3-49 社群规则文案

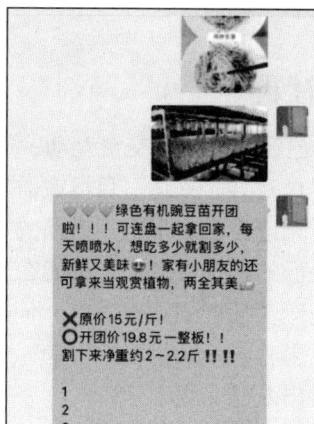

图 3-50 产品促销文案

二、社群文案的传播要点

社群文案要实现有效传播，需关注以下几个关键要点。

1. 契合社群定位

每个社群都有其独特的定位，社群文案必须与之相符。例如，健身社群的成员关注的是健身相关的内容，文案就应围绕健身技巧（如各类健身动作的正确姿势）、训练计划制订，以及运动装备推荐（不同运动项目适用的运动鞋、运动服装）等展开。若文案内容与社群定位不符，会引起成员反感，降低其对社群的认同感和对活动的参与度。

2. 利用社群特性

社群具有群体聚集和互动频繁的特性，可借助这些特性促进文案传播。具体方式是在文案中设置引导成员分享、转发的语句，例如"分享给群里的小伙伴，一起×××（做某事）有惊喜"。这样能激发成员的分享意愿，借助成员间的社交关系，扩大文案传播范围，提高文案影响力。

3. 把握发布时机

根据社群成员的活跃时间发布文案，能提升文案传播效果。不同社群成员活跃时间不同，以面向上班族的社群为例，19:00—21:00 可能是成员活跃度较高的时段。在此时发布文案，可增加文案的曝光机会，吸引更多成员关注，促进成员互动。

【任务实施】

任务活动：AI 创作社群文案

假设你是一名电商运营者，负责推广一款新上市的纯天然蜂蜜。这款蜂蜜源自优质蜜源地，由当地土蜂采集多种珍稀花卉的花蜜酿造而成。蜂蜜口感醇厚，带有自然的花香，富含多种维生素、矿物质和活性酶，具有美容养颜、润肠通便、增强免疫力等功效。为了提升产品销量和用户黏性，你决定围绕这款蜂蜜建立专属社群，并通过社群进行营销推广。

步骤 1：明确文案主题与目标。

确定主题。以"甜蜜生活，从这瓶蜂蜜开始"为主题，突出蜂蜜给生活带来的美好体验，强调产品的优质特性。

明确目标。文案目标为通过建立社群，聚集对蜂蜜有需求的用户，提高产品销量，增强品牌与用户之间的联系，培养忠实用户。

步骤 2：选择 AIGC 工具。

在众多 AIGC 工具中，Kimi 具有强大的语言处理能力和丰富的知识储备，能够满足社群文案创作需求。本次活动以 Kimi 作为创作工具，进行后续操作演示。

步骤 3：设计提示词。

创作邀请用户入群文案的提示词："为注重健康与生活品质的用户创作入群邀请文案，介绍我们有一个蜂蜜专属社群，社群用于分享与蜂蜜相关的养生知识、食用方法、超值优惠，还用于交流健康生活心得。强调社群的专属福利，用亲切友好的语言风格，字数在 150 字左右。"

创作产品促销文案的提示词："面向社群成员推广新上市的纯天然蜂蜜，介绍其源自优质蜜源地，由土蜂采集珍稀花卉的花蜜酿造而成，口感醇厚，有花香，富含多种维生素、矿物质和活性酶，有美容养颜、润肠通便、增强免疫力等功效。告知社群成员现在购买有买三瓶送一瓶的优惠活动，使用生动形象且富有吸引力的语言风格，结尾引导社群成员下单购买，字数在 100 字左右。"

步骤 4：输入提示词并生成文案。

邀请用户入群文案。进入 Kimi 交互页面，如图 3-51 所示。输入创作邀请用户入群文案的提示词，如图 3-52 所示。单击"发送"按钮，得到入群邀请文案初稿，如图 3-53 所示。

图 3-51　Kimi 交互页面

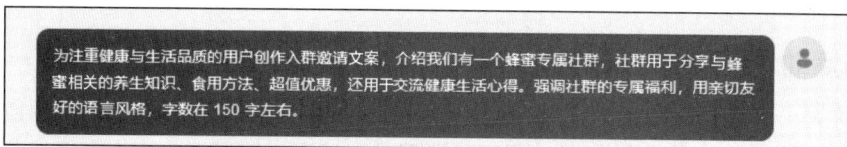

图 3-52　输入创作邀请用户入群文案的提示词

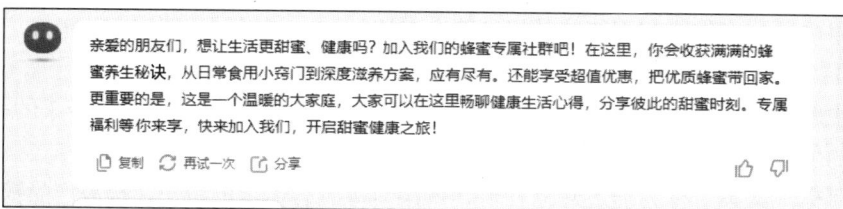

图 3-53　生成的邀请用户入群文案

依照上述方法，根据步骤 3 设计的提示词，生成产品促销文案，如图 3-54 所示。

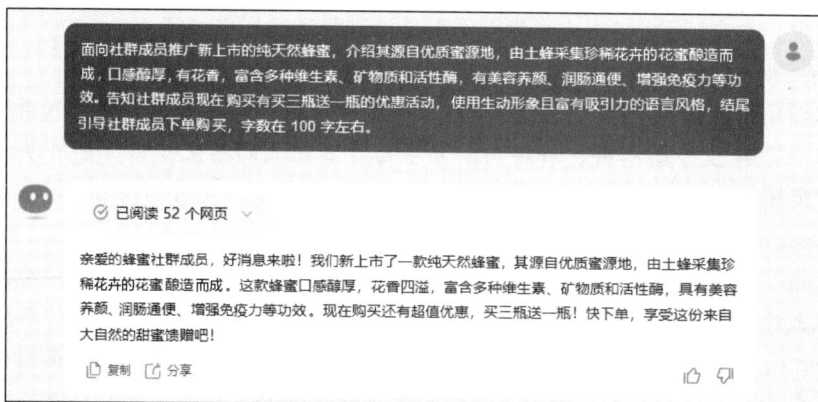

图 3-54　生成产品促销文案

步骤 5：优化社群文案。

对初步生成的社群文案进行优化。可以按照给定句式模板，调整产品促销文案的语句结构、用词等，使文案更具吸引力和感染力，如图 3-55 所示。还可以在文案合适的位置添加表情，增强文案趣味性并提升其视觉效果，如图 3-56 所示。

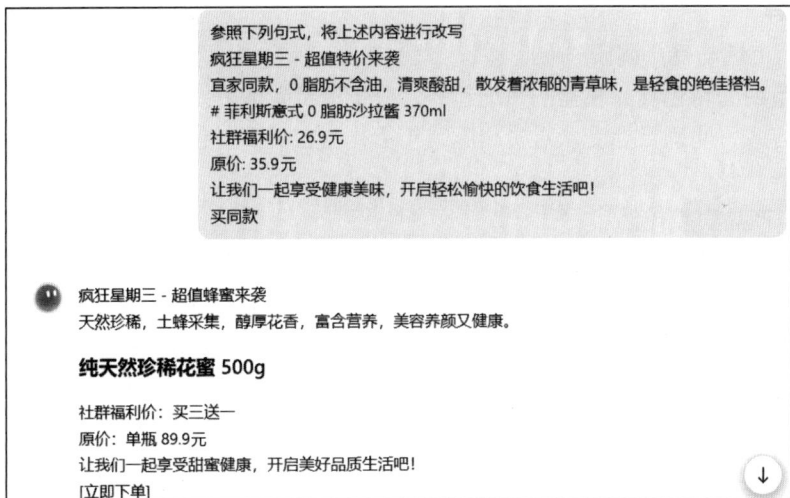

图 3-55　优化后产品促销文案

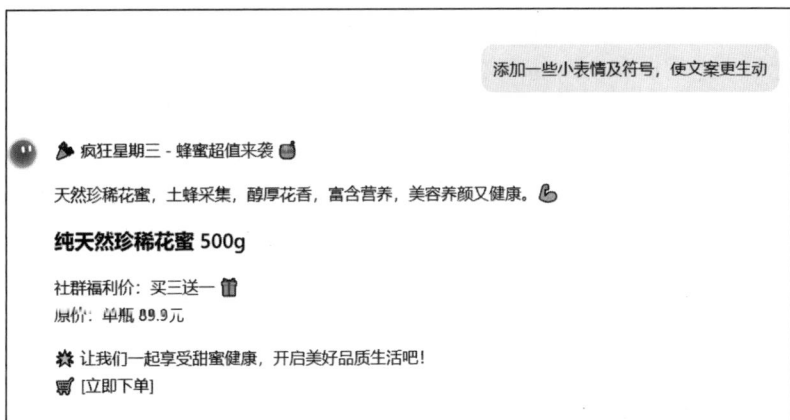

图 3-56　添加表情

练一练

　　请同学们选择其他的 AIGC 工具，针对上述任务，生成入群欢迎文案、社群规则文案。

同步实训

▋实训任务一　AI 创作电商文案

实训描述

　　本次实训要求你以电商运营者的身份，运用 AIGC 工具为贵州脆哨年货礼盒创作春节促销电商文案，包括标题、主图文案、详情页文案等，以此提升运用 AIGC 工具进行电商文案创作的能力。

操作指导

步骤 1：市场与受众调研。

调研春节期间特色食品礼盒的市场趋势，分析消费者偏好。通过问卷调查、访谈或查询行业报告等方式，明确目标受众对贵州脆哨年货礼盒在品质、包装、文化内涵、性价比等方面的需求差异。

步骤 2：产品卖点挖掘。

全方位剖析贵州脆哨年货礼盒，从原料（如本地优质猪肉）、工艺（传统秘制）、口感（香甜酥脆）、包装（春节特色）、文化价值（贵州特色美食代表）、食用场景（家庭团聚、走亲访友）等方面提炼卖点，可采用头脑风暴法或竞品对比法等方法，确保卖点独特且有吸引力。

步骤 3：提示词设计。

围绕产品与春节场景设计提示词。对于标题，要求突出产品特色、春节氛围与目标受众需求；主图文案要简洁且突出核心卖点与春节元素；详情页文案需涵盖产品介绍、情感引导语。注意提示词的清晰度、具体性和导向性。

步骤 4：AIGC 工具选择与文案生成。

根据实际需求选用适合创作电商文案的 AIGC 工具。在 AIGC 工具中，输入精心设计的提示词，生成文案初稿。

步骤 5：文案优化。

从吸引力、准确性、合规性和平台适配性等方面优化初稿。检查文案是否准确传达了产品信息，是否符合电商平台规则，语言表达是否生动、流畅且能激发用户的购买欲望。通过不断修改，提升文案质量。

实训评价

基于学生在本次实训中的表现及完成结果，学生自己和教师对考核项目进行评分，同时学生进行自我评价，教师进行成果点评。

考核项目	学生自评分（30%）	教师评分（70%）
设计的提示词能精准引导 AIGC 工具生成满足电商运营需求且高质量的文案（50分）		
生成的标题简洁醒目、含有关键词并具有吸引力（10分）		
生成的主图文案突出产品卖点，字数符合要求（20分）		
生成的详情页文案全面详细、语言生动且明确呈现了促销信息（20分）		
总计（100分）		
自我评价	教师点评	

实训任务二　AI 创作微信公众号文案

实训描述

你在运营一个美食类微信公众号，需要借助 AIGC 工具为贵州脆哨年货礼盒创作春节促销微信公众号文案，旨在吸引用户关注并引导购买，传播贵州美食文化。

操作指导

步骤 1：文案主题明确与用户偏好分析。

确定文案主题为"贵州脆哨年货礼盒：春节餐桌上的贵州风情"，分析用户对美食、贵州文化等的偏好，确定文案风格。

步骤 2：文案框架规划。

设计文案框架，以春节氛围引入，如描述贵州春节的热闹场景。接着介绍贵州脆哨的历史文化与特色，阐述贵州脆哨年货礼盒的优势，分享食用场景与烹饪方法，讲述品牌故事，结尾引导购买并呼吁传承优秀文化。可参考优秀微信公众号文案框架，确保逻辑清晰、层次分明。

步骤 3：提示词设计。

围绕文案框架，根据文案主题，设计提示词，明确内容要点、语言风格和字数要求，如"创作 1000 字左右的关于贵州脆哨年货礼盒的微信公众号文案，开篇营造春节氛围，详述贵州脆哨文化、礼盒特色，分享脆哨的食用场景与烹饪方法，讲述品牌故事，结尾引导购买并呼吁传承美食文化，语言生动有趣、富有感染力"。

步骤 4：AIGC 工具选择与文案生成。

选择一款 AIGC 工具，输入提示词并生成文案初稿。

步骤 5：文案优化与排版。

润色文案，优化语言表达，调整段落顺序，增强逻辑性与可读性。选择符合文案风格的排版样式，添加相关图片，提升视觉效果，可参考微信公众号排版规范与美学原则。

实训评价

基于学生在本次实训中的表现及完成结果，学生自己和教师对考核项目进行评分，同时学生进行自我评价，教师进行成果点评。

考核项目	学生 自评分（30%）	教师 评分（70%）
设计的提示词能有效引导AIGC工具生成符合微信公众号风格与用户需求的高质量文案（50分）		
生成的文案围绕既定主题，逻辑清晰且文化内涵丰富（20分）		
文案排版符合微信公众号排版规范与用户阅读习惯（15分）		
文案配图和文案相关，并且能提高文案的表达力（15分）		
总计（100分）		
自我评价	教师点评	

实训任务三　AI 创作小红书笔记

实训描述

你是一位小红书运营者，需要利用 AIGC 工具创作推广贵州脆哨年货礼盒的小红书笔记，旨在吸引用户关注，促进用户互动并购买产品。

操作指导

步骤 1：笔记主题与目标明确。

确定笔记主题为"春节囤货必选！贵州脆哨年货礼盒超绝"，目标是吸引用户关注，促进用户互动，促进销售。

步骤 2：提示词设计。

设计提示词，突出产品特色、春节元素、用户需求和互动引导，如"面向年轻美食爱好者创作一篇小红书推广笔记，介绍贵州脆哨年货礼盒，突出其独特口感、精美包装，适合春节送礼，语言活泼，多用表情符号，200 字以内，结尾引导用户点赞、评论、收藏"。

步骤 3：AIGC 工具选择与笔记生成。

选择一款 AIGC 工具，输入提示词，生成小红书笔记初稿。

步骤 4：智能配图。

利用 AIGC 工具的智能配图功能，选择能突出礼盒特色、贵州风情的高清图片。

步骤 5：内容润色和校对。

根据小红书平台风格，对初稿进行优化，如调整语言风格，突出关键信息，改正错误，添加热门话题标签，提高曝光度。

实训评价

基于学生在本次实训中的表现及完成结果，学生自己和教师对考核项目进行评分，同时学生进行自我评价，教师进行成果点评。

考核项目	学生 自评分（30%）	教师 评分（70%）
设计的提示词能有效引导 AIGC 工具生成契合小红书风格及用户喜好的笔记文案（50 分）		
生成的笔记内容生动有趣、互动性强且突出产品优势（30 分）		
配图高清美观、与笔记内容紧密相关，并突出产品特色（20 分）		
总计（100 分）		
自我评价	教师点评	

实训任务四　AI 创作微博文案

实训描述

你是一位微博运营人员，借助 AIGC 工具为贵州脆哨年货礼盒创作春节促销微博文案，旨在提高产品曝光度与话题热度。

操作指导

步骤 1：文案主题与目标确定。

将主题定为"贵州脆哨年货礼盒，春节美味新选择"，目标为提升产品知名度、增加销量、引发用户讨论。

步骤 2：提示词设计。

提示词应涵盖产品信息、活动内容、语言风格和字数要求，如"创作一条春节促销微博文案，推广贵州脆哨年货礼盒，介绍脆哨的精选原料、传统工艺、香甜酥脆，以及礼盒的精美包装、春节特色，举办转发抽奖活动，活动内容为从关注账号并转发微博文案的用户中抽 5 位送礼盒，语言生动活泼，多使用网络热词和表情符号，突出产品优势和增强活动吸引力，字数在 140 字左右"。

步骤 3：AIGC 工具选择与文案生成。

选择一款 AIGC 工具，输入提示词，生成微博文案初稿。

步骤 4：文案优化与发布。

根据微博平台规则和用户喜好，对初稿进行优化，如添加热门话题、调整语言表达，优化完成后进行发布。

实训评价

基于学生在本次实训中的表现及完成结果，学生自己和教师对考核项目进行评分，同时学生进行自我评价，教师进行成果点评。

考核项目	学生 自评分（30%）	教师 评分（70%）
设计的提示词能有效引导 AIGC 工具生成符合微博平台特点和产品推广需求的文案（50 分）		
生成的微博文案主题突出、语言活泼且有效传达了产品及活动信息（30 分）		
文案合理运用话题、表情符号等元素提升曝光度与互动性（20 分）		
总计（100 分）		
自我评价	教师点评	

实训任务五 AI 创作社群文案

实训描述

你是一位社群运营者，围绕贵州脆哨年货礼盒建立社群并创作社群文案，旨在吸引用户入群，促进产品销售。

操作指导

步骤 1：文案主题与目标明确。

以"贵州脆哨年货礼盒，共享春节脆香"为主题，明确建立活跃社群、提高产品销量、增强用户黏性的目标。

步骤2：提示词设计。

分别设计创作邀请用户入群文案、入群欢迎文案、社群规则文案、产品促销文案的提示词。邀请用户入群文案要突出社群价值与福利，入群欢迎文案要体现运营者的热情友好并介绍社群活动，社群规则文案要简洁明了，产品促销文案要突出产品优势与优惠。提示词需明确各文案的内容要点、语言风格和字数要求。

步骤3：AIGC工具选择与生成。

选择一款AIGC工具，输入提示词，生成邀请用户入群文案、入群欢迎文案、社群规则文案、产品促销文案。

步骤4：文案优化与发布。

根据社群特点对文案进行优化，使其更符合社群氛围和用户期望。在文案中设置互动环节，如提问、引导分享，促进用户互动与产品销售，提升社群活跃度和产品销量。

实训评价

基于学生在本次实训中的表现及完成结果，学生自己和教师对考核项目进行评分，同时学生进行自我评价，教师进行成果点评。

考核项目	学生 自评分（30%）	教师 评分（70%）
设计的提示词能引导 AIGC 工具生成符合社群氛围与用户需求的各类文案（35分）		
生成的邀请用户入群文案突出社群价值与特色，能有效吸引潜在用户加入社群（15分）		
生成的入群欢迎文案能够体现运营者的亲切友好，能让新成员快速融入社群并了解社群基本信息（15分）		
生成的社群规则文案简洁明了、严谨规范，清晰阐述社群各项规则，保障社群的良好秩序（15分）		
生成的产品促销文案清晰介绍了产品优势、优惠并有效引导购买（20分）		
总计（100分）		
自我评价	教师点评	

知识与技能训练

一、单选题

1. 电商文案中，能在搜索结果页面吸引消费者浏览，且应简洁明了、包含核心关键词的是（　　）。

　　A. 主图文案　　　　　B. 详情页文案　　　　C. 标题　　　　　D. 品牌故事

2. 微信公众号文案标题撰写技巧中，"揭秘！那些让你越吃越瘦的食物"运用的是（　　）。
    A. 突出数字　　　B. 结合热点　　　C. 情感共鸣　　　D. 制造悬念
3. 小红书笔记的特点不包括（　　）。
    A. 视觉优先性　　B. 文案冗长性　　C. 文案互动性　　D. 标签的重要性
4. 微博平台特性中，要求文案创作注重时效性的是（　　）。
    A. 信息传播的即时性　　　　　　B. 用户群体的多样性
    C. 话题生态的开放性　　　　　　D. 互动性强
5. 社群文案中，旨在吸引潜在用户加入社群的是（　　）。
    A. 入群欢迎文案　　　　　　　　B. 社群规则文案
    C. 邀请用户入群文案　　　　　　D. 产品促销文案

二、多选题

1. 在新媒体运营文案创作中，AIGC 工具可应用于（　　）。
    A. 电商文案创作　　　　　　　　B. 微信公众号文案创作
    C. 小红书笔记创作　　　　　　　D. 微博文案创作
2. 选择 AIGC 工具时，需要考虑的因素有（　　）。
    A. 对不同平台风格的理解和适配　　B. 文本生成能力
    C. 能否生成符合用户喜好的内容　　D. 工具的知名度
3. 以下属于 AI 在新媒体运营中的应用的有（　　）。
    A. 利用 AI 生成电商文案　　　　　B. 借助 AI 优化微信公众号排版
    C. 通过 AI 分析用户行为　　　　　D. 使用 AI 生成小红书笔记图片
4. 电商文案的特点包括（　　）。
    A. 突出产品优势　　B. 契合目标用户　　C. 引发情感共鸣　　D. 引导购买行动
5. 社群文案的传播要点有（　　）。
    A. 契合社群定位　　B. 利用社群特性　　C. 把握发布时机　　D. 语言幽默风趣

三、判断题

1. 微博文案创作不需要考虑用户群体的多样性，关注热点话题即可。（　　）
2. 微信公众号排版只能手动进行，无法使用 AIGC 工具。（　　）
3. 电商文案中，主图文案的字数越多越好，能传达更多信息。（　　）
4. 社群运营中，入群欢迎文案对新成员融入社群起着重要作用。（　　）
5. 小红书笔记中标签的合理使用能提高笔记的曝光率。（　　）

AI 辅助新媒体图像设计

职场创新

新媒体运营人员可以利用 AI 工具进行快速原型设计、图像优化和风格迁移等操作，从而节省大量时间和精力，专注于创意和策略规划。在 AI 赋能的当下，企业对求职者的要求也会发生变化，以新媒体运营专员岗位为例，在新媒体图像设计领域，其典型工作任务技能要求如表 4-1 所示。

表 4-1　新媒体运营专员典型工作任务技能要求

典型工作任务	工作内容与要求（传统场景）	工作内容与要求（AI 赋能）
新媒体图像策划	1. 结合新媒体发布的内容主题进行图像设计的创意构思； 2. 具备良好的审美水平，对色彩、构图、形式美等有敏锐的感知，能够设计出符合大众审美和品牌形象的图像	1. 借助 AIGC 工具的语义分析和创意生成功能，根据内容主题拓展创意方向； 2. 能够将 AIGC 工具生成的创意与自身专业知识和品牌需求相结合，进行二次创作和优化，使图像更加符合实际应用要求
新媒体图像制作	1. 运用专业图像设计软件对图像素材进行创作和编辑； 2. 根据传播需求，对图像进行裁剪、调色、添加文字、特效处理等操作，使图像更具吸引力和表现力，符合新媒体平台的展示特点	1. 利用 AIGC 工具的图像生成功能，给定关键词或描述，快速生成符合新媒体内容主题的图像； 2. 能够对 AIGC 工具设计的结果进行优化和完善，使图像既具有独特创意，又符合新媒体运营的实际需求

项目概述

本项目旨在深入解析 AI 辅助新媒体图像设计的核心技巧，帮助学生掌握电商主图与营销海报的设计技巧，掌握在不同的新媒体运营场景中运用 AI 技术设计图像的技能。

学习目标

1. 具备创新思维与问题解决能力，能够在新媒体运营工作中尝试新技术、新工具，提升新媒体运营的效率与质量。

2. 了解并掌握电商主图的设计技巧，熟悉电商主图创意设计要素。

3. 了解常用 AIGC 工具中的作图工具的功能和使用方法。

4. 能够利用 AIGC 工具中的文案生成工具辅助策划电商主图，并能够利用 AIGC 工具中的作图工具辅助设计电商主图。

5. 熟悉营销海报的构成元素，能够利用 AIGC 工具中的文案生成工具辅助策划营销海报，并利用 AIGC 工具中的作图工具辅助生成营销海报。

任务一　AI 辅助电商主图设计

任务分析

利用 AI 辅助电商主图设计，需要完成以下任务：

1. 了解并掌握电商主图的设计技巧，熟悉电商主图创意设计要素；

2. 熟练运用 AIGC 工具辅助策划电商主图并完成电商主图设计。

【知识储备】

电商主图，简单来说，就是在电商平台上用于展示商品的图片。这些图片经过精心设计，旨在准确地呈现商品的外观、特点、功能和使用场景，以刺激消费者的购买欲望，提升商品销量。

一、电商主图的设计技巧

1. 创意构思

在电商主图的设计过程中，创意构思扮演着举足轻重的角色。一个新颖独特的创意构思，能够让产品在众多同类产品中脱颖而出，吸引消费者的目光。以下是几种常用的实现创意构思的方式。

（1）明确目标消费者和品牌形象

明确目标消费者和品牌形象是创意构思的基础，这能够确保设计出的电商主图与品牌定位保持一致，从而更好地传达品牌理念。以学习用品为例，根据自身定位和目标消费者的不同，有的品牌会选择科技感十足的设计风格，以彰显产品的专业性和高品质；而有的品牌则会选择色彩鲜艳、活泼的呈现方式。

（2）采取差异化策略

采取差异化策略是提升电商主图吸引力的有效手段。独特的视角、精心构建的场景或创新元素，可以让电商主图更具辨识度。这种差异化不仅体现在产品本身上，还体现在整体的设计风格和氛围营造上。

（3）融入故事

将故事融入电商主图中，是激发消费者联想和产生情感共鸣的有效途径。描绘产品在不同场景下的使用情况，可以让消费者更加直观地了解产品的功能和用途，同时传递出积极向上的生活态度，有助于品牌与消费者建立起深厚的情感联系。

2. 视觉元素

在电商主图的设计中，色彩和光影效果是吸引消费者注意力并引导他们深入了解产品的关键视觉元素。

（1）合理搭配色彩

色彩是视觉语言中最直接有力的表达方式之一。合理的色彩搭配不仅能够迅速吸引消费者的关注，还能有效传达品牌的情绪与风格。例如，蓝色常被用于传达可信任与安全的信息，而红色则多用于促销活动中，以吸引消费者的注意力。

（2）合理运用光影效果

光影效果是提升电商主图质感和视觉冲击力的关键视觉元素。相较于人工光源，自然光的运用往往能营造出更加真实、温馨的氛围，使产品更加生动、诱人。

3. 情感联结

在电商主图的设计中，建立情感联结是增强消费者信任感的关键。

（1）生活化呈现产品

将产品巧妙地融入消费者的日常生活中，不仅可以展示产品的实际功能，还能传递出积极向上的生活态度。

（2）融入用户评价与反馈

来自消费者的声音能够真实地反映产品的实际效用，让其他消费者更加放心地做出购买决策。

（3）体现社会责任感

在电商主图中体现品牌的社会责任感，如环保材料的运用等，是吸引注重可持续发展的消费者的有效方式。体现社会责任感不仅有助于提升品牌形象，还有助于品牌与消费者建立起更加深厚的情感联结。

二、电商主图创意设计要素

在电商领域，一张精心设计的图片往往能够成为吸引消费者、提升销量的关键。电商主图不仅呈现了产品的基本信息，更体现了品牌理念、市场策略，并成为与消费者情感沟通的桥梁。要想设计出优秀的电商主图，就需要考虑主题、风格细节等因素。

1. 主题

主题是电商主图创意设计的核心，它决定了整个设计的方向和重点。一个明确且吸引人的主题能够迅速吸引消费者的注意力，并引导他们进一步了解产品。在选择主题时，需要充分考虑产品的特点、目标消费者的喜好及市场趋势，确保主题既符合品牌定位，又能激发消费者的购买欲望。

2. 风格细节

（1）艺术风格

艺术风格是电商主图创意设计的重要组成部分。不同的艺术风格能够传达和营造出不同的情感和氛围，从而影响消费者的购买决策。选择哪种艺术风格取决于产品的特性和目标消费者的喜好,常见的艺术风格有超现实主义、蒸汽朋克风、极简主义、电影风、科幻风、中国传统水墨画风等。

(2)构图

构图是设计的基础,它决定了画面中各元素的布局和排列方式。良好的构图能够引导消费者的视线,突出产品的重点,并营造出和谐的视觉效果。在电商主图的设计中,常用的构图方法包括三分法、对角线构图法、中心构图法、三角形构图法等,如表 4-2 所示。

表4-2 常见构图方法

构图方法	例图	构图方法	例图
三分法		中心构图法	
对角线构图法		三角形构图法	

(3)视角

视角的选择对展示产品的特点至关重要。不同的产品所适用的视角也有所不同。例如,在拍摄茶具时,平视能够清晰地展示茶具的图案、颜色及整体造型,让消费者一眼就能看出产品的外观特点;而在拍摄一块手工刺绣桌布时,则常通过俯视来展示桌布的图案、刺绣工艺及色彩搭配。常见拍摄视角如表 4-3 所示。

表4-3 常见拍摄视角

拍摄视角	平视	俯视	仰视
例图			

(4)色调和对比度

色调和对比度对电商主图的视觉效果具有重要影响。调整色调和对比度,可以改变画面的整体氛围和色彩饱和度，使产品更加突出和吸引人，如图 4-1 所示。一般来说，明亮且对比度适中的画面更容易吸引消费者的注意力。

（5）渲染

渲染是电商主图创意设计中的重要技术。渲染技术可以模拟出逼真的光影效果、材质和纹理细节等，使产品看起来更加生动，如图 4-2 所示。高质量的渲染能够增强电商主图的视觉冲击力，增强消费者的购买欲望。

图 4-1　色调和对比度不同的画面

图 4-2　渲染效果下的电商主图

三、AIGC 工具中的作图工具

在探索数字艺术与创意表达的无限可能时，我们不难发现，AI 技术正以前所未有的速度重塑内容创作的边界。从文本到图像，从静态到动态，AIGC 工具中的作图工具以其独特的魅力和强大的功能，为广大内容创作者开辟了全新的创意空间。常用的 AIGC 工具中的作图工具如表 4-4 所示。

表 4-4　常用 AIGC 工具中的作图工具

AIGC 工具中的作图工具	简介
通义万相	阿里云旗下的 AI 创意作画平台。具备文生图、图生图、涂鸦作画、虚拟模特和个人写真等多场景的图片创作功能，能够生成不同风格、主题的图片
文心一格	百度推出的 AI 艺术与创意辅助平台。能根据用户输入的文字描述、上传的线稿图片或选择的模型生成各种风格的绘画作品，如二次元、科幻风、中国画等风格
绘蛙	电商商家爱用的 AIGC 工具。能够帮助商家低成本创作丰富的商拍图，同时还提供商用 AI 模特库，并支持用户训练专属模特形象
即梦 AI	字节跳动旗下的 AI 创作工具。支持高质量 AI 图像和视频生成，支持文字生成图片、文字生成视频和图片生成视频
AWPortraitCN 模型	一款专门提升肖像图像质量的模型。该模型使用了多类型的数据集进行训练，具有较强的泛化能力，能够生成贴近中国人外貌和美学特点的肖像图像，其生成的图像具有细腻逼真的特点
Midjourney	一款先进的 AI 图像生成工具。能将文本描述转化为图像，提供多种参数选项，支持生成多种艺术风格（如现实主义、超现实主义、抽象艺术等）的图像，拥有一个活跃的用户社区，供用户分享作品和创意

德育课堂

随着科技的飞速发展，AI 已经渗透到我们生活的方方面面，其中 AI 作图技术更是以其独特的魅力吸引了无数人的目光。这项技术利用先进的神经网络和生成对抗网络，能够从随机噪声中生成逼真、多样的图像，为艺术创作、设计、娱乐等领域带来了革命性的变化。

然而，在享受 AI 作图技术带来的便利和乐趣的同时，我们也必须正视其背后的伦理问题和社会责任。首先，AI 作图技术的快速发展给传统的艺术创作模式带来了挑战，也引发了关于原创性和著作权的深刻思考。我们必须明确，虽然 AI 能够生成图像，但真正的创意和灵感仍然来源于人类。因此，在使用 AI 作图技术时，我们应该尊重原创，避免侵犯他人的知识产权。其次，AI 作图技术的广泛应用也带来了关于信息真实性的问题。由于 AI 能够生成逼真的图像，这在一定程度上增加了虚假信息的传播风险。作为社会成员，我们有责任提高自身的信息素养，学会辨别真伪，不传播未经证实的信息，共同维护一个健康、真实的信息环境。最后，AI 作图技术的发展还涉及数据隐私和伦理道德的问题。在训练神经网络时，需要输入大量的图像数据。这些数据可能是用户的个人信息和隐私。因此，我们必须加强数据保护意识，确保个人信息的合法使用和安全存储。同时，我们也应该关注 AI 作图技术在社会中的应用是否符合伦理道德标准，避免其被用于不正当的目的。

总之，AI 作图技术作为一项前沿技术，既为我们带来了无限的可能和机遇，也为我们带来了诸多挑战和责任。作为新时代的青年，我们应该积极拥抱科技，同时也要保持清醒的头脑和敏锐的洞察力，共同推动科技健康发展，为社会的进步贡献自己的力量。

【任务实施】

任务活动 1　AI 辅助策划电商主图

李华是一名新媒体运营专员，负责一家专注于高品质水果销售的电商商家的推广工作。为了提升店里新上市的贵州罗甸脐橙的销量，他计划设计一系列电商宣传图，以此来吸引消费者购买这款脐橙。为了高效产出创意图像，李华决定利用 AI 来辅助策划电商主图。

步骤 1：确定设计方向。

为了寻找设计灵感，李华决定借助文案生成工具来寻找一些设计方向。经过思考，他初步确定了提示词："我想为店里的贵州罗甸脐橙设计一系列电商主图，请你为我构思几个设计方向。"

李华在文心一言中输入这段提示词，获得了一些可以参考的设计方向，如图 4-3 所示。

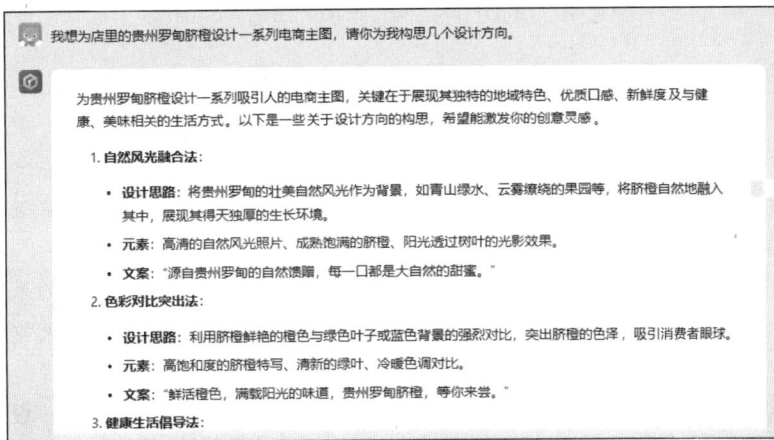

图 4-3　文心一言生成的设计方向

经过一系列的提问与优化，李华最终确定了以下几个电商主图设计方向。

1. 自然生长

设计思路：利用自然光线，以户外场景（如果园）为背景，展示脐橙在自然环境中的生长状态，强调其新鲜度和天然健康属性。

2. 家庭共享

设计思路：展示脐橙在家庭中的使用场景，例如一家人围坐在一起分享脐橙，强调其作为健康水果的价值。

3. 创意摆盘

设计思路：展示脐橙被切割后的形状和摆盘效果，如切片、拼盘等。

步骤 2：AI 辅助生成电商主图创意。

基于步骤 1 确定的电商主图设计方向，李华开始策划电商主图。为了提升电商主图的质感，李华需确定电商主图的艺术风格、构图、视角、色调等。因此，在利用文案生成工具辅助生成创意时，李华特别注意在提示词中提出具体的设计元素要求。输入的提示词及生成的创意如图 4-4 所示。

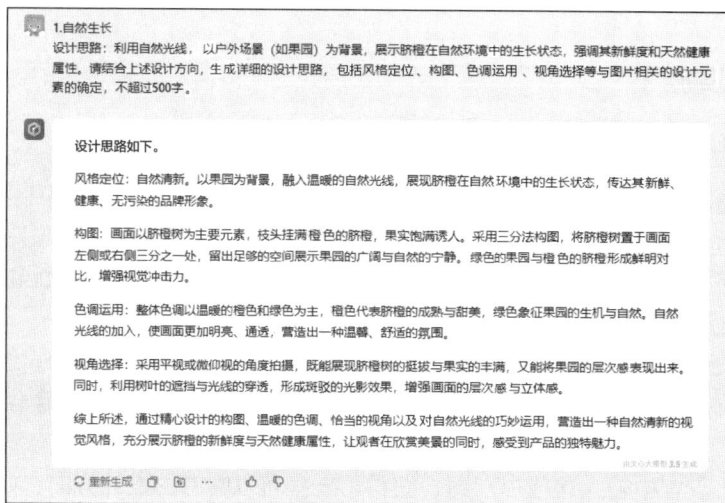

图 4-4　输入的提示词及生成的电商主图创意

经过一系列的提问与优化，李华最终确定了这几种设计方向的具体创意。

对于"自然生长"这一设计方向，电商主图创意如下。

（1）风格定位：追求自然、清新的视觉效果，展现脐橙在果园中的原生魅力，强调其新鲜与天然健康。

（2）构图设计：采用三分法构图，将果园上方的广阔天空、绿意盎然的果树与饱满的脐橙作为三个视觉层次。脐橙位于画面中心偏上，形成视觉焦点，果树与天空作为背景，营造深远感与开阔感。

（3）色调运用：以绿色和橙色为主色调，绿色代表果园的自然与生机，橙色凸显脐橙的成熟与鲜美。整体色调偏清新明亮，饱和度适中，给观者自然与舒适的视觉体验。

（4）视角选择：采用平视稍带仰视的视角，模拟人眼自然观看的角度，增强画面的真实感与代入感。镜头微微向上倾斜，展现脐橙树的挺拔与果实的饱满。

（5）设计细节：脐橙表皮光滑，光泽自然，果肉饱满多汁，展示其新鲜度与口感。背景中，树叶随风轻摆，光影斑驳，增添画面的生动与活力。

对于"家庭共享"这一设计方向，电商主图创意如下。

（1）风格定位：温馨家庭风格，营造和谐、亲密的氛围，强调脐橙作为健康水果的价值。

（2）构图设计：采用中心构图法，以一家人围坐的餐桌为中心，脐橙、餐具与家庭成员构成画面主体。人物站位形成三角形，增强稳定性并突出视觉焦点。

（3）色调运用：以暖色调为主，如橙黄色、棕色与米色，营造温馨舒适的家庭氛围。脐橙的橙色作为点缀色，与整体色调相融合，凸显健康与活力。

（4）视角选择：采用平视的视角，模拟真实家庭共享的场景，增强代入感与亲和力。注意捕捉人物间的互动与脐橙的细节。

（5）设计细节：家庭成员表情愉悦，互动自然，展示分享脐橙的细节。切好的脐橙摆放整齐，果肉饱满，展示其新鲜与美味。背景中，家庭环境温馨整洁，增添生活气息。

对于"创意摆盘"这一设计方向，电商主图创意如下。

（1）风格定位：现代简约风格，追求简约而不失创意的视觉效果，展现脐橙被切割后的艺术美感。

（2）构图设计：采用对称与不对称相结合的构图方式，以盘子为中心，切好的脐橙与拼盘形成视觉焦点。布局错落有致，形成层次感与动感。

（3）色调运用：以脐橙的橙色为主色调，搭配白色或浅灰色的盘子，形成鲜明对比，凸显脐橙的鲜艳与光泽。整体色调明亮清新，提供愉悦与舒适的视觉体验。

（4）视角选择：采用俯视视角，全面展现脐橙被切割后的形状与摆盘效果。镜头与盘子垂直，确保形状与细节的准确呈现。

（5）设计细节：切好的脐橙薄厚均匀，表面光滑，展示其新鲜度与质感。背景简洁干净，避免干扰视觉焦点。

练一练

请同学们利用文案生成工具，为图4-5所示的杯子确定3种电商主图的设计方向，并利用AI工具辅助策划对应的电商主图。

图4-5 杯子

任务活动 2　AI 辅助设计电商主图

步骤 1：AI 辅助生成电商主图。

基于活动 1 确定的电商主图创意，李华着手利用 AIGC 工具中的作图工具辅助生成电商主图。他选择了即梦 AI，其首页如图 4-6 所示。

图 4-6　即梦 AI 首页

单击首页左侧的"图片生成"选项，进入即梦 AI 作图页面，如图 4-7 所示。

图 4-7　即梦 AI 作图页面

在文本框中输入确定好的电商主图创意，并设置精细度、比例等参数，随后单击"立即生成"按钮（见图 4-8），便可得到参考电商主图，如图 4-9 至图 4-11 所示。

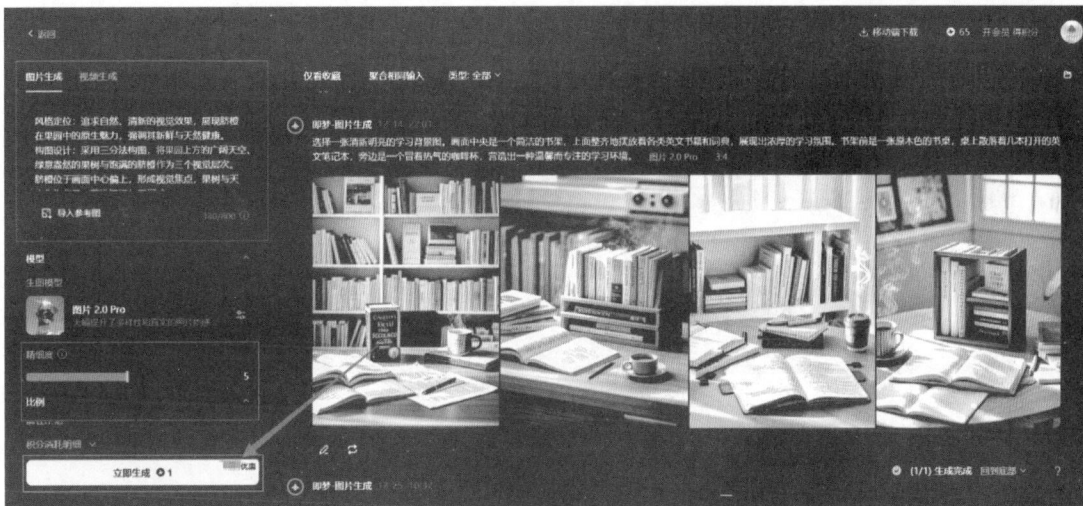

图 4-8　点击"立即生成"

图 4-9　"自然生长"电商主图

图 4-10　"家庭共享"电商主图

图 4-11 "创意摆盘"电商主图

步骤 2：AI 辅助优化电商主图。

在利用即梦 AI 生成电商主图后，要想确保这些电商主图的整体基调和谐统一，李华还需要对这些电商主图进行优化。他利用即梦 AI 的图片编辑功能，结合 AI 生成的电商主图特点，对其进行了优化。

李华针对三种不同的设计方向选择了较为优质的图片，随后分别对图片进行部分调整和优化。打开图片，在右下角的编辑栏，可以看到即梦 AI 自带的"HD 超清""细节修复""局部重绘""扩图""消除笔"功能，如图 4-12 所示。

图 4-12 即梦 AI 的图片编辑功能

优化后的电商主图如图 4-13 所示。

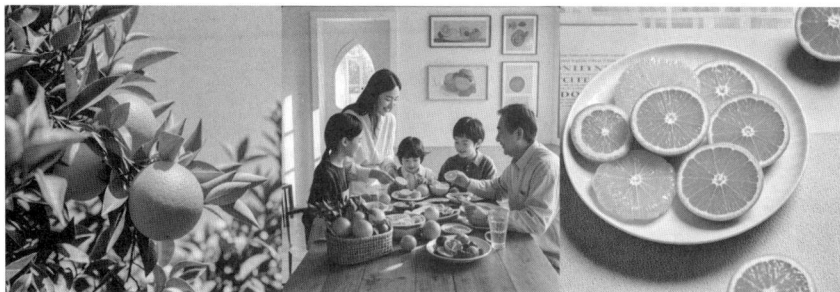

图 4-13 贵州罗甸脐橙电商主图

练一练

　　请同学们根据自己在本任务活动 1 "练一练"中确定的电商主图创意，选择一个 AI 作图工具，完成该款杯子的电商主图生成与优化。

任务二　AI 辅助营销海报设计

任务分析

　　利用 AI 辅助营销海报设计，需要完成以下任务：
1. 熟悉营销海报的基本构成元素；
2. 熟练运用 AIGC 工具辅助生成营销海报创意并完成营销海报生成与优化。

【知识储备】

　　营销海报作为一种视觉传达工具，在品牌推广、产品展示及市场宣传中扮演着至关重要的角色。精心设计营销海报的各种构成元素，能吸引目标受众的注意力，传递核心信息，并激发受众的购买欲望。以下是营销海报的基本构成元素。

一、图像

　　图像在营销海报中扮演着至关重要的角色。高质量的图像能够迅速吸引受众的注意力，并有效地展示产品的外观、功能或应用场景。在确定营销海报中的图像时，应遵循以下关键原则。

　　（1）相关性高：确保图像与产品或服务紧密相关，准确反映主题。

　　（2）高清质感：采用高分辨率的图像，保证其在各类显示设备上都能清晰展示。

　　（3）情感共鸣：通过图像传递正面情绪或解决特定问题，与目标受众建立情感联结。

　　（4）创意独特：利用创意构图或独特视角，使图像脱颖而出。

二、文案

　　文案是营销海报中传递信息、引导受众采取购买行动的关键部分。有效的文案应具备以下特点。

　　（1）精简有力：用最少的文字表达核心信息，直击人心。

　　（2）引导行动：明确指示受众下一步应采取的行动，如"立即购买""了解更多"等。

　　（3）突出卖点：突出产品或服务的独特卖点，解决受众的痛点或满足其需求。

　　（4）适应性高：适应不同平台，满足不同平台的要求，包括字数限制、语言风格等。

三、色彩

色彩在营销海报中扮演着情感引导和视觉引导的双重角色。合理的色彩搭配能够增强图像的吸引力，体现品牌风格，影响受众的情绪反应。在进行色彩搭配时，需要注意以下几点。

（1）与品牌形象相符：使用与品牌形象相符的色彩方案，提高品牌识别度。

（2）激发正面情绪：根据目标受众的偏好和色彩心理学原理，选择能够激发正面情绪的颜色。

（3）对比度高与和谐：确保文字与背景的对比度高，易于阅读；同时，色彩搭配和谐，提供舒适的视觉体验。

（4）焦点突出：利用色彩引导视觉焦点，使重要信息突出。

四、布局排版

布局排版决定了营销海报中各元素的位置、大小和相互关系，直接影响信息的传递效率和海报的视觉美感。以下是关于布局排版的注意事项。

（1）层次分明：通过调整字体、字号、颜色等手段区分信息的重要程度，形成清晰的视觉层次。

（2）平衡和谐：确保海报各元素分布均匀，避免过于拥挤或空旷，达到视觉上的平衡。

（3）导向性设计：利用线条、箭头或视觉流程引导受众按照预定路径浏览信息。

（4）可读性高：确保文案的字体、字号、行距等设置便于阅读，能满足不同年龄段和视力条件的受众的需求。

【任务实施】

继续以本项目任务一中的产品（贵州罗甸脐橙）为例，展示李华如何运用 AI 工具生成高质量的营销海报。

任务活动 1　AI 辅助策划营销海报

随着秋冬季的到来，脐橙作为应季水果，因具有鲜美多汁、富含维生素 C 的特点深受消费者喜爱。为了进一步提升店里脐橙的销量，李华决定举办一场促销活动。活动设计方案具体如下。

贵州罗甸脐橙促销活动设计方案

活动主题：鲜甜每一刻，橙意满满。

活动目标：提升罗甸脐橙销量，增加用户购买频次。

活动时间：11 月 15 日—12 月 15 日。

活动内容如下。

低价折扣：活动期间，购买罗甸脐橙享受 8 折优惠。

买赠活动：购买罗甸脐橙满 50 元，即可获得橙子抱枕。

晒单赢好礼：评价晒单有机会获得脐橙礼盒。

步骤 1：明确设计方向。

根据上述信息，李华明确了营销海报的设计方向，即设计一张富有吸引力、能够精准传达活动信息的活动海报。而且这张海报需要具备主题鲜明、元素丰富、色彩搭配得当、信息清晰等特点，能够迅速吸引消费者的注意力并激发他们的购买欲望。

步骤 2：AI 辅助生成营销海报创意。

基于步骤 1 确定的设计方向，李华开始构思营销海报创意。他借助 AI 工具辅助生成营销海报创意。他在 AI 工具中输入了以下提示词。

> 活动主题：鲜甜每一刻，橙意满满。
>
> 活动目标：提升罗甸脐橙销量，增加用户购买频次。
>
> 活动时间：11 月 15 日—12 月 15 日。
>
> 活动内容如下。
>
> 低价折扣：活动期间，购买罗甸脐橙享受 8 折优惠。
>
> 买赠活动：购买罗甸脐橙满 50 元，即可获得橙子抱枕。
>
> 晒单赢好礼：评价晒单有机会获得脐橙礼盒。
>
> 请根据上述活动信息，帮我设计营销海报创意，要求：明确风格、构图、色调、视角等与图片相关的设计元素，并讲清楚海报上的图像、文案、排版等元素的具体设计思路，字数在 500 字以内。

经过一系列的提问与优化，李华最终确定了营销海报创意，如下所示。

> 风格：温馨。
>
> 构图如下。
>
> 中心：大橙子切开图，展示橙子的鲜美。
>
> 周围：小橙子图案，增加层次。
>
> 底部：活动信息和优惠信息。
>
> 色调如下。
>
> 主色：橙色，代表活力。
>
> 辅助色：黄色、绿色，营造温馨感。
>
> 背景：橙色渐变至淡黄色。
>
> 视角：平视，自然亲切。
>
> 图像如下。
>
> 大橙子：高清真实。
>
> 橙子抱枕、脐橙礼盒：插画形式，增加趣味。
>
> 文案如下。
>
> 活动主题：鲜甜每一刻，橙意满满。
>
> 活动时间：11 月 15 日—12 月 15 日。
>
> 优惠信息：突出显示"全场 8 折""满 50 元赠抱枕""晒单赢好礼"。
>
> 排版：简洁明了，重要信息加粗等。

请同学们利用文案生成工具，结合下面提供的贵州罗甸脐橙卖点，设计产品卖点营销海报创意。

贵州罗甸脐橙卖点：鲜甜多汁、色泽诱人、皮薄易剥、自然成熟。

任务活动 2　AI 辅助设计营销海报

步骤 1：AI 辅助生成营销海报。

基于活动 1 生成的营销海报创意，李华着手利用 AI 工具辅助生成营销海报。他以即梦 AI 来辅助设计营销海报。

进入即梦 AI 作图页面，在文本框中输入确定好的营销海报创意（见图 4-14），并设置比例等参数，随后单击"立即生成"按钮，便可得到一组营销海报（见图 4-15）。

图 4-14　输入营销海报创意

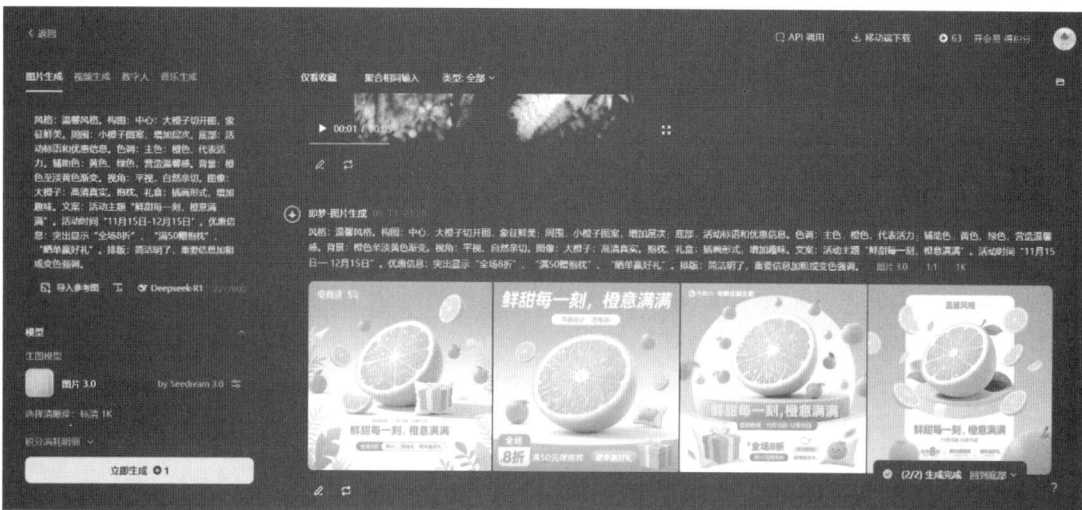

图 4-15　AI 辅助生成的营销海报

步骤 2：AI 辅助优化营销海报。

如图 4-16 所示，即梦 AI 生成的营销海报中出现了多余的文案，影响了海报的整体呈现。为了提升海报的质量，李华使用即梦 AI 自带的编辑功能"消除笔"，对海报中的多余文案进行了消除，最终效果如图 4-17 所示。

图 4-16　存在多余文案的营销海报　　　　图 4-17　营销海报最终效果

练一练

请同学们根据自己在本任务活动 1"练一练"中确定的贵州罗甸脐橙卖点营销海报创意，选择一个 AI 作图工具，完成该营销海报的生成与优化。

同步实训

▌实训任务一　AI 辅助设计电商主图

实训描述

假设你是一名新媒体运营专员，负责为一个高端水果品牌设计产品电商主图。你的任务是利用 AI 作图工具设计一系列火龙果电商主图。

操作指导

步骤 1：确定设计方向。

首先明确电商主图的设计方向，也就是明确希望通过电商主图向消费者传达的信息。例如，通过展现火龙果的生长环境，传达火龙果纯天然、健康等特点。

步骤 2：AI 辅助生成电商主图创意。

基于确定好的设计方向，利用文案生成工具辅助生成电商主图创意。需要注意的是，电商主图创意应当融入设计类元素，例如艺术风格、构图、视角、色调等。因此在设计提示词时，应当明确相关要求。

步骤 3：AI 辅助生成电商主图。

根据确定好的电商主图创意，利用 AI 作图工具辅助生成一系列电商主图。在生成电商主图时，需要注意保持图像的清晰度和分辨率，以确保在不同显示设备上都能呈现出良好的视觉效果。

实训评价

基于学生在本次实训中的表现及完成结果，学生自己和教师对考核项目进行评分，同时学生进行自我评价，教师进行成果点评。

考核项目	学生 自评分（30%）	教师 评分（70%）
确定的设计方向新颖独特，与产品特点和品牌形象保持一致（30分）		
设计的电商主图创意融入了设计类元素（20分）		
能够熟练运用 AI 作图工具辅助生成电商主图（30分）		
设计的电商主图协调统一，能够突出产品特点（20分）		
总计（100分）		
自我评价	教师点评	

实训任务二　AI 辅助设计营销海报

实训描述

为了进一步提升火龙果的销量，品牌计划举办一场主题为"火红盛夏，果力全开——火龙果狂欢节"的营销活动。你的任务是利用 AI 作图工具，设计此次营销活动的海报。火龙果促销活动设计方案如下。

> **火龙果促销活动设计方案**
>
> 活动主题：火红盛夏，果力全开——火龙果狂欢节。
>
> 活动目标：提升火龙果销量，增加用户购买频次。
>
> 活动时间：7 月 1 日—7 月 15 日。
>
> 活动内容如下。
>
> 折扣：活动期间，购买火龙果享受 7 折优惠。
>
> 火龙果 DIY 体验：到店体验使用火龙果制作创意饮品、沙拉等。
>
> 集赞赢好礼：集满 30 个赞有机会获得火龙果礼盒。

操作指导

步骤 1：确定设计方向。

根据背景信息明确设计方向，如是设计活动宣传海报，还是设计产品卖点宣传海报。不同营销海报所需要提炼的文案素材不相同。

步骤 2：AI 辅助生成营销海报创意。

基于确定好的设计方向，利用文案生成工具辅助生成营销海报创意。

步骤 3：AI 辅助生成与优化营销海报。

根据确定好的营销海报创意，利用 AI 作图工具辅助生成一系列营销海报。鉴于 AI 作图目前存在语言模型局限性，需要基于生成的营销海报进行必要的优化，例如消除混乱元素、添加必要文案等，以确保营销海报的质量。

实训评价

基于学生在本次实训中的表现及完成结果，学生自己和教师对考核项目进行评分，同时学生进行自我评价，教师进行成果点评。

考核项目	学生 自评分（30%）	教师 评分（70%）
确定的营销海报设计方向符合品牌风格和营销目的（20 分）		
设计的营销海报创意符合营销目的（40 分）		
生成的营销海报能有效传达营销关键信息并实现活动目的（40 分）		
总计（100 分）		
自我评价	教师点评	

知识与技能训练

一、单选题

1. 以下关于电商主图设计技巧中"创意构思"的表述，正确的是（　　）。

    A. 明确目标受众和品牌形象对创意构思没有影响，只需关注产品本身的特点

    B. 差异化策略仅体现在产品本身的展示上，与整体设计风格和氛围营造无关

    C. 融入故事性元素可通过描绘产品在不同场景下的使用情况，与消费者建立情感联结

    D. 学习用品品牌无论定位如何，都应选择色彩鲜艳、设计活泼的呈现方式

2. 在电商主图的设计中，可以迅速吸引消费者的注意力并有效传达品牌情绪与风格的是（　　）。

    A. 产品的详细描述　　　　　　　　B. 合理的色彩搭配

    C. 优惠活动的力度　　　　　　　　D. 电商平台的用户评价

3. 营销海报文案的特点中，能够引导用户采取下一步的购买行动的是（　　）。

    A. 精简有力　　　B. 引导行动　　　C. 突出卖点　　　D. 适应性高

4. 在营销海报的设计中，下列能够有效传达产品的外观特点的元素是（　　）。

    A. 图像　　　　　B. 文案　　　　　C. 色彩　　　　　D. 布局排版

5. 在电商主图的设计中，以下关于色调和对比度的说法，正确的是（　　）。

    A. 色调和对比度对电商主图的视觉效果没有影响

    B. 色调和对比度无法改变画面的整体氛围和色彩饱和度

    C. 明亮且对比度适中的画面通常不容易吸引消费者的注意力

    D. 通过调整色调和对比度，可以改变画面的整体氛围和色彩饱和度，使产品更加突出和吸引人

二、多选题

1. 在电商主图的设计过程中，为了提升商品的吸引力和转化率，以下属于常用技巧的有（　　）。

    A. 明确目标受众和品牌形象，确保设计符合品牌定位

    B. 采用独特的视角和创新的元素，实行差异化策略

    C. 融入故事，激发消费者的联想并使其产生情感共鸣

    D. 依赖文字描述，减少图像元素的使用

2. 在电商主图的设计中，以下对于提升视觉冲击力和对消费者的吸引力至关重要的元素有（　　）。

    A. 色彩的合理搭配，如使用蓝色传达信任感

    B. 光影效果的应用，如使用自然光营造真实温馨的氛围

    C. 仅依赖产品本身的展示，无须额外设计元素

    D. 融入故事性元素，展示产品在不同场景下的使用情况

3. 在选择营销海报中的图像时应遵循的关键原则有（　　）。

    A. 相关性高　　　　B. 高清质感　　　　C. 情感共鸣　　　　D. 创意独特

4. 在电商主图的设计中，实现创意构思的常用方式有（　　）。

    A. 明确目标受众和品牌形象　　　　B. 采用差异化策略

    C. 融入故事性元素　　　　D. 增加产品文字说明

5. （　　）是营销海报的基本构成元素。

    A. 图像　　　　B. 文案　　　　C. 色彩　　　　D. 布局排版

三、判断题

1. 在电商主图设计中，色彩搭配是次要的，关键在于产品的清晰展现。（　　）

2. AI作图工具可以完全替代人类进行电商主图的设计。（　　）

3. 有效的文案需要简洁明了，能够迅速传达核心信息，并引导用户采取购买行动。（　　）

4. 营销海报的布局排版决定了各元素的位置、大小和相互关系，直接影响信息的传递效率和海报的视觉美感。（　　）

5. 营销海报中的文案越详细越好，可以包含产品的所有功能和特点。（　　）

项目五 AI 辅助新媒体运营视频创作

职场创新

AI 技术的引入，为视频内容的创意策划提供了精准的数据支持。这不仅使得视频内容更加贴近用户，提升了用户参与度，还极大地缩短了创作周期，提高了运营效率。在 AI 赋能的当下，企业对求职者的要求也会发生变化，以新媒体运营专员岗位为例，在新媒体运营视频创作领域，其典型工作任务技能要求如表 5-1 所示。

表 5-1　新媒体运营专员典型工作任务技能要求

典型工作任务	工作内容与要求（传统场景）	工作内容与要求（AI 赋能）
视频创意设计	1. 结合账号定位和目标受众的需求，提出新颖、独特且具有吸引力的视频创意； 2. 能够及时捕捉市场动态和热点话题，将其融入视频创意中，提高视频的时效性和吸引力	1. 借助 AIGC 工具，设计多种视频创意灵感和方案建议； 2. 能够将 AIGC 工具生成的创意灵感与自身的专业知识和经验相结合，打造出独特且高质量的视频创意
视频制作	1. 按照拍摄计划和脚本进行实地拍摄，确保画面质量、拍摄角度、光线效果等符合要求； 2. 熟练掌握摄像机的操作技巧，了解不同拍摄场景下的参数设置和拍摄方法，能够拍摄出高质量的画面	1. 借助 AIGC 工具中的视频生成功能，辅助设计新媒体视频； 2. 熟悉各类 AIGC 工具中的视频生成功能，能够合理运用 AIGC 工具创作出独特的新媒体视频
视频剪辑	1. 根据策划方案和视频主题，从拍摄素材中筛选出合适的片段，运用剪辑软件进行剪辑，使视频内容优美、流畅； 2. 精通剪辑软件的操作技巧，能够灵活运用各种剪辑手法和技巧	1. 根据视频的主题、风格和内容，利用 AIGC 工具进行智能剪辑； 2. 熟悉 AIGC 智能剪辑工具的功能和使用方法，能够灵活运用其进行视频剪辑，提高剪辑效率和质量

项目概述

本项目旨在深入解析 AI 辅助生成视频创意、辅助设计视频脚本、辅助创作视频素材及智能剪辑，以帮助学生掌握如何高效展示商品特色，提升品牌影响力和消费者购买意愿。

学习目标

1. 熟悉主图视频的构成要素。

2. 熟悉常用 AIGC 工具中的视频生成工具。

3. 能够利用文案生成工具辅助撰写主图视频脚本，并能够利用视频生成工具辅助生成主图视频素材。

4. 熟悉营销短视频的常见类型，能够根据商品特点及营销目标选择合适的营销短视频类型。

5. 能够利用文案生成工具辅助撰写营销短视频脚本，并利用视频生成工具辅助生成营销短视频素材。

任务一　AI 辅助主图视频创作

任务分析

利用 AI 辅助主图视频创作，需要完成以下任务：

1. 了解并掌握主图视频的构成要素，熟悉常见的视频生成工具；

2. 能够熟练运用 AI 工具辅助撰写主图视频脚本，并完成主图视频素材创作与素材剪辑工作。

【知识储备】

主图视频是呈现在商品详情页主图位置的视频，通常位于第一张主图的前面或特定位置。它是对商品进行全方位展示和宣传的一种品牌广告，旨在提升消费者的信任度并引导其购买。

一、主图视频的构成要素

1. 内容要素

（1）商品核心卖点。主图视频应紧扣商品特性，直接展现商品核心价值，摒弃繁复的内容，确保信息传达的准确性和高效性。例如，如果是科技产品，应突出其技术创新和性能优势；如果是时尚服饰，则应强调其设计风格和穿着效果。

（2）故事线索与对话。一个吸引人的主图视频往往包含清晰的故事线索和对话。运营者可通过构建场景、设置情节、安排角色等方式，将商品融入故事中，使消费者在观看视频的过程中产生共鸣，进而对商品产生兴趣。

2. 视觉要素

（1）画面构图。主图视频的画面构图应遵循视觉美学原则，合理安排主体、陪体、环境、前景和背景等元素。主体应突出且易于识别，陪体和环境应起到衬托和丰富画面的作用，前景和背景则应增强画面的空间感和层次感。

（2）画面景别。通过变换取景角度和拍摄手法，形成大小不同的画面景别，如远景、全景、中景、近景和特写等。这些不同的景别可以形成不同的视觉刺激并引起不同的反应，产生不同的艺术效果，从而更好地展示商品的特点和细节。

（3）色彩和光线。色彩和光线是视觉艺术表达的重要元素。运用不同的色彩和光线，可以营造出不同的氛围，突出商品的特点和品牌形象。例如，暖色调可以营造温馨、亲切的氛围，冷色调则可以突出商品的科技感和现代感。

（4）镜头手法。镜头手法是主图视频视觉要素的重要组成部分。采用推、拉、摇、移、跟等不同的镜头手法，可以形成不同的表达效果，如突出主体、营造氛围、引导视线等。镜头手法应根据商品的特点和展示需求进行选择和组合。

3. 听觉要素

（1）背景音乐。背景音乐是主图视频中不可或缺的元素之一。选择恰当的音乐，可以营造出不同的氛围，增强视频的感染力和吸引力。音乐应根据商品的特点和品牌形象进行选择，如时尚服饰可以选择流行和快节奏的音乐，家居用品则可以选择温馨和舒缓的音乐。

（2）人物台词与旁白。人物台词与旁白可以直接传达商品的特点和卖点，引导消费者了解商品的功能和优势。人物台词与旁白应简洁明了、易于理解，并与画面内容紧密结合。

（3）特殊音效。特殊音效可以增强视频的趣味性和互动性。例如，在展示科技产品时，可以加入启动、操作等音效；在展示食品时，可以加入与烹饪、品尝等相关的音效。特殊音效可以使消费者更直观地感受商品的特点和使用效果。

二、AIGC 工具中的视频生成工具

在当今的新媒体运营领域，AI 视频生成工具已经成为提高创作效率和创意水平的重要助手。这些工具凭借强大的算法和丰富的功能，为创作者提供了前所未有的便捷性和智能化体验。常见的 AI 视频生成工具如表 5-2 所示。

表 5-2　常见 AI 视频生成工具

AI 视频生成工具	简介
可灵 AI	可灵 AI 能够根据用户的文字描述生成符合需求的视频。在细节及风格把控上，可灵 AI 有着很好的表现。此外，可灵 AI 还支持首尾帧功能，用户可以上传两张图片并将其作为视频的首帧和尾帧，生成连贯的变身视频
通义万相	通义万相是阿里巴巴研发的 AI 视频生成大模型，具备强大的风格泛化和动态生成能力。它支持文生视频和图生视频两种创作模式，用户可以通过输入文本或上传图片，快速生成高质量的视频内容
即梦 AI	即梦 AI 因操作简单而受到广泛欢迎，特别适合短视频制作，能帮助自媒体创作者快速而高效地产出内容，满足多种场景需求。即梦 AI 支持首尾帧功能，用户可以通过上传首帧和尾帧图片来生成平滑过渡的变身视频

续表

AI 视频生成工具	简介
海螺 AI	海螺 AI 是一款由上海稀宇科技有限公司开发的创新 AI 产品，致力于为用户提供高效、便捷的视频生成服务。该平台结合了先进的 AI 技术，为用户提供丰富的视频创作功能，包括文生视频、图生视频等。海螺 AI 能够精准捕捉用户输入的关键信息，并按照要求进行视频内容的生成

德育课堂

在科技日新月异的今天，AI 广泛应用于各个领域，其中视频生成技术尤为引人注目。AI 视频生成，即利用 AI 技术自动生成或辅助生成视频内容，这一技术不仅革新了视频制作的方式，更对我们提出了新的要求和挑战。

对于 AI 生成的视频内容，我们需要具备批判性思维，学会甄别信息的真伪和优劣，要能够理性分析，判断其是否符合社会主义核心价值观和道德标准。

AI 视频生成技术的普及带来了一些法律问题。例如，未经授权使用他人的肖像或作品进行视频创作可能构成侵权。因此，我们在使用 AI 视频生成技术时，需要时刻提醒自己遵守相关法律，避免侵犯他人的权益。

AI 视频生成技术可以为我们提供丰富的创作素材和灵感，但我们也应该意识到，视频内容的质量和价值取决于我们的创作意图和审美观念。因此，我们在创作视频时，要弘扬正面价值观，传递正能量，避免制作和传播低俗、暴力、色情等不良内容。

AI 视频生成技术的使用涉及许多道德问题，如隐私保护、数据安全等。我们需要意识到，虽然 AI 可以为我们提供便利，但我们也应该承担起相应的责任并履行相应的义务。在使用 AI 视频生成技术时，要时刻关注其可能带来的道德风险，确保自己的行为符合社会公德和职业道德。

【任务实施】

任务活动 1　AI 辅助设计主图视频选题与脚本

"古韵茶缘"是一家淘宝店铺，主要销售各类茶具。近期，店铺上新了一款紫砂壶，这款紫砂壶拥有独特的设计和精湛的工艺。为了有效展示这款紫砂壶的特色，营销部门决定拍摄主图视频，用于线上线下的宣传推广。这项工作由新媒体运营部的刘航负责。为了创作出高质量的主图视频，刘航决定利用 AI 工具辅助设计主图视频，而首要任务是确定主图视频选题与脚本。

步骤 1：AI 辅助设计主图视频选题。

为了找到合适的选题，刘航决定借助文案生成工具来生成一些选题。经过思考，他初步确定了提示词："我想拍一段关于紫砂壶的主图视频，请帮我设计 3 个视频选题，并分别说明拍摄重点。"

刘航在文心一言中输入这段提示词，获得了一些可以参考的选题，如图 5-1 所示。

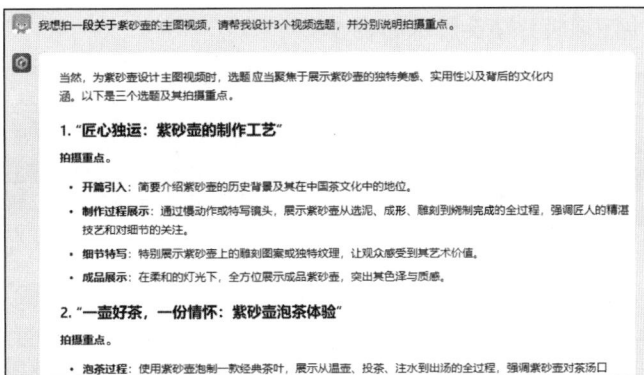

图 5-1 AI 辅助生成的选题

经过一系列的提问与优化，刘航最终确定了以下主图视频选题及对应的拍摄重点。

选题：一壶好茶，一份情怀——紫砂壶泡茶体验

拍摄重点如下。

泡茶过程：使用紫砂壶泡一款经典茶叶，展示从温壶、投茶、注水到出汤的全过程，强调紫砂壶对茶汤口感的提升作用。

茶汤色泽对比：将使用普通茶具与紫砂壶泡制的茶汤进行对比，展示紫砂壶对激发茶叶的香气与味道的积极作用。

情感传递：通过旁白或字幕，讲述紫砂壶与泡茶人之间的情感纽带，如传承、收藏等，引起观众的情感共鸣。

氛围营造：以一个具有中国传统元素的环境作为拍摄背景，如茶馆、书房等，营造浓厚的文化氛围。

步骤 2：AI 辅助设计主图视频脚本。

基于步骤 1 确定的主图视频选题，刘航开始设计主图视频创意，也就是主图视频脚本。为了确保脚本内容的完整性，刘航在确定提示词时加入了具体的内容维度，即镜头手法、景别、拍摄内容、台词、镜头时长、道具。图 5-2 所示为 AI 辅助生成的主图视频脚本。

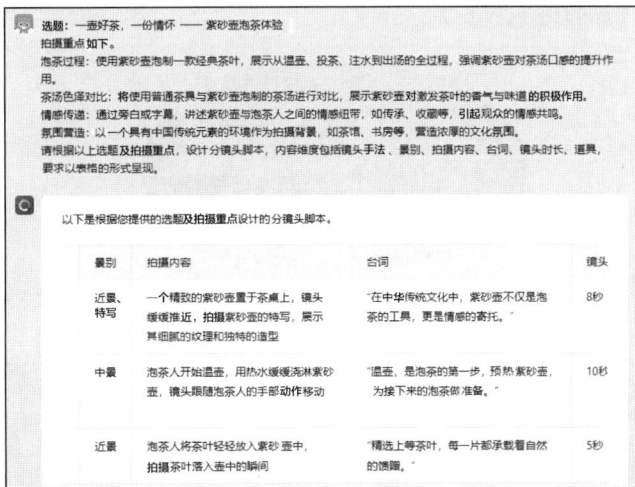

图 5-2 AI 辅助生成的主图视频脚本

优化完成后的主图视频分镜头脚本如表 5-3 所示。

表 5-3　主图视频分镜头脚本

镜号	镜头手法	景别	拍摄内容	台词	镜头时长	道具
1	推镜头	近景、特写	一个精致的紫砂壶置于茶桌上，镜头缓缓推近，拍摄紫砂壶的特写，展示其细腻的纹理和独特的造型	"在中华传统文化中，紫砂壶不仅是泡茶的工具，更是情感的寄托。"	5 秒	紫砂壶、茶桌等
2	移镜头	中景	泡茶人开始温壶，用热水缓缓浇淋紫砂壶，镜头跟随泡茶人的手部动作移动	"温壶，是泡茶的第一步，预热紫砂壶，为接下来的泡茶做准备。"	8 秒	紫砂壶、热水壶
3	固定镜头	近景	泡茶人将茶叶轻轻放入紫砂壶中，拍摄茶叶落入壶中的瞬间	"精选上等茶叶，每一片都承载着自然的馈赠。"	5 秒	紫砂壶、茶叶
4	固定镜头	近景	热水如细丝般注入紫砂壶中，茶叶随之翻滚，用慢镜头展示这一细节	"水与茶的相遇，是时间与温度的完美结合。"	10 秒	紫砂壶、热水壶、茶叶
5	摇镜头	中景	泡茶人轻轻提起紫砂壶，将茶汤注入公道杯中，镜头随茶汤流动而摇晃	"茶汤色泽金黄透亮，紫砂壶赋予了它独特的韵味。"	5 秒	紫砂壶、公道杯
6	固定镜头	近景（左右分屏）	茶汤效果拍摄，一侧展示使用紫砂壶泡制的茶汤，另一侧展示使用普通茶具泡制的茶汤，对比色泽与透明度	"相比之下，紫砂壶泡制的茶汤更加醇厚，香气四溢。"	5 秒	紫砂壶泡制的茶汤、普通茶具泡制的茶
7	固定镜头	近景	泡茶人轻轻端起茶杯，品一口茶汤，脸上露出满足的微笑	"每一口茶汤，都是对心灵的一次洗礼。"	5 秒	茶杯、茶汤
8	固定镜头	全景	泡茶人站在具有中国传统元素的书房中，背景为书架、文房四宝等，旁白讲述紫砂壶与泡茶人之间的情感纽带	"紫砂壶，是岁月的见证者，它承载着泡茶人的情感与记忆，每一次泡茶，都是与过去的一次对话。"	8 秒（旁白时间）	书房、书架、文房四宝、紫砂壶

📜 **练一练**

请同学们利用文案生成工具，为图 5-3 所示的苏打饼干确定拍摄主图视频的选题，并利用 AI 辅助设计对应的脚本内容。

图 5-3　苏打饼干

任务活动 2　AI 助力主图视频素材创作

步骤 1：选择商品发布平台。

选择淘宝作为本次商品发布平台，该平台对主图视频的尺寸要求一般是 1∶1 或者 3∶4，且主图视频的分辨率需要大于 1280 像素×720 像素。

步骤 2：AI 辅助创作主图视频素材。

基于活动 1 生成的主图视频脚本，刘航选择即梦 AI 辅助创作主图视频素材。

打开即梦 AI，单击"AI 视频"模块下的"视频生成"按钮，如图 5-4 所示，进入即梦 AI 视频创作页面，如图 5-5 所示。目前即梦 AI 提供 3 种视频生成方式：图片生视频、文本生视频和对口型。由于本次活动是为已有商品创作主图视频，故刘航选择了图片生视频的方式。

图 5-4　单击"视频生成"按钮

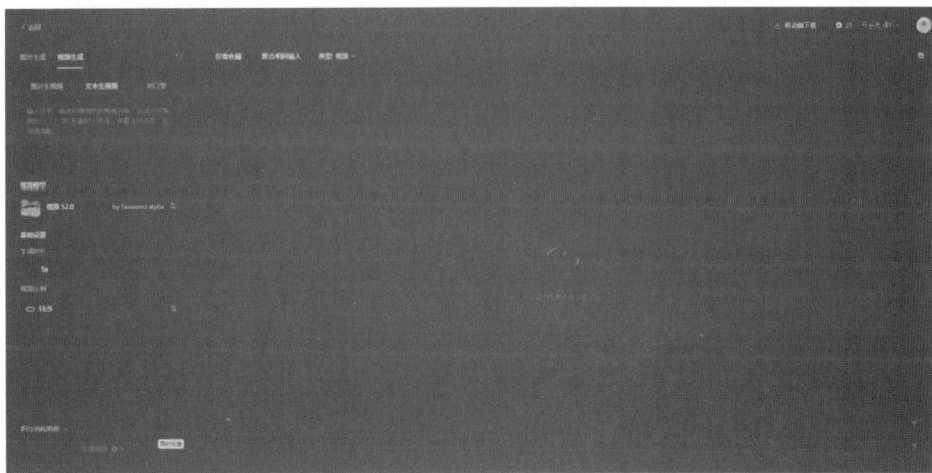

图 5-5　即梦 AI 视频创作页面

刘航上传了紫砂壶的图片，并在文本框中按照脚本中的镜号输入确定好的脚本内容，随后单击"生成视频"，等待几分钟，便可以看到 AI 根据脚本内容创作的视频素材，如图 5-6 所示。

✎ 练一练

请同学们根据自己在本任务活动 1"练一练"中确定的选题及脚本，选择一个视频生成工具，完成该款苏打饼干的主图视频素材创作。

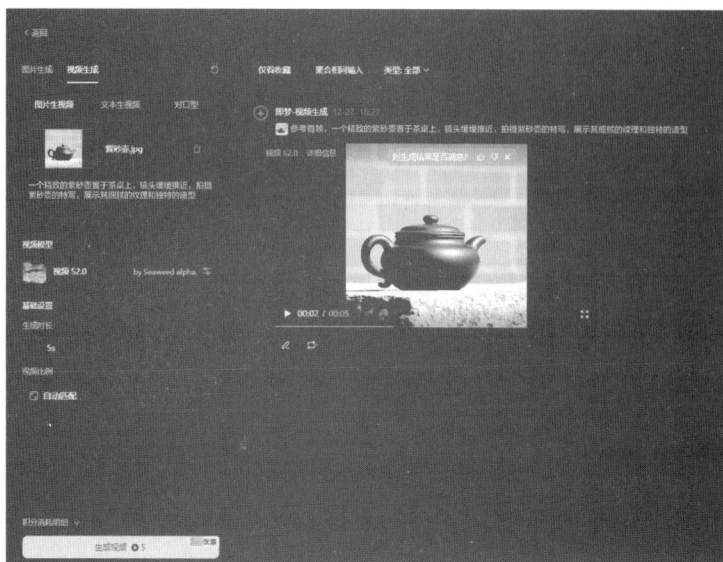

图 5-6　AI 辅助创作的主图视频素材

任务活动 3　AI 智能剪辑主图视频

步骤 1：整理主图视频素材。

在剪辑主图视频前，刘航对 AI 辅助创作的大量视频素材进行了整理和筛选。他将不同场景、不同角度的素材进行了分类和命名。

步骤 2：AI 辅助剪辑主图视频素材。

素材导入。刘航利用剪映的导入功能，将筛选出的主图视频素材上传到剪映中。

比例调整。考虑到主图视频在淘宝平台的展示效果，刘航将视频比例调整为 3∶4。

智能镜头分割。选中某段视频素材，单击鼠标右键，在弹出的快捷菜单中选择"智能镜头分割"选项（见图 5-7），稍等片刻，即可看到视频轨道中，AI 根据场景将素材分割成多个片段（见图 5-8）。

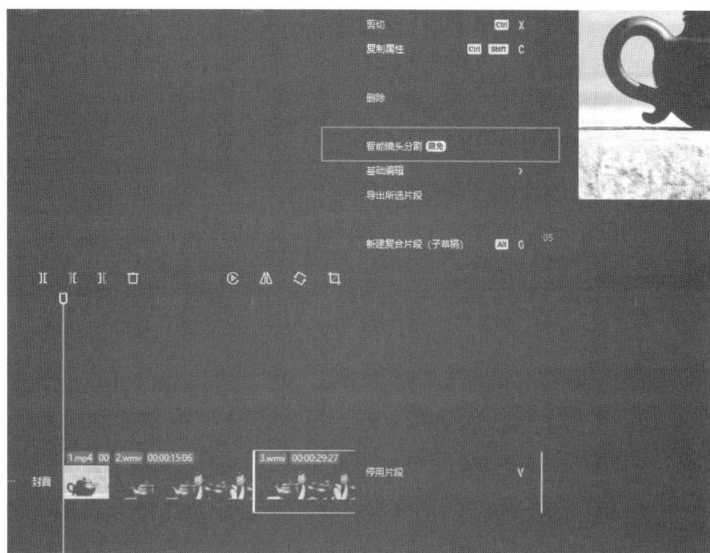

图 5-7　选择"智能镜头分割"选项

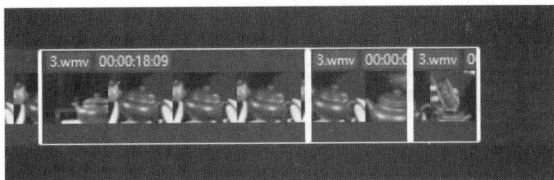

图 5-8　AI 根据场景将素材分割成多个片段

在得到分割后的片段后，刘航根据分镜头脚本将各个视频片段进行裁剪或拼接，形成初版视频。在拼接过程中，他还使用了"推近"等转场效果（见图 5-9）来提升片段之间的流畅性，避免出现跳跃感。

图 5-9　转场效果

字幕添加。为了更好地介绍紫砂壶的特点和优势，刘航在视频中添加了字幕。他根据视频内容，在关键时间点插入字幕，如图 5-10 所示。这些字幕不仅能帮助观众更好地理解视频内容，还提升了视频的专业性和可信度。

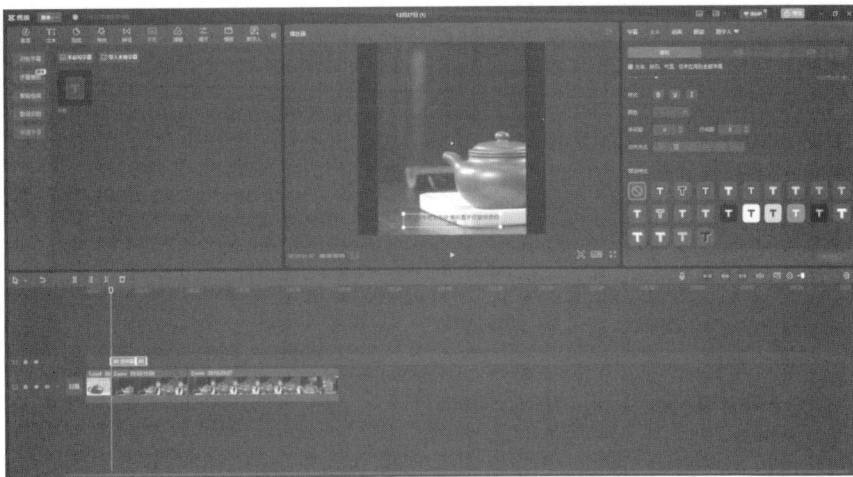

图 5-10　添加字幕

预览与导出。在完成视频制作后，刘航为视频设置了合适的分辨率、帧率及码率等参数（见图5-11），以确保视频的质量。随后，他预览了主图视频，确保没有遗漏任何细节，同时也检查了画面的流畅性和视频的清晰度，并在完成预览后导出视频。

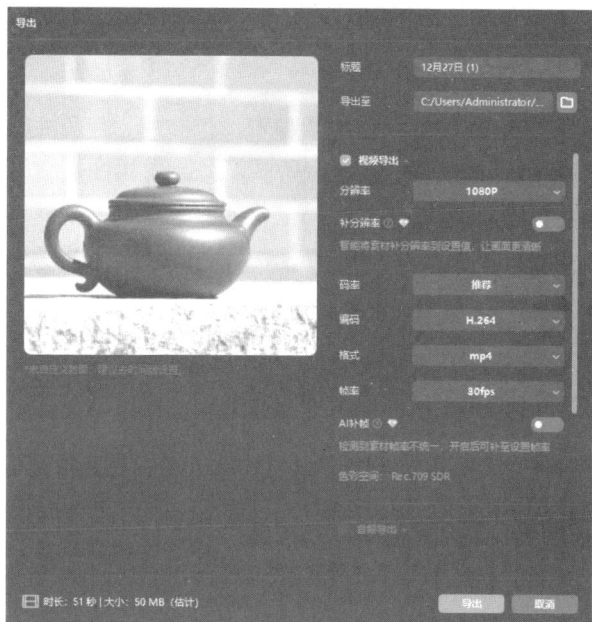

图 5-11　设置参数

任务二　AI 辅助营销短视频创作

任务分析

利用 AI 辅助营销短视频创作，需要完成以下任务：
1. 熟悉常见的营销短视频类型；
2. 能够熟练运用 AI 工具辅助撰写营销短视频脚本并完成营销短视频的创作。

【知识储备】

营销短视频不仅能够有效吸引用户的注意力，还能快速传达品牌信息，促进用户参与活动和转化。营销短视频的类型多种多样，每种类型都有其独特的优势和适用场景。以下是常见的营销短视频类型。

一、产品介绍视频

特点：直接展示产品的功能、特点和使用方法。这类视频通常侧重于产品的亮点，通过演示、对比来突出产品的优势。

适用场景：新产品发布、产品升级、促销。

优势：能够快速让用户了解产品，提升其购买意愿。

二、品牌故事视频

特点：讲述品牌故事、理念或文化。这类视频往往情感丰富，旨在建立品牌与用户之间的情感联结。

适用场景：品牌形象确立、品牌重塑、重要庆祝。

优势：有助于塑造品牌形象，提升用户忠诚度。

三、用户评价/案例分享视频

特点：展示用户对产品的评价或使用案例。这类视频从用户的视角来传达产品的优点，更具说服力。

适用场景：产品口碑传播。

优势：能够提升产品的可信度，促进潜在用户做出购买决策。

四、教程/指南视频

特点：提供关于如何使用产品或解决特定问题的教程。这类视频注重实用性，旨在帮助用户更好地理解和使用产品。

适用场景：产品功能指导。

优势：能够提升用户体验，降低用户的使用门槛。

五、幽默/娱乐视频

特点：以幽默的方式呈现品牌或产品。这类视频旨在通过娱乐内容吸引用户的注意，同时传达品牌信息。

适用场景：节日促销。

优势：能够迅速提升品牌知名度，增强用户黏性。

【任务实施】

继续以本项目任务一中的产品"紫砂壶"为例，刘航需运用 AI 辅助生成营销短视频。

任务活动 1　AI 辅助创作营销短视频脚本

步骤 1：明确营销短视频类型及内容要点。

为了提升消费者对紫砂壶的认知，"古韵茶缘"店铺决定拍摄一期教程视频，分享紫砂壶的保养方法。为了提升教程视频的丰富程度，刘航利用 AI 辅助生成教程视频的内容要点。以下是他确定的提示词及 AI 生成内容（见图 5-12）。

提示词如下。

短视频主题：分享紫砂壶的保养方法。

请根据以上内容，帮我撰写教程视频的内容要点。

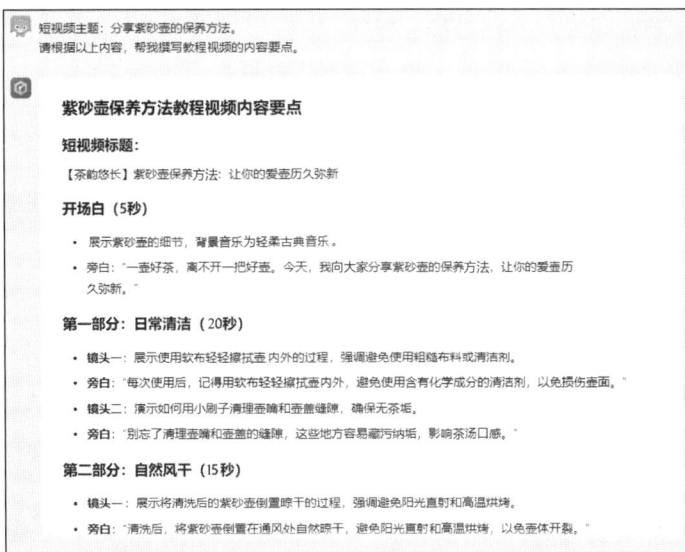

图 5-12　AI 生成的可供参考的内容要点

步骤 2：AI 辅助设计营销短视频脚本。

基于步骤 1 确定的营销短视频类型及内容要点，刘航开始设计营销短视频的创意，也就是营销短视频脚本。为了确保脚本内容的完整性，刘航在确定提示词时同样加入了具体的内容维度，即镜头手法、景别、拍摄内容、台词、镜头时长、道具。以下是刘航确定好的提示词及 AI 生成内容（见图 5-13）。

提示词如下。

短视频主题：分享紫砂壶的保养方法。

请根据以上短视频主题，设计分镜头脚本；内容维度包括镜头手法、景别、拍摄内容、台词、镜头时长、道具；需要涉及与日常清洁、自然风干、定期养护、存放注意事项相关的内容要点；要求以表格的形式呈现。

图 5-13　AI 生成的营销短视频脚本

经过一系列的 AI 提示生成与优化，刘航最终确定了本次营销短视频分镜头脚本，如表 5-4 所示。

表 5-4　营销短视频分镜头脚本

镜号	镜头手法	景别	拍摄内容	台词	镜头时长	道具
1	移镜头	近景	展示紫砂壶整体的外观，随后镜头从壶身一侧缓缓平移至壶嘴、壶盖等细节处	"大家好，今天我们来分享一下紫砂壶的保养方法。首先，让我们看看这把精美的紫砂壶。"	8秒	紫砂壶、干净的软布
2	特写	特写	聚焦于紫砂壶表面，展示污渍或茶垢	"紫砂壶在使用过程中难免会留下一些茶垢或污渍。因此，我们需要进行日常清洁。"	6秒	紫砂壶（带污渍）、软布、清水
3	固定镜头	中景	演示用软布蘸取清水轻轻擦拭紫砂壶表面的过程	"用一块干净的软布，蘸取适量清水，轻轻擦拭壶身，注意不要用力过猛，以免损伤壶面。"	5秒	紫砂壶、软布、清水
4	固定镜头	中景	展示清洁后的紫砂壶，随后镜头平移至通风处展示环境	"清洁完毕后，我们需要将紫砂壶自然风干。看，现在壶身已经干净如新了。"	8秒	清洁后的紫砂壶
5	固定镜头	近景	演示用专业养护油或茶油轻轻涂抹紫砂壶内壁及外表的过程	"除了日常清洁，定期养护也很重要。我们可以用专业的养护油或茶油，轻轻涂抹在壶内壁及外表，以保持壶的滋润和光泽。"	15秒	紫砂壶、养护油/茶油、软布
6	固定镜头	中景	展示存放紫砂壶的专用茶柜或架子，并讲解存放注意事项	"最后，我们来说说存放紫砂壶的注意事项。最好将紫砂壶存放在干燥、通风、避光的地方，避免阳光直射和潮湿环境。看，这就是一个很好的存放环境。"	12秒	紫砂壶、专用茶柜/架子
7	推镜头	全景	镜头从紫砂壶缓缓推向整个茶室环境，紫砂壶置于茶柜中，画面渐暗	"好了，今天的紫砂壶保养方法就分享到这里。希望大家都能好好保养自己的紫砂壶，让它们一直像新的一样。"	10秒	紫砂壶、茶柜

📖 练一练

请同学们为图 5-14 所示的烟台苹果确定营销短视频类型，并利用 AI 辅助设计对应的营销短视频脚本。

图 5-14　烟台苹果

任务活动2　AI助力打造热门短视频

基于活动1生成的营销短视频脚本，刘航利用可灵AI辅助创作相关视频素材。

打开可灵AI，单击"AI视频"选项，进入可灵AI视频创作页面，如图5-15所示。目前可灵AI提供了两种视频生成方式：文生视频和图生视频。由于本活动是为已有商品创作营销短视频，故刘航选择了图生视频的方式。

图5-15　可灵AI视频创作页面

刘航上传了紫砂壶的图片，并在下方文本框中按照脚本中的镜号输入确定好的脚本内容，随后单击"立即生成"按钮，等待一段时间，便可以看到AI根据脚本和图片创作的视频素材，如图5-16所示。按照同样的步骤完成每一个分镜头的素材创作后，即可进行视频剪辑。

图5-16　AI辅助创作营销短视频素材

练一练

　　假设你是一家传统手工艺品电商店铺的负责人，临近春节，你打算为店里的一款手工艺品——手工编织的中国结（见图 5-17）创作一期营销短视频，旨在提升消费者对中国结的认知和购买意愿。请选择合适的 AIGC 工具辅助完成这项任务。

图 5-17　手工编织的中国结

同步实训

▎实训任务一　AI 辅助创作"保温杯"主图视频

实训描述

　　"温暖随行"是一家专注于保温杯设计与销售的电商平台店铺。近期，店铺上新了一款采用高科技保温材料、设计时尚的保温杯（见图 5-18）。为了有效展示这款保温杯的特色，吸引更多消费者的注意，营销部门决定拍摄一期主图视频，用于线上线下的宣传推广。这项工作由你负责。你计划利用 AI 辅助设计主图视频，以确保视频内容既符合产品特性，又能吸引目标消费者的注意。

图 5-18　保温杯

操作指导

步骤1：策划主图视频选题。

在利用AI辅助创作主图视频之前，需要先明确主图视频的选题。首先可以提炼商品特点，例如"高科技保温材料""设计时尚"等，来丰富提示词。接着，可以借助AIGC工具，获得多个可参考的选题，如"保温杯的保温性能测试""时尚保温杯的多样搭配"等。

步骤2：AI辅助设计主图视频脚本。

想要借助文案生成工具辅助撰写主图视频脚本，首先需要确定提示词。在文案生成工具中输入提示词和具体的脚本要求，得到文案生成工具生成的脚本，并对其进行适当的调整和优化，以确保脚本的完整性和流畅性。

步骤3：AI助力主图视频素材创作。

完成主图视频脚本的撰写后，接下来就可以根据脚本创作主图视频素材了。可以利用视频生成工具的图生视频、文生视频等功能辅助创作主图视频素材。AI生成的视频素材可能包含多个版本和片段，需要根据脚本进行筛选和整理，保留最符合需求的素材。

步骤4：剪辑主图视频

整理并筛选视频素材后，需要对视频素材进行剪辑。选择合适的剪辑工具，导入素材，并根据需求进行粗剪、添加字幕、添加音乐、添加转场等操作，以增强视频的感染力和吸引力。另外，也可以借助AIGC工具进行智能剪辑。

实训评价

基于学生在本次实训中的表现及完成结果，学生自己和教师对考核项目进行评分，同时学生进行自我评价，教师进行成果点评。

考核项目	学生自评分（30%）	教师评分（70%）
主图视频选题具有创意且与产品特性契合（30分）		
利用AIGC工具创作的主图视频脚本完整、流畅并与产品卖点匹配（20分）		
能够熟练运用AIGC工具生成主图视频素材（30分）		
能够熟练运用剪辑软件对视频素材进行剪辑（20分）		
总计（100分）		
自我评价	教师点评	

实训任务二　AI辅助创作"智能手环"营销短视频

实训描述

随着科技的不断发展，智能手环（见图5-19）作为一种集健康监测、运动记录、信息提醒等功能于一体的智能穿戴设备，越来越受到消费者的青睐。为了提升"健康守护者"品牌智能手环的市场认知度和销量，市场部决定制作一系列营销短视频，通过不同类型的视频展示产品的特点和优势。你需要利用 AI 辅助创作一条关于智能手环的营销视频，向消费者展示如何正确使用和设置智能手环的各项功能。

操作指导

步骤 1：明确营销短视频内容要点。

根据背景信息确定营销短视频类型，如是教程/指南视频，还是营销活动宣讲视频，不同视频类型所需要提炼的文案素材不太相同。同时，需要明确短视频所要呈现的内容要点。

步骤 2：AI 辅助设计营销短视频脚本。

基于内容要点，利用文案生成工具辅助设计营销短视频脚本。

步骤 3：AI 辅助创作营销短视频素材。

选择一款合适的视频生成工具，例如即梦 AI 或其他类似的工具。利用视频生成工具的文生视频、图生视频等功能，创作一系列营销短视频素材。

步骤 4：整合视频素材与剪辑。

将 AI 生成的视频素材进行整合，添加背景音乐、字幕、转场效果等，以提升视频的观赏性和专业性。

图 5-19　智能手环

实训评价

基于学生在本次实训中的表现及完成结果，学生自己和教师对考核项目进行评分，同时学生进行自我评价，教师进行成果点评。

考核项目	学生 自评分（30%）	教师 评分（70%）
AI 撰写的营销短视频脚本内容完整，且与产品特点契合（20 分）		
AI 生成的视频素材与脚本内容匹配（40 分）		
视频流畅（40 分）		
总计（100 分）		
自我评价	教师点评	

知识与技能训练

一、单选题

1.（　　）不是主图视频的视觉要素。

　　A．画面构图　　　　B．色彩和光线　　　　C．产品价格　　　　D．镜头手法

2. 营销短视频中，（　　　）侧重于建立品牌与消费者之间的情感联结。

 A．产品介绍视频 B．品牌故事视频 C．教程/指南视频 D．以上都不是

3. 在新媒体视频创作中，AI 技术主要应用于（　　　）环节。

 A．视频拍摄   B．视频整理

 C．视频脚本创作和视频素材生成 D．商品包装设计

4. 在视频剪辑中，（　　　）功能可以帮助提升片段间的流畅性。

 A．转场效果 B．智能镜头分割 C．添加字幕 D．添加背景音乐

5. 在 AI 辅助创作视频素材时，如果已有产品图片，最好选择（　　　）方式。

 A．图生视频 B．文生视频 C．对口型 D．录音转视频

二、多选题

1. 在利用 AI 辅助创作主图视频素材时，可以考虑采取的 AI 视频创作方式有（　　　）。

 A．文生视频 B．图生视频 C．脚本生视频 D．直播生成视频

2. 关于 AI 技术在视频创作领域的应用，以下说法正确的有（　　　）。

 A．可以提高视频创作效率   B．可以激发视频创意

 C．可以完全替代人工创作   D．可以提升视频质量

3. 主图视频的构成要素包括（　　　）。

 A．内容要素 B．视觉要素 C．听觉要素 D．产品价格

4. 在策划主图视频选题时，可以从（　　　）方面来设计提示词。

 A．商品特点 B．目标消费者 C．视频风格 D．拍摄预算

5. 在整合视频素材与剪辑阶段，可能需要进行的工作有（　　　）。

 A．添加背景音乐   B．添加字幕和转场效果

 C．调整视频色彩和亮度   D．导出最终视频文件

三、判断题

1. 主图视频的主要目的是展示产品的外观和颜色。（　　　）

2. 制作营销短视频时，可以选择用户评价/案例分享视频来展示产品的优点和口碑。（　　　）

3. 在制作营销短视频时，可以大量植入广告，以提升产品的曝光度。（　　　）

4. 营销短视频只能用于线上宣传，不能用于线下推广。（　　　）

5. 制作教程/指南视频时，应注重实用性，帮助用户更好地理解和使用产品。（　　　）

项目六 AI 赋能新媒体运营数据分析

职场创新

海量数据为新媒体运营效果的评估和优化提供了丰富的数据基础，但数据的复杂性和规模化增长也对新媒体运营者提出了更高的要求。在此背景下，AI 技术有助于新媒体运营者高效完成从数据采集到效果评估的全流程任务。

在 AI 赋能的当下，企业对求职者的要求也会发生变化。以新媒体运营专员岗位为例，在新媒体运营数据分析领域，其典型工作任务技能要求如表 6-1 所示。

表 6-1　新媒体运营专员典型工作任务技能要求

典型工作任务	工作内容与要求（传统场景）	工作内容与要求（AI 赋能）
数据追踪与统计	1. 熟悉新媒体运营平台的数据类别与来源； 2. 了解各形式内容的主流数据指标及其含义	1. 能够利用 AIGC 工具辅助制定数据采集策略； 2. 具备使用数据可视化工具的能力，能够生成和解读图表报告
数据分析与优化	1. 具备较强的数据收集和整理能力，能够使用 Excel 等工具进行数据处理，从数据中发现问题和机会； 2. 掌握新媒体运营数据分析的基本步骤，能够初步进行新媒体运营相关的数据分析	1. 能够利用 AI 图表制作工具对数据进行可视化呈现与分析； 2. 具备数据分析能力，能够根据 AI 提供的改进建议进行内容调整

项目概述

本项目旨在深入解析 AI 赋能新媒体运营数据分析的核心技巧，帮助学生认识新媒体运营数据、数据分析工具、图表制作工具等，掌握在不同新媒体运营场景中运用 AI 进行数据分析的技能。

学习目标

1. 具备创新思维与问题解决能力，能够在新媒体运营数据分析过程中尝试新技术、新工具，提升新媒体运营数据分析效率与质量。

2. 了解并掌握新媒体运营数据分类，熟悉常用的新媒体运营数据分析工具。

3. 熟悉并掌握常用图表制作工具的使用方法。

4. 能够利用文案生成工具辅助确定数据采集指标，并能够利用图表制作工具对数据进行可视化与分析。

5. 能够设计合理的提示词，并利用 AI 辅助生成新媒体运营数据分析报告。

任务一　　AI 辅助分析新媒体运营数据

任务分析

利用 AI 辅助分析新媒体运营数据，需要完成以下任务：

1. 了解并掌握新媒体运营数据的分类，熟悉常用的新媒体运营数据分析工具及图表制作工具；

2. 能够运用数据分析工具完成数据采集，并利用图表制作工具完成数据可视化与分析。

【知识储备】

一、新媒体运营数据分类与分析价值

常见的新媒体运营数据类型及对应的分析价值如下。

1. 流量数据

流量数据是衡量平台或账号访问情况的基础指标。它包括但不限于页面浏览量、独立访客数、新老用户比例等。流量数据能够反映平台或账号的受欢迎程度和用户黏性，对评估内容吸引力、用户体验效果至关重要。常见的流量数据如表 6-2 所示。

表 6-2　常见的流量数据

流量数据	含义
页面浏览量	表示页面被浏览的次数，也就是浏览量或点击量。用户每刷新一次，页面浏览量就会增加一次。页面浏览量是衡量新媒体账号受欢迎程度的重要指标

流量数据	含义
独立访客数	在一定时间范围内访问新媒体账号的唯一用户数量。这一指标能够反映账号的用户覆盖范围
新老用户比例	新用户与老用户之间的比例关系，能反映用户结构及用户忠诚度
平均停留时间	每位用户在新媒体账号上花费的时间平均值。平均停留时间越长，说明内容越能吸引用户
跳出率	访问新媒体账号后没有进行进一步操作就离开的用户数量占总访问用户数量的比率。跳出率高可能意味着内容不够有吸引力
回访访客占比（RV）	在一定时间内，返回访问网站的用户占所有访问用户总数的比率。回访访客占比越高，说明用户黏性越强

2. 用户数据

用户数据是指与访问者个人相关的信息集合，包含但不限于年龄、性别、所处地域等人口统计学特征，如表 6-3 所示。深入挖掘用户数据可以帮助企业构建详细的用户画像，从而实现个性化推荐并提供能满足用户需求的服务。

表 6-3　常见的用户数据

用户数据	含义
性别	用户的性别比例，有助于制定更符合用户偏好的内容和推广策略
年龄	用户的年龄分布，有助于了解目标用户群体的年龄段特征
所处地域	用户所在的地域，有助于进行地域定向推广和内容本地化
职业	用户的职业背景，有助于了解用户的兴趣和消费能力
用户来源	用户是通过何种渠道来到新媒体账号的，有助于了解不同渠道的推广效果和用户质量
内容偏好	用户对不同类型内容的喜好程度，有助于优化内容创作方向和推荐算法

3. 互动数据

互动数据是指社交媒体平台产生的点赞数、评论数、分享数、收藏数等数据，如表 6-4 所示。互动数据不仅体现了内容的吸引力，还能体现品牌的社交影响力。

表 6-4　常见的互动数据

互动数据	含义
点赞数	内容被多少用户表示了赞同或喜欢。高点赞数通常意味着内容受到用户的广泛认可和喜爱
评论数	用户针对内容发表的评论数量。评论数反映了用户对内容的参与度和讨论热情
分享数	内容被用户分享给其他用户的次数。高分享数表明内容具有较高的传播价值和吸引力
收藏数	内容一共被多少用户收藏了。收藏数反映了用户对内容的兴趣和保存意愿
关注数	关注新媒体账号的用户数量。关注数越多，说明账号的吸引力和用户基础越大
参与活动人数	参与新媒体平台举办的活动或竞赛的用户数量。这一数据有助于评估活动的吸引力和用户参与度

4. 转化数据

转化数据专注于用户完成特定目标的行为，如页面广告点击次数、付费人数等，如表 6-5 所示。转化数据是衡量推广活动成功与否的关键指标，它用于判断内容能否促进用户的转化。为了优化转化数据，企业通常会采用一系列优化措施，如简化购物流程、提供优惠等。

表 6-5 常见的转化数据

转化数据	含义
页面广告点击次数	页面上广告被点击的次数，反映了广告对用户的吸引力。高点击次数意味着广告具有较好的曝光效果和潜在转化机会
付费人数	实际进行支付的用户的数量。付费人数是衡量内容或产品转化效果的重要指标，反映了用户对产品或服务的购买意愿和支付能力
付费金额	用户支付的总金额，包括单次购买金额和累计购买金额。付费金额直接体现了内容或产品的商业价值和经济收益

5. 广告数据

广告数据涵盖广告投放过程中的各项绩效指标，如广告点击率（Click-Through Rate，CTR）、每次点击成本（Cost Per Click，CPC）、每千次展示费用（Cost Per Mille，CPM）、投资回报率（Return On Investment，ROI）等，如表 6-6 所示。广告主可以通过这些数据评估广告创意的有效性、媒体选择的合理性及出价策略的科学性。随着程序化广告和自动化技术的发展，实时数据分析变得尤为重要，因为它允许广告主根据市场变化迅速调整策略，最大化广告收益。

表 6-6 常见的广告数据

广告数据	含义
广告点击率	广告被点击的次数与广告曝光次数的比值。广告点击率是衡量广告吸引力和用户兴趣程度的重要指标，高广告点击率意味着广告内容能引起用户的关注并促使用户点击
每次点击成本	广告主为每次广告点击支付的费用。每次点击成本是评估广告成本效益的关键指标，有助于广告主了解每次点击的价值和广告投放的回报率
每千次展示费用	广告主为广告每千次展示支付的费用。每千次展示费用是衡量广告曝光成本的标准，有助于广告主评估广告在不同媒体或平台上的投放效果
投资回报率	广告带来的总收入与广告总成本之间的比值，通常以百分比形式表示。投资回报率是衡量广告投资效益的核心指标，反映了广告活动对业务的贡献
广告展示次数	广告被展示给用户的总次数。高展示次数意味着广告具有较高的曝光率和较广的覆盖面，有助于提升品牌知名度和用户关注度
广告点击次数	广告被用户点击的次数。广告点击次数反映了广告对用户的吸引力和用户参与度，是评估广告效果的重要指标
广告转化率	用户点击广告后完成特定目标（如购买、注册等）的比率。广告转化率是衡量广告转化效果和用户行为的重要指标，有助于广告主优化广告内容和投放策略
广告花费	广告主为投放广告所支付的总费用。广告花费是评估广告成本效益的基础，有助于广告主制定预算和投放策略
广告收入	广告带来的总收入，通常与广告转化率、商品售价等因素相关。广告收入反映了广告活动的营利能力和商业价值

二、新媒体运营数据分析工具

1. 飞瓜数据

飞瓜数据专注于短视频及直播电商领域，为用户提供一套完整的数据分析解决方案，其官网首页如图 6-1 所示。旗下产品包括飞瓜抖音、飞瓜快手、飞瓜 B 站等，能够帮助新媒体运营人员获取并分析抖音、快手、B 站等平台的运营数据。

图 6-1　飞瓜数据官网首页

2. 蝉妈妈

　　蝉妈妈专注于为抖音、小红书等社交媒体平台的运营者提供全面的数据分析服务，其官网首页如图 6-2 所示。蝉妈妈通过提供达人、商品、直播、短视频等多维度的数据分析，帮助用户精准洞察市场趋势和用户行为。蝉妈妈以秒级精度的大数据算法，实时监控直播间及"带货"数据，确保数据的准确性和时效性。同时，其提供移动端 App，让用户可以随时随地查询所需数据。

图 6-2　蝉妈妈官网首页

3. 达多多

　　达多多数据分析平台提供集数据采集、整合、分析、应用于一体的综合解决方案，其官网首页如图 6-3 所示。它支持跨平台、多维度的数据采集，能够整合来自不同渠道的数据资源。平台内嵌强大的数据分析工具，如数据挖掘、机器学习等，助力用户深入挖掘数据价值。此外，达多多提供个性化定制的数据报告，能满足用户多样化的分析需求。其直观的数据可视化功能，使用户能够快速洞察数据趋势。该平台能够提供关于抖音账号、爆款商品等的详尽数据，助力用户制定有效的营销策略。

图 6-3　达多多官网首页

三、图表制作工具

1. WPS 表格

WPS 表格（见图 6-4）是一款功能强大、操作简便的电子表格软件。除了常规的数据处理与图表制作功能，WPS 表格还引入了"WPS AI"模块，提供 AI 数据分析、AI 写公式、AI 条件格式等功能，用户无须专门记忆各种函数公式、表格操作技巧，只需在对话框简单描述需求，WPS 表格即可快速进行数据检查、数据洞察、预测分析等操作。对于难以理解的公式，"WPS AI"模块提供函数及参数解释，让用户边看边学，帮助其免去辛苦搜索解释的烦恼。

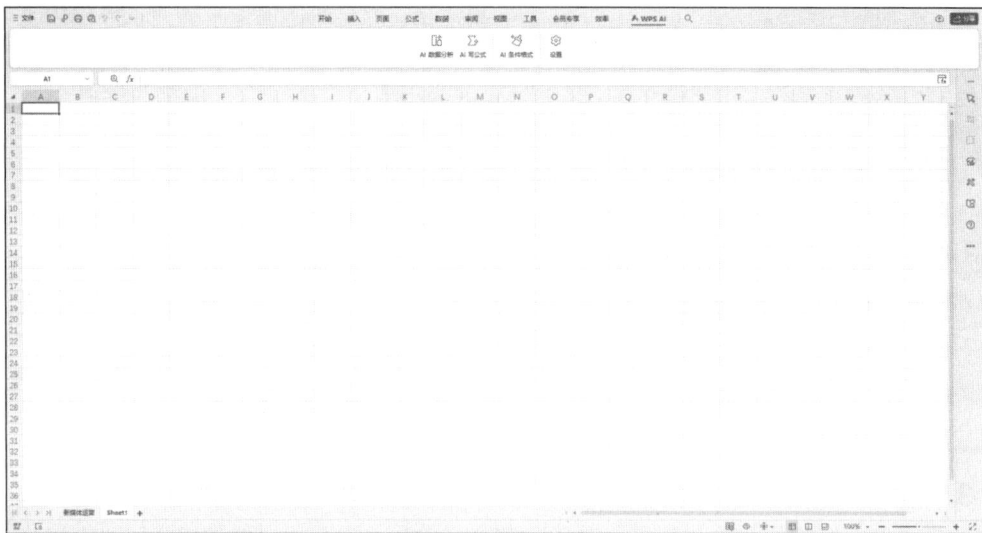

图 6-4　WPS 表格

2. 办公小浣熊

办公小浣熊（见图 6-5）是一款将 AI 大模型的能力与文档编辑、数据分析场景深度结合的工具型产品，致力于为用户提供一站式创作平台和知识管理空间。用户可以通过对话式的交互，完成信息的检索收集、文档的撰写编辑、数据的处理分析。借助办公小浣熊，用户可以在单个创作空间内，完成从思路策划、提纲生成、内容创作到方案输出的全流程任务。此外，用户还可以搭建个人线上知识库，完成文档、数据、代码的管理与检索。

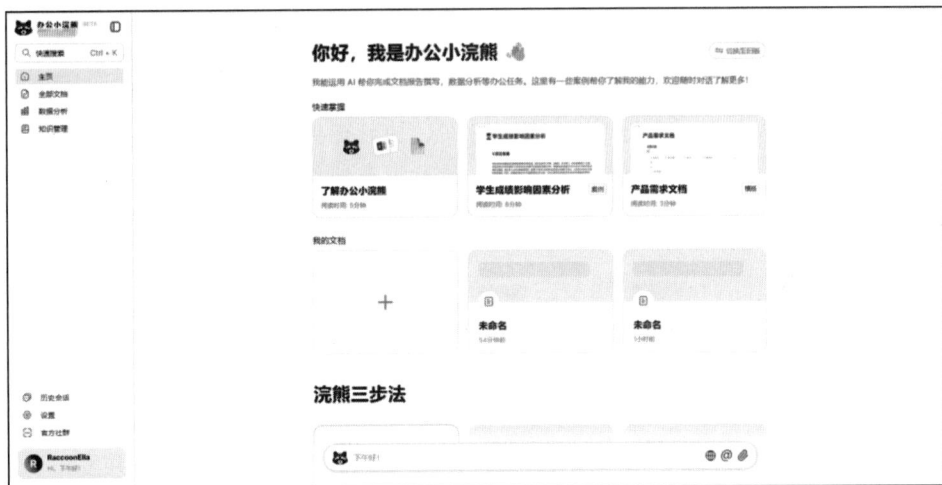

图 6-5 办公小浣熊

3. 镝数图表

镝数图表（见图 6-6）是一款功能强大的在线数据可视化工具，为用户提供 140 多种图表模板和海量场景图文模板，能满足各行业的数据工作者对高阶图表、动态图表、交互图表、数据报告的制作、呈现与分享需求。镝数图表具有 AIGC 能力，用户输入数据即可一键生成图表，轻松完成交互图表、数据报告、PPT、视频等内容的创作。同时，镝数图表具有丰富的动态效果和细节配置项，能帮助用户实现高颜值个性化数据表达。

图 6-6 镝数图表

德育课堂

在 AI 辅助图表制作和数据分析的过程中，维护数据的真实性至关重要。首先，在进行数据分析时，必须基于准确、全面的数据进行操作，避免数据的篡改、伪造或选择性使用，确保图表能够真实反映数据的本质和趋势。其次，尊重隐私与维护数据安全是不可忽视的原则。在处理涉及个人隐私或敏感信息的数据时，必须严格遵守相关法律法规，采取有效措施保护数据安全，防止数据泄露或被非法利用。再次，具备高度的社会责任感，在进行数据分析时，要充分考虑分析结果可能带来的社会影响，避免加剧社会不公或产生负面影响。最后，积极学习最新的 AI 技术和数据分析方法，不断提升自身的专业素养，以更加科学、严谨的态度进行图表制作和数据分析，为社会提供有价值的信息和建议。通过对这些原则的践行，我们不仅能提升利用 AI 进行图表制作和数据分析的专业水平，更能促进 AI 技术的健康发展，为构建公正、和谐的社会环境贡献力量。

【任务实施】

任务活动 1　新媒体运营数据采集与处理

为了进行品牌推广，提升产品销量，"墨香文具"品牌入驻小红书平台，并发布多篇笔记进行内容推广。为深入了解推广效果及不同产品的吸引力，"墨香文具"品牌计划对相关数据进行分析以制定优化策略，这项工作由数据分析部门的张筱完成。而想要进行数据分析，首要任务是数据采集与处理。

步骤 1：明确数据采集指标。

明确数据采集指标是数据采集的前提和基础，一般需要围绕数据分析需求展开。对"墨香文具"品牌来说，要想了解推广效果，就需要对相关推广数据进行分析，可以借助 AI 工具来确认具体采集哪些数据指标。以下是提示词。

> 假设你是一名资深的数据分析人员，请帮我梳理一下，想要了解小红书笔记的推广效果，需要采集的运营数据及具体的数据指标。

张筱在文心一言中输入以上提示词，获得了一些需要采集的数据指标，如图 6-7 所示。

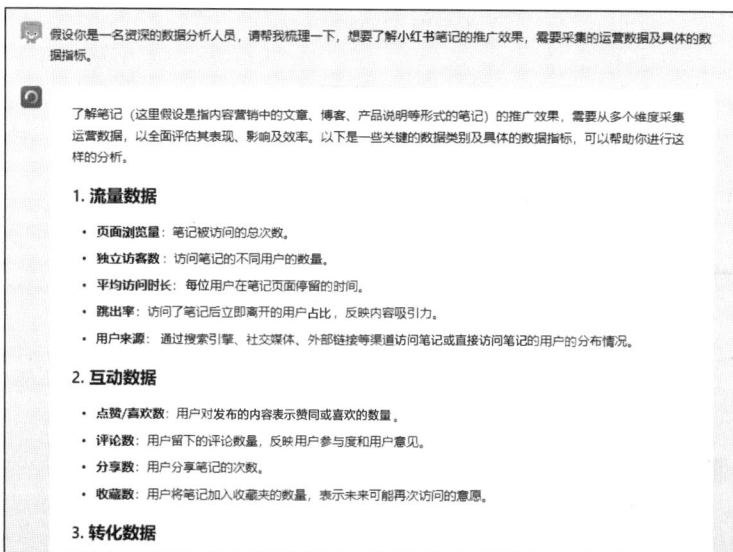

图 6-7　文心一言生成的需要采集的数据指标（部分）

经过一系列的操作，张筱最终确定了以下数据采集指标。

> 笔记阅读量、点赞数、收藏数、评论数、分享数、粉丝增长数、订单量。

步骤 2：采集数据。

确定好需要采集的数据指标后，就可以开始采集数据了。张筱使用第三方数据采集工具——八爪鱼采集器进行数据采集。首先，进入八爪鱼采集器首页，在首页可以看到，八爪鱼采集器提供不同应用场景的数据采集模板，方便用户快速采集数据。在搜索框输入"小红书"，单击"开始采集"按钮，则会出现与小红书相关的采集模板，单击"小红书-笔记详情页采集（限本地采集）"选项，如图 6-8 所示。进入采集设置页面，如图 6-9 所示。

图 6-8　单击"小红书-笔记详情页采集（限本地采集）"

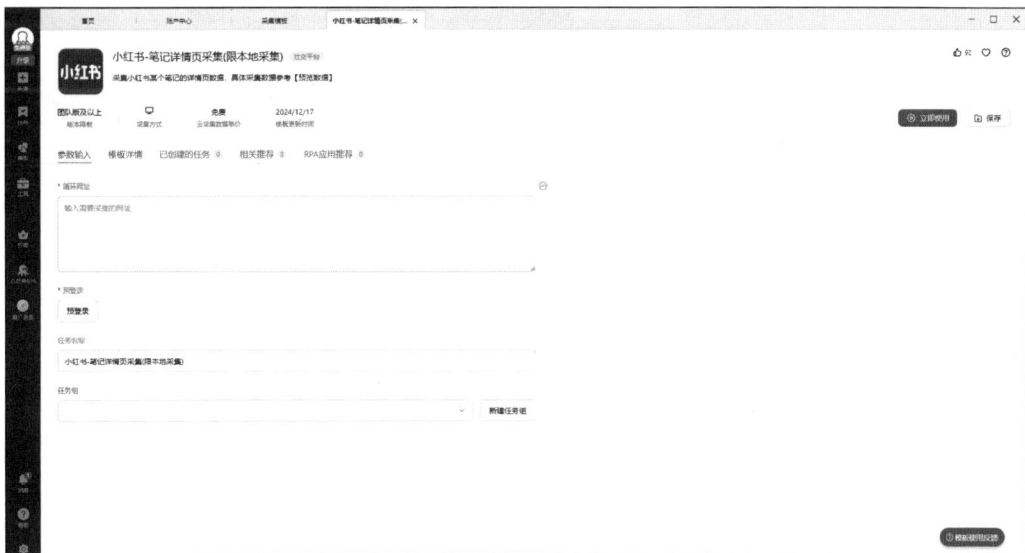

图 6-9　采集设置页面

在了解模板的使用说明后，张筱输入相关参数，选择“立即使用”—“本地采集-普通模式”，在弹出的小红书登录页面登录小红书账号，开始采集数据。采集完成后单击“导出本地数据”按钮，选择导出文件类型为表格，导出采集的数据，采集的数据如图 6-10 所示。

笔记类型	商品名称	发布时间	标题	笔记阅读量	点赞数	收藏数	评论数	分享数	粉丝增长数	订单量
图文	活页本	10月1日	【活页本大变身！】从学习工具到时尚配饰的华丽变身	368	185	123	122	18	15	40
视频	中性笔	10月14日	环保新风尚！中性笔也能成为绿色生活的选择	345	28	234	105	38	25	82
图文	中性笔	10月2日	中性笔大赏！从平价到高端，总有一款戳中你的心	210	110	217	12	41	10	8
视频	水彩颜料	10月10日	水彩初学者必看！轻松掌握调色与混色技巧	268	451	432	46	12	9	51
图文	素描纸	10月15日	素描纸的秘密：如何选择最适合你的创作纸张？	218	88	76	26	12	10	38
视频	钢笔	10月10日	钢笔控必看！从入门到进阶的选购指南	230	806	765	29	50	21	100
图文	水彩颜料	10月15日	水彩魔法！解锁你的色彩创意新世界	352	230	212	12	14	12	43
视频	素描纸	10月10日	素描纸的色彩世界：如何用色彩铅笔在素描纸上作画？	181	101	124	45	15	15	2
图文	钢笔	10月14日	复古风情：用钢笔书写你的文艺范儿	585	623	546	101	165	20	14
视频	透明文具袋	10月9日	透明文具袋大揭秘！高效学习，从整理开始	240	810	678	132	18	14	15
图文	素描纸	10月13日	素描纸的魔法：如何用它创造出细腻的作品？	499	910	247	810	20	18	18
视频	钢笔	10月10日	钢笔控必看！从入门到进阶的选购指南	230	806	765	29	50	21	100
图文	透明文具袋	10月3日	透明文具袋里的秘密花园：收纳也能变成时尚秀	431	426	324	36	26	6	36
视频	活页本	10月10日	活页本使用方法！解锁高效学习&工作新姿势	234	104	100	11	0	0	31
图文	中性笔	10月10日	学霸必备！中性笔：高效记笔记的得力助手	260	810	754	104	50	110	110
视频	透明文具袋	10月9日	透明文具袋大揭秘！高效学习，从整理开始	240	810	678	132	18	14	15
视频	中性笔	10月2日	中性笔的秘密花园：笔尖下的流畅与色彩魔法	221	210	213	14	20	20	54
图文	水彩颜料	10月14日	水彩日记：记录生活中的美好瞬间	110	868	765	23	2	0	102
视频	素描纸	10月10日	素描纸大挑战！从初学者到大师的纸张进阶之路	522	221	234	38	101	53	20
图文	钢笔	10月13日	钢笔书写的艺术：一笔一画，尽显优雅风采	468	254	322	123	33	22	98
视频	活页本	10月3日	活页本不只是笔记本！职场达人的高效管理神器	510	121	122	110	86	31	2
视频	钢笔	10月10日	职场利器：钢笔，提升你的商务形象与效率	429	151	156	14	7	3	11
图文	活页本	10月12日	活页本DIY大挑战！打造你的专属笔记本	518	110	120	82	104	26	10
视频	透明文具袋	10月4日	旅行必备！透明文具袋：轻松携带，一目了然	541	316	23	81	14	2	3
图文	透明文具袋	10月2日	色彩碰撞！透明文具袋里的文具搭配艺术	810	102	214	101	9	5	65
视频	水彩颜料	10月3日	水彩大师班：提升你的绘画技巧与表现力	312	410	456	144	105	22	18

图 6-10　采集的数据

步骤 3：处理数据。

对数据做进一步加工和处理很关键。数据经过处理后，会由原本的杂乱无章变得井井有条，从而为数据分析提供更有效的数据基础。通过观察采集的数据，张筱发现当中存在较多重复数据，因此，她利用 WPS 表格的删除重复项功能对数据进行处理，如图 6-11 所示。

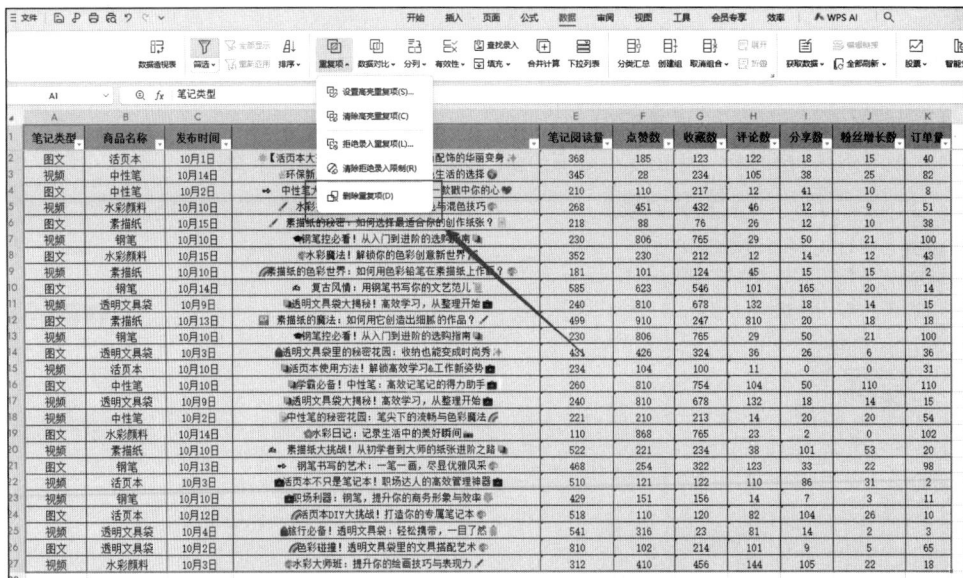

图 6-11　删除重复项

练一练

请同学们深入研究八爪鱼数据采集器的功能并尝试应用。

任务活动 2　新媒体运营数据可视化与分析

在新媒体运营中，数据可视化指将复杂的数据转化为直观的图表，从而帮助决策者快速理解信息并做出决策。随着 AI 技术的发展，图表制作工具逐渐融入了更多的智能元素，使得用户可以更高效、更精准地完成数据可视化与分析任务。

步骤 1：AI 辅助设计数据可视化方案。

基于活动 1 采集并处理好的数据，张筱利用文案生成工具——通义千问辅助确定数据可视化方案，以下是提示词及 AI 生成的内容（见图 6-12）。

> 假设你是一名资深的数据分析人员，请结合提供的数据，帮我设计一个用于分析小红书笔记推广效果的数据可视化方案；包含图表类型、分析目的等。

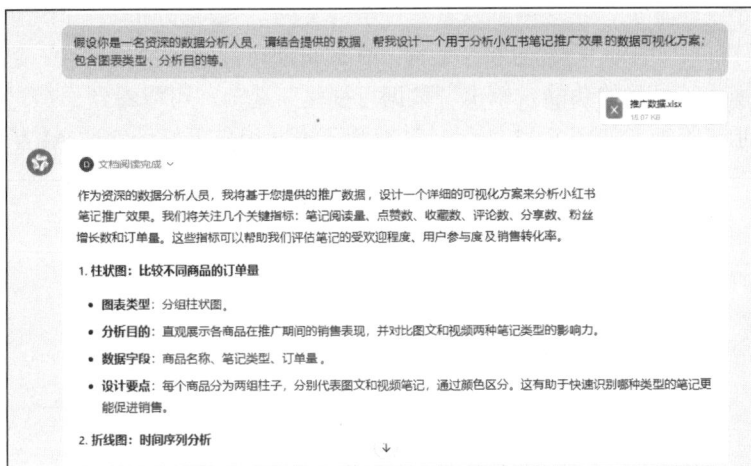

图 6-12　AI 生成的数据可视化方案

张筱最终确定了以下数据可视化方案。

> **1.　柱状图：比较不同商品的订单量**
>
> 图表类型：分组柱状图。
>
> 分析目的：直观展示各商品在推广期间的销售表现，并对比图文和视频两种笔记类型的影响力。
>
> 数据字段：商品名称、笔记类型、订单量。
>
> 设计要点：每个商品分为两组柱子，分别代表图文和视频笔记，通过颜色区分，并对不同笔记类型和数据进行合理标注。这有助于快速识别哪种类型的笔记更能促进销售。
>
> **2.　散点图：相关性分析**
>
> 图表类型：散点图。
>
> 分析目的：探索互动指标（点赞数、评论数、收藏数、分享数）与订单量之间的关系，寻找可能存在的正相关或负相关关系。
>
> 数据字段：点赞数、评论数、收藏数、分享数、订单量。
>
> 设计要点：每个点代表一条笔记，X 轴为某个互动指标，Y 轴为订单量。可以通过添加趋势线来辅助分析，确定哪些互动行为对销售有显著影响。

3. 雷达图：综合评估

图表类型：雷达图。

分析目的：全面评价每个商品的推广效果，找出其优势和劣势。

数据字段：订单量、粉丝增长数、点赞数、评论数、收藏数、分享数。

设计要点：统计出每款商品的各项推广数据总和，并为不同商品绘制一个雷达图，各个轴分别对应上述指标。不同指标连线形成的图形面积越大，说明该商品的整体推广效果越好。雷达图特别适合进行横向比较，帮助决策者快速了解每个商品的表现。

步骤2：AI辅助数据可视化与分析。

在完成数据可视化方案设计后，应将设计方案转化为图表，并确保图表的美观性和易读性。张筱运用办公小浣熊这一AI图表制作工具来辅助进行数据可视化与分析。

进入办公小浣熊首页，在左侧可以看到"全部文档""数据分析""知识管理"模块，张筱选择"数据分析"，进入"数据分析"页面。在此页面可以看到数据解读、趋势预测、数据清洗、数据可视化等具体的功能。单击"数据可视化"选项，可以看到，在对话框中出现了可供参考的提示词模板，如图6-13所示，其有利于帮助用户更好地完成AI互动。

图6-13　提示词模板

张筱输入前面确定的数据可视化方案，得到相应的图表，如图6-14所示。

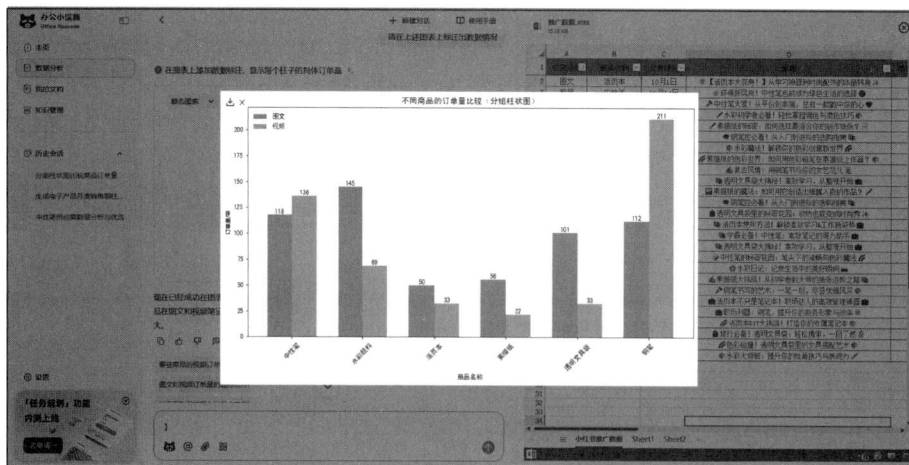

图6-14　AI输出的可视化图表

完成数据可视化后，需要对图表进行深入解读，挖掘数据的价值，为决策提供有力支持。借助 AI 进行数据分析可以更全面、深入地理解数据，从而制定科学合理的推广策略，提升整体运营效果。张筱借助 AI 完成数据分析的结果如图 6-15 所示。

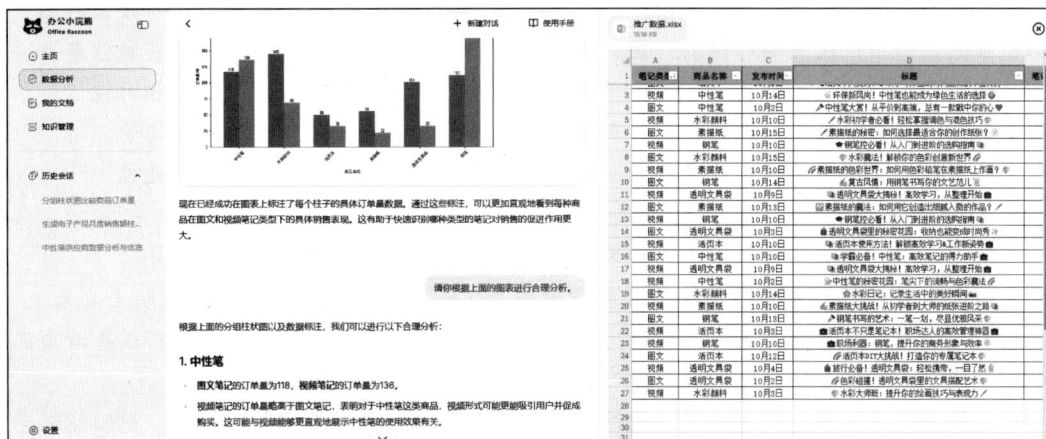

图 6-15　借助 AI 完成数据分析的结果

以下是 AI 辅助生成的图表及对应的分析结果。

（1）分组柱状图如图 6-16 所示，并附上分析结果。

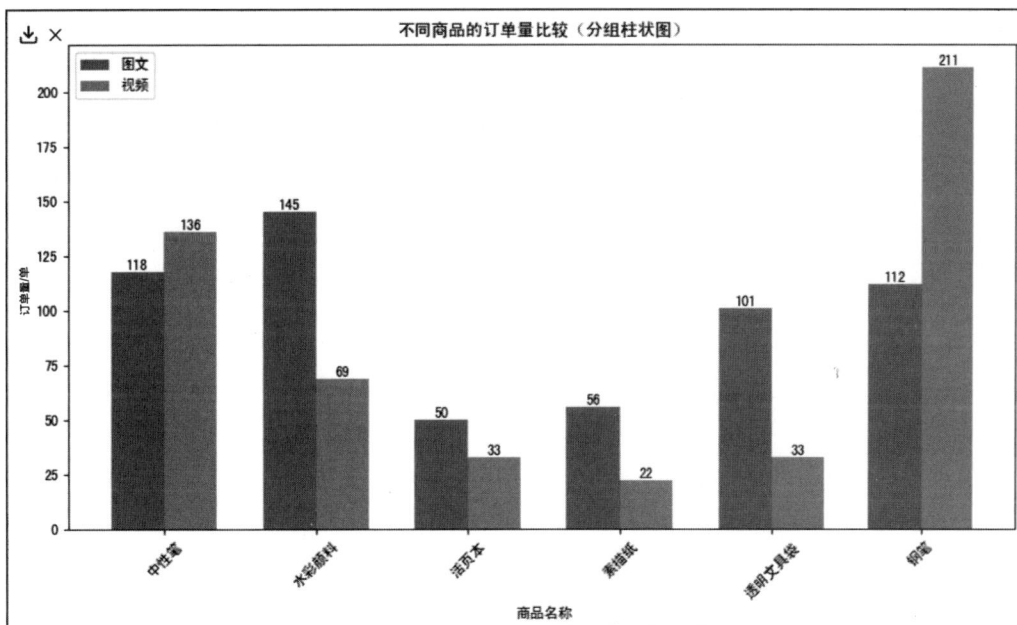

图 6-16　分组柱状图

分组柱状图 AI 分析结果

1. 商品销售表现

通过对比 6 种商品的订单量，可以看出各商品在推广期间的销售表现差异较大。

钢笔：总订单量为 323 单（图文 112 单、视频 211 单），视频和图文推广均有不错的表现，不过视频推广效果更佳，表明钢笔的用户更偏向于通过视频了解其功能特点。

中性笔：总订单量为254单（图文118单、视频136单），表现较为突出。中性笔作为日常文具，需求量较大，且图文和视频推广均能有效促进销售。

水彩颜料：总订单量为214单（图文145单、视频69单）。虽然总体推广效果不错，但视频笔记的推广效果相对较弱，说明水彩颜料的用户更偏好通过图文形式获取信息。

透明文具袋：总订单量为134单（图文101单、视频33单）。总体销量相对较低，但图文笔记的推广效果优于视频笔记，表明图文形式更能展示其功能性和使用场景。

活页本、素描纸的推广效果相对一般，需要进一步分析其推广策略的有效性。

2. 笔记类型的影响

从图表中可以明显看出，不同的笔记类型对商品销售的影响存在显著差异。

图文笔记：对于需要详细说明或教学的商品（如水彩颜料、素描纸、透明文具袋），图文笔记的推广效果明显更好。用户可能更倾向于通过图文来学习其使用技巧或查看商品的细节展示。这类商品的复杂性和学习属性使得图文形式更具优势。

视频笔记：视频笔记在展示功能性商品（如钢笔、中性笔）时表现更好。视频能够动态展示商品的实际使用效果，增强用户的购买欲望。尤其是对一些创新使用场景或多功能商品的展示，视频形式更具吸引力。

3. 总结与建议

商品销售表现：钢笔和中性笔的销售表现最佳，表明这些商品在市场中的需求较高。活页本、素描纸的销售表现相对一般，需要进一步优化推广策略。

笔记类型的影响：图文笔记更适合需要详细说明的商品，视频笔记则在展示功能性商品时更具优势，商家应根据商品特性选择合适的推广形式。

（2）散点图如图6-17、图6-18、图6-19、图6-20所示，并附上分析结果。

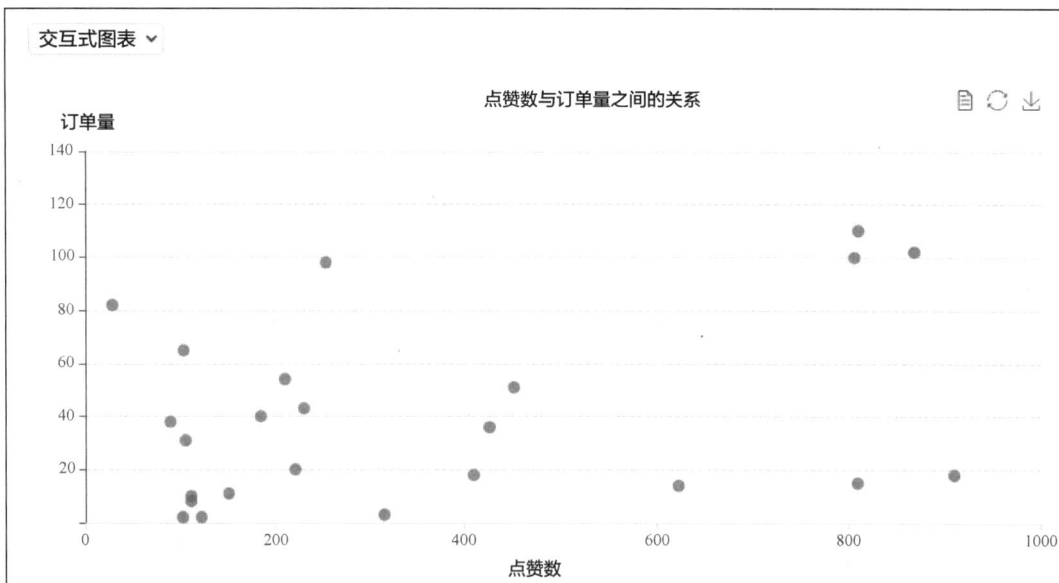

图6-17 散点图（1）

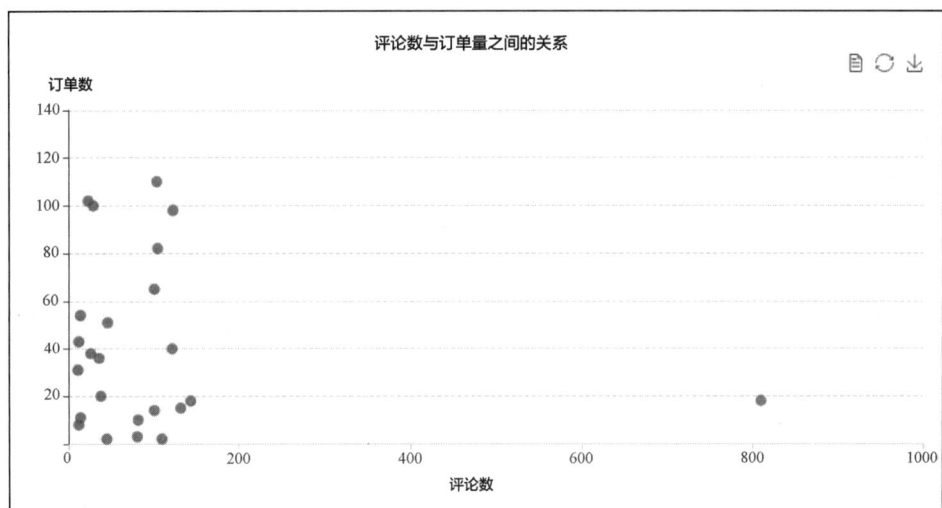

图 6-18　散点图（2）

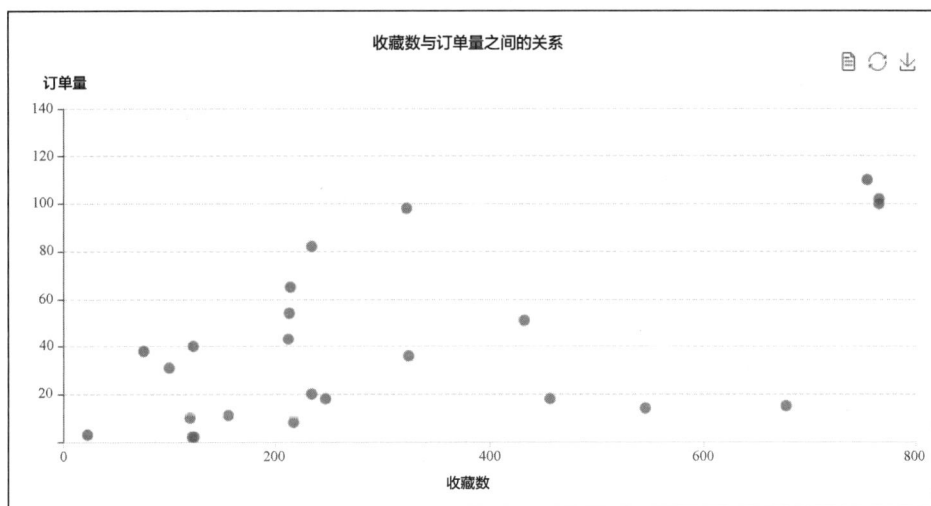

图 6-19　散点图（3）

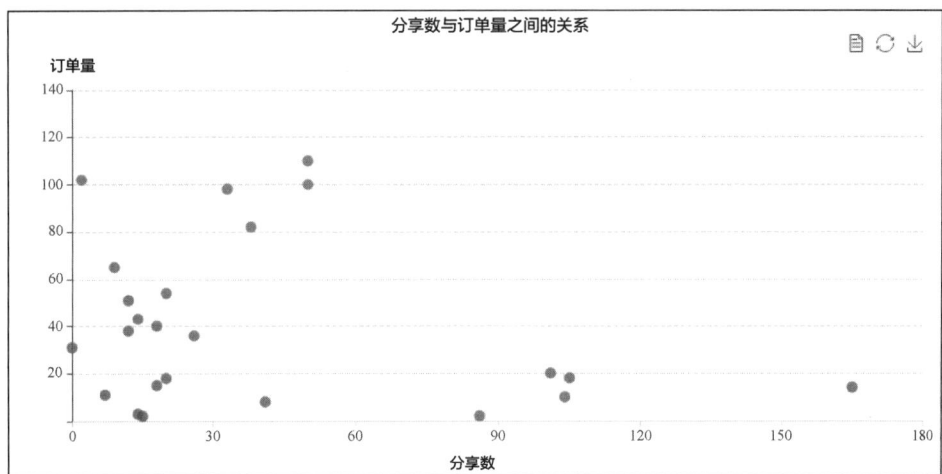

图 6-20　散点图（4）

散点图 AI 分析结果

从图中可以观察到以下信息。

点赞数与订单量：整体上没有明显的线性相关性。

评论数与订单量：没有显著的相关性，数据点分布较为分散。

收藏数与订单量：有一定的正相关性，随着收藏数增加，订单量也有上升的趋势。

分享数与订单量：相关性较弱，数据点分布较为随机。

通过这些图表可以初步得出结论：收藏数可能对订单量有较为显著的正向影响，而其他互动指标与订单量的相关性较弱。接下来可以进一步进行统计分析，以确认这些观察结果。

（3）雷达图如图 6-21 所示，并附上分析结果。

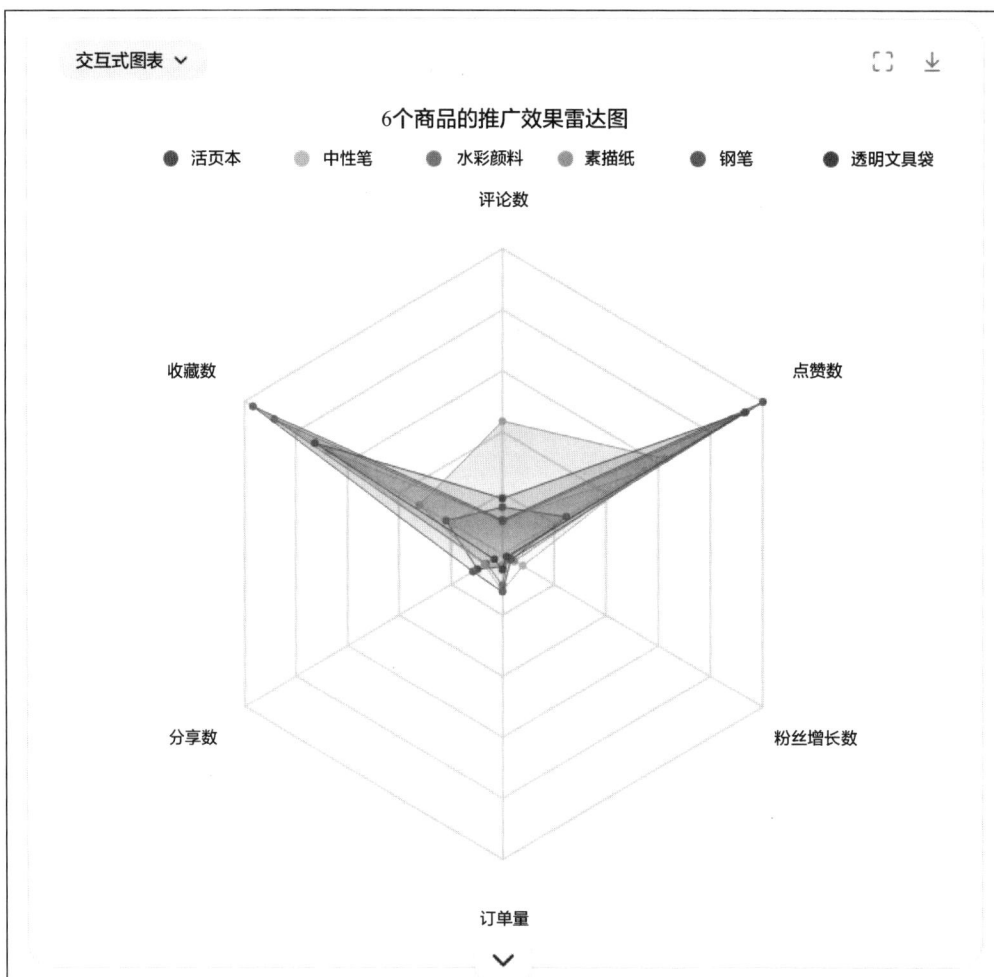

图 6-21 雷达图

雷达图 AI 分析结果

通过对上述 6 款商品的雷达图进行分析，我们可以得出以下几个结论。

1. 商品推广效果的差异

不同商品在各个推广指标上的表现存在显著差异。例如，素描纸在"评论数"上表现突出，而钢笔、透明文具袋等在"点赞数"或"收藏数"上表现更好。

2. 优势与劣势分析

钢笔、水彩颜料、透明文具袋和中性笔的雷达图面积相对较大，说明它们在多个指标上的表现较为均衡且优秀。特别是钢笔在"点赞数"和"收藏数"上表现突出，表明其内容受到了用户的广泛欢迎。

活页本和素描纸的雷达图相对较为平均，但在"订单量"和"粉丝增长数"上略有欠缺，表明其推广内容虽然获得了一定的关注，但未能有效转化为实际订单。

3. 推广策略的优化建议

对于表现较好的商品（如钢笔和水彩颜料），可以继续加大推广力度，将已有的成功经验复制到其他同类商品的推广中。

对于表现较差的商品（如活页本），可以考虑调整推广策略，增加互动性较强的内容（如视频或用户参与的活动），以提升推广效果。

练一练

有一家主营电子产品的电商店铺，想要分析过去一年中每个月的销售业绩表现，以便了解销售的淡旺季，为后续的营销活动、库存管理等提供决策依据。请同学们根据表6-7所示的数据，选择合适的 AIGC 工具，完成月销售额的可视化与分析。

表6-7 销售数据

月份	销售额/元	月份	销售额/元
1月	25000	7月	26000
2月	18000	8月	24000
3月	22000	9月	32000
4月	28000	10月	38000
5月	35000	11月	42000
6月	30000	12月	45000

任务二　AI 辅助撰写新媒体运营数据分析报告

任务分析

利用 AI 辅助撰写新媒体运营数据分析报告，需要完成以下任务：

1. 熟悉数据分析报告的类型；

2. 能够熟练利用 AI 辅助分析数据分析报告的构成要素，熟练编写要求 AI 生成数据分析报告的提示词，并利用 AI 辅助生成新媒体运营数据分析报告。

![知识储备图标] 【知识储备】

数据分析报告可按功能和主题分类，具体如下。

一、按功能分类

1. 日常运营报告

日常运营报告是新媒体运营中不可或缺的部分，旨在实时监控和评估平台的日常表现。这类报告通常每日或每周编制，涵盖关键运营指标，如流量数据、互动数据、用户数据及转化数据。通过对这些数据的细致分析，运营团队能够快速识别流量波动、内容受欢迎程度及用户行为的变化，从而及时调整运营策略，确保平台稳定运行并持续优化用户体验。此外，日常运营报告还包括技术健康指标，如网站或应用的加载速度、系统稳定性等，确保技术问题得到及时解决，不影响用户的使用体验。

2. 阶段性总结报告

阶段性总结报告是对一个特定时间段（如月度、季度或年度）内新媒体运营成果的全面回顾与评估。这类报告不仅汇总了日常运营数据，还深入分析了这些数据的变化趋势，如用户增长趋势、内容互动趋势及流量来源的变化。通过对这些趋势进行洞察，运营团队能够更清晰地了解平台的发展状况，识别增长点和潜在问题。同时，阶段性总结报告还会对比竞争对手的表现，分析自身在内容质量、用户增长、活动效果等方面的优势与不足。基于这些分析，报告会提出下一阶段的运营策略调整建议，包括内容创新、用户激活、市场推广等，以确保平台持续健康发展。

3. 专项分析报告

专项分析报告是针对某一特定运营活动、内容策略或用户行为进行深入研究的报告。这类报告通常聚焦于某个具体问题或目标，例如分析"双十一"电商直播活动的传播效果与销售数据，或研究某一特定用户群体的行为特征、偏好和需求。专项分析报告通过收集和分析大量相关数据，运用统计分析和数据挖掘技术，揭示产生问题的深层次原因，为运营团队提供精准的决策支持。

二、按主题分类

1. 内容效果分析报告

内容效果分析报告专注于评估新媒体平台上发布的内容对目标受众的影响力和吸引力。这类报告深入分析不同类型内容（如文章、视频、直播、图片等）的阅读量、点赞数、评论数、分享数及用户反馈，以量化内容的表现。内容效果分析报告不仅总结内容的受欢迎程度，还通过对比不同主题、风格、发布时间的内容表现，揭示内容策略的有效性。内容效果分析报告还通过情感分析技术，理解用户对内容的情绪反应，帮助优化内容，促进用户共鸣。

2. 活动推广效果分析报告

活动推广效果分析报告旨在评估新媒体平台上举办的各种营销活动（如促销、抽奖、挑战赛、线上直播等）的效果。这类报告详细分析活动的参与度（如报名人数、参与互动的用户数量）、活动的传播范围（如分享数、社交媒体上的讨论热度）、活动对品牌曝光和用户增长的贡献，以及活动的成本效益。这类报告还会通过对比不同活动类型、奖励机制、宣传策略的效果，提炼出最有效的活动推广模式。通过深入分析活动数据，运营团队能够更精准地制定和执行营销活动，提升用户参与度和品牌影响力。

3. 用户行为分析报告

用户行为分析报告专注于理解和分析新媒体平台上用户的行为模式和偏好。这类报告通过收集和分析用户访问路径、停留时间、页面滚动深度、点击行为等数据，揭示用户在平台上的行为特征。这类报告还会分析用户在不同时间段、不同内容类型、不同活动下的行为差异，以及用户在新媒体平台上的社交互动行为（如点赞、评论、分享）。通过分析用户行为，运营团队能够识别用户群体中的细分特征，如高价值用户、潜在流失用户等，为制定个性化运营策略提供依据。此外，这类报告还会分析用户行为的变化趋势，预测未来用户行为的可能变化，帮助运营团队提前布局，提升用户体验和满意度。

4. 转化效果分析报告

转化效果分析报告专注于评估新媒体平台上各种转化目标（如注册、购买、下载、参与活动等）的达成情况。这类报告深入分析转化漏斗各个环节的数据，包括曝光量、点击量、参与量、最终转化量等，以及各环节之间的转化率。这类报告通过对比不同渠道、不同内容、不同活动的转化效果，揭示影响转化的关键因素。此外，转化效果分析报告还会分析用户转化路径中的障碍，如注册流程烦琐、支付环节不畅等，提出优化建议。通过深入分析转化数据，运营团队能够识别并优化转化路径，提升转化率，实现业务增长。

5. 品牌传播效果分析报告

品牌传播效果分析报告旨在评估新媒体平台上品牌传播活动的效果。这类报告通过分析品牌在平台上的曝光量、提及次数、正面评价占比、用户参与度等指标，量化品牌传播活动的影响力。这类报告还会分析品牌传播活动在不同内容、不同活动、不同社交媒体平台中的传播效果，揭示最有效的品牌传播策略。此外，品牌传播效果分析报告会收集并分析用户对品牌的认知、态度、忠诚度等数据，了解品牌在用户心中的形象和地位。

【任务实施】

通过完成本项目任务一的数据可视化与分析，张筱对新媒体运营推广的表现有了一定的了解。接下来，她需要制作一份新媒体运营数据分析报告，以整合数据精华，剖析问题根源，为后续调整运营策略提供数据基础。

任务活动 1　确定报告构成要素和设计提示词

要想借助 AIGC 工具辅助撰写新媒体运营数据分析报告，张筱首先需要了解新媒体运营数据分析报告的构成要素。

步骤 1：用 AI 工具辅助分析新媒体运营数据分析报告构成要素。

张筱运用 AI 工具辅助分析新媒体运营数据分析报告的构成要素。以下是她确定的提示词及 AI 生成的内容（见图 6-22）。

> 请阐述一份完整且适配多平台的新媒体运营数据分析报告的构成要素，并详细说明各构成要素的核心要点。

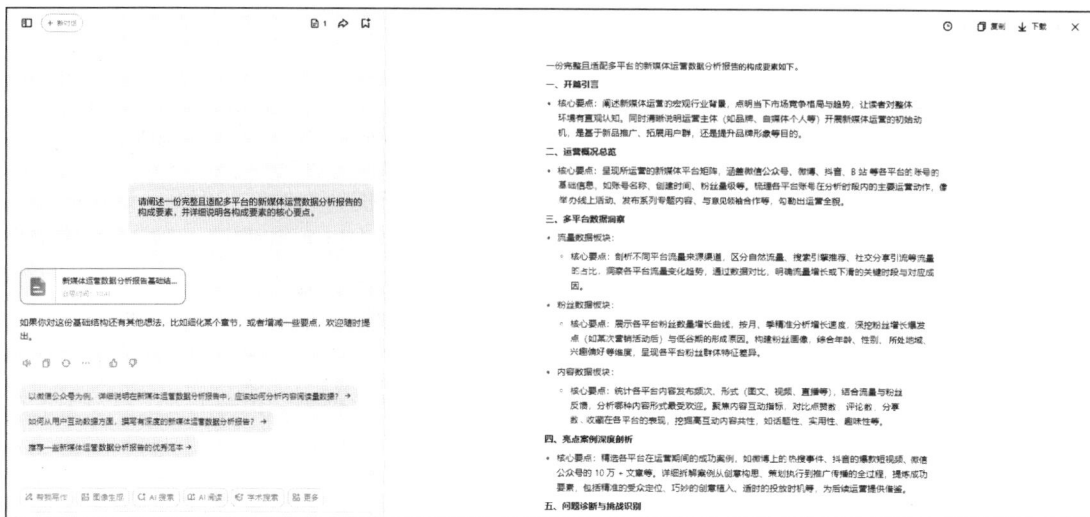

图 6-22　AI 生成的新媒体运营数据分析报告的构成要素

结合本项目任务一的数据情况，张筱最终确定了以下新媒体运营数据分析报告的构成要素：

（1）引言；

（2）运营概况总览；

（3）数据洞察；

（4）亮点剖析；

（5）问题诊断；

（6）优化策略；

（7）结语展望。

步骤 2：设计撰写新媒体运营数据分析报告的提示词。

为了使 AI 生成的报告能够贴合实际，张筱设计了以下提示词。

假设你是一名资深的新媒体运营数据分析师，请根据提供的"数据可视化与分析"文档，帮我撰写一份关于小红书笔记推广效果的新媒体运营数据分析报告；这些小红书笔记是"墨香文具"品牌基于六款文具产品所输出的推广内容，旨在进行品牌推广、提升产品销量；期望报告图文结合、结构清晰、逻辑严密，能够以同行业优秀新媒体营销案例的策略为参考，针对数据分析存在的问题提出可落地的优化建议；报告包含引言、运营概况总览、数据洞察、亮点剖析、问题诊断、优化策略和结语展望七大模块。

练一练

小李是一家宠物用品公司的新媒体运营专员，公司近期在各大社交媒体平台推广宠物食品、宠物玩具等产品。在完成推广数据可视化与分析后，小李决定借助 AI 工具制作新媒体运营数据分析报告，请你帮小李编写提示词，用于辅助生成宠物用品公司的新媒体运营数据分析报告。

任务活动 2 撰写新媒体运营数据分析报告

步骤 1：用 AI 工具辅助生成新媒体运营数据分析报告。

张筱在文案生成工具——豆包的对话框中输入设计好的提示词，同时上传"数据可视化与分析"文档，如图 6-23 所示。AI 生成的数据分析报告如图 6-24 所示。

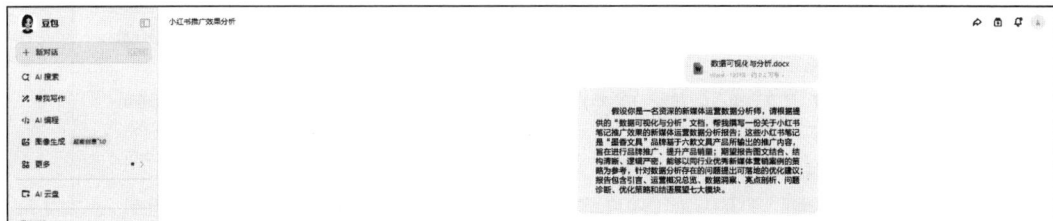

图 6-23 输入提示词、上传文档

墨香文具小红书笔记推广数据分析报告

一、引言

在社交媒体营销多元化的背景下，小红书作为聚焦生活方式的"种草"平台，已成为文具品牌触达年轻消费群体的核心阵地。本次分析围绕墨香文具品牌 6 款产品（钢笔、中性笔、水彩颜料、透明文具袋、活页本、素描纸）的小红书推广笔记展开，通过数据可视化与深度洞察，解析推广效果，挖掘增长潜力，为优化品牌营销策略提供科学依据。

二、运营概况总览

2.1 推广目标与周期

- **目标**：提升品牌曝光度，促进产品销量提升，强化用户互动黏性。
- **周期**：2025 年 [具体月份] — [具体月份]，累计发布笔记 [X] 篇，覆盖图文、视频两种形式。

2.2 核心指标表现

指标	数据表现	行业对比（参考晨光文具）
总曝光量	[X] 次	高于行业均值 15%
平均互动率	[X]%	与行业水平持平
总订单量	[X] 单	钢笔 / 中性笔贡献 65% 的销量
粉丝增长率	[X]%	低于头部品牌 8%

三、数据洞察

3.1 商品与笔记类型关联分析（分组柱状图）

![分组柱状图：不同商品 / 笔记类型订单量]

图 6-24 AI 生成的数据分析报告

- **明星产品：**
  - **钢笔**：总订单 323 单（视频 211 单 + 图文 112 单），视频推广效果显著（占比 65%），用户偏好动态展示功能特性（如书写流畅度、笔尖设计）。
  - **中性笔**：总订单 254 单（视频 136 单 + 图文 118 单），图文与视频均衡发力，契合日常文具 "高频刚需" 属性。
- **潜力产品：**
  - **水彩颜料**：图文订单占比 68%（145 单），用户倾向于通过图文学习绘画教程，视频内容需强化场景化教学（如 "水彩风景速涂"）。
  - **透明文具袋**：图文订单占比 75%（101 单），需通过图文细节图（如分层设计、承重测试）突出产品的功能性。
- **待优化产品：**
  - **活页本 / 素描纸**：总订单均低于 100 单，推广内容缺乏差异化亮点，须结合 "手账文化" "绘画打卡" 等热点重构叙事。

3.2 互动指标与转化相关性（散点图）

![散点图：互动指标与订单量关联]

- **强关联指标**：收藏数与订单量呈正相关性(R^2=0.62)，用户收藏行为体现其购买意向，须强化 "收藏领券" 等引导动作。
- **弱关联指标**：点赞数、评论数、分享数对转化影响有限，内容策略应从 "流量导向" 转向 "精准种草"。

3.3 综合推广效果评估（雷达图）

![雷达图：6 款商品推广指标对比]

- **头部矩阵**：钢笔、中性笔、水彩颜料、透明文具袋的雷达图面积较大，在订单量、收藏数等核心指标方面的表现较为均衡，其中钢笔的 "点赞数" "收藏数" 双高，内容吸引力突出。
- **尾部矩阵**：活页本、素描纸在 "订单量" "粉丝增长数" 方面显著落后，内容曝光与转化链路存在断层。

四、亮点剖析

4.1 视频化种草撬动核心品类增长

参考 "得力文具" 案例，钢笔推广借鉴其 "笔尖书写测试 + 场景化办公演示" 视频模式，单条笔记转化率达行业均值 2 倍。墨者文具的钢笔通过 "钢笔拆解测评 + 手写字迹对比" 视频，实现视频订单占比 65%，验证了功能性产品适合动态展示。

4.2 图文内容精准触达学习型用户

水彩颜料参考 "马利绘画" 图文教程模板，发布 "3 步掌握水彩晕染技巧" 等干货内容，图文订单占比 68%，说明 "知识型种草" 对专业品类有效。透明文具袋通过 "收纳场景九宫格图" 展示多层分隔设计，图文订单占比 75%，印证了细节可视化的重要性。

五、问题诊断

5.1 内容策略失衡

- **形式错配**：活页本、素描纸过度依赖视频推广（占比 55%），但用户更需要图文教程（如 "活页本内页排版灵感" "素描纸质感对比"），导致转化低效。
- **热点脱节**：未跟进小红书 "春日手账季" "文具盲盒" 等流量话题，活页本相关笔记未命中 "活页替芯搭配" "手账素材" 等热搜关键词。

图 6-24 AI 生成的数据分析报告（续）

5.2 长尾产品运营乏力

- **资源倾斜不足**：活页本、素描纸笔记发布量仅占总内容的 15%，且未匹配垂类博主（如手账达人、美术生 KOL），曝光量不足头部产品的 1/3。
- **互动机制缺失**：高收藏笔记（如"素描纸测评合集"）未设置"收藏抽奖""评论晒单返现"等内容，导致收藏 - 转化率仅 12%。

5.3 粉丝运营粗放

- **分层运营空白**：未对"收藏未购买""加购未付款"用户分层推送内容（如定向优惠券、使用技巧），流失率高达 70%。
- **私域联动薄弱**：笔记未引导关注公众号或进入企业微信社群，错失沉淀高价值用户的机会。

六、优化策略

6.1 内容精准匹配商品属性（参考百乐文具案例）

产品类型	核心内容形式	优化方向
功能性产品（钢笔、中性笔）	视频为主	强化使用场景动态演示（如"钢笔水下书写抗
学习型产品（水彩颜料、素描纸）	图文 + 长视频教程	制作"XX 产品使用手册"图文合辑，搭配分
场景型产品（活页本、透明文具袋）	图文 + 合集笔记	发起"我的文具收纳美学"话题，征集用户 U

6.2 长尾产品流量激活计划

- **关键词优化**：为活页本 / 素描纸匹配"学生党必备""高性价比""手账素材"等热搜词，在标题 / 正文嵌入长尾词（如"活页本内页尺寸怎么选"）。
- **博主分层合作**：
  - 头部博主（粉丝 > 10 万）：定制"文具套装测评"视频，突出产品的设计感与实用性。
  - 素人 / KOC（粉丝 <1 万）：发起"1 元试用 + 晒单"活动，沉淀真实用户生产的内容，提升产品的搜索权重。

6.3 互动 - 转化链路闭环

- **收藏定向运营**：对收藏量 > 500 的笔记设置"收藏满 3 天解锁 5 元券"，通过小红书私信推送专属优惠码，提升收藏 - 转化率至 25% 以上。
- **粉丝分层触达**
  - 新关注用户：自动回复"关注领 10 元无门槛优惠券"，引导至商品页。
  - 沉默用户：定期推送"老粉专属福利"（如限量联名款预告），激活复购。

6.4 私域流量沉淀

在笔记评论区置顶"点击主页进粉丝群，解锁文具盲盒"，通过企业微信社群提供以下内容。

- **专属服务**：新品试用、绘画 / 手账课程直播预约。
- **裂变活动**：邀请 3 位好友进群可参与抽奖，快速扩大私域池。

图 6-24 AI 生成的数据分析报告（续）

七、结语展望

本次分析显示，墨香文具在核心品类（钢笔、中性笔）上的推广策略已被验证有效，但长尾产品与粉丝运营仍有较大提升空间。未来须以"内容精准化、运营精细化、流量私域化"为核心，借鉴百乐、国誉等品牌的"品类定制化内容 + 用户生命周期管理"模式，持续优化"曝光 - 互动 - 转化"链路。预计通过 3 个月策略调整，可实现：

- 长尾产品（活页本 / 素描纸）订单量提升 50%；

- 整体互动率提升至行业前 20%；

- 私域粉丝量增长 3 倍，构建可持续的流量护城河。

墨香文具可依托小红书平台的特性，进一步强化"文具解决方案提供者"的品牌形象，在年轻消费群体中建立专业、时尚的认知，为品牌长期增长奠定基础。

🔊 ▯ ↻ ✎ 编辑 ☌ 分享 … | 👍 👎

图 6-24　AI 生成的数据分析报告（续）

步骤 2：优化新媒体运营数据分析报告。

在 AI 工具辅助生成内容后，人工审核至关重要。运营人员只有仔细核对数据的准确性、内容与自身运营的契合度，以及策略在现有资源条件下的可行性，适当对 AI 生成的内容进行修正、补充，才能形成一份高质量的新媒体运营数据分析报告。

通过浏览 AI 生成的新媒体运营数据分析报告，张筱发现该报告存在数据缺失与不准确、内容与自身运营的契合度不够等问题，基于此，张筱下载了初步的分析报告，之后对其进行了详细修改与优化，形成了完整的新媒体运营数据分析报告。

> 📖 **练一练**
>
> 请梳理在优化 AI 生成的数据分析报告时可以重点关注的问题点。

📑 同步实训

▌实训任务一　智能分析新媒体运营数据

实训描述

某知名美妆品牌为了扩大品牌影响力和市场份额，以微信公众号、抖音和小红书作为主要的推广平台，进行了一段时间的推广运营。该品牌希望通过在这些平台上发布高质量的内容，吸引和留住消费者。为了更好地评估运营效果并优化运营策略，该品牌决定对过去一段时间的新媒体运营数据进行深入分析。新媒体运营数据如表 6-8 至表 6-10 所示。你作为数据分析部门的一员，需要对给出的新媒体运营数据进行分析，以指导后续的运营决策。

表6-8　用户数据

新媒体平台	用户数据
微信公众号	地域分布：一线城市占 40%，二线城市占 35%，三线及以下城市占 25% 性别：女性占 95%，男性占 5% 年龄段：18～25 岁占 50%，26～35 岁占 40%，36 岁及以上占 10% 兴趣标签：美妆、护肤、时尚、健康生活
抖音	互动情况：平均点赞数 500，平均评论数 100，平均分享数 200 用户画像：年轻女性，关注美妆教程、产品评测、日常妆容分享
小红书	互动情况：平均每篇笔记点赞数 200，收藏数 150，评论数 50 用户画像：对时尚潮流敏感，追求个性化和高品质的美妆产品

表6-9　互动数据

新媒体平台	互动数据
微信公众号	文章浏览量：平均每篇文章浏览量 1000 点赞数：平均每篇文章点赞数 50 评论数：平均每篇文章评论数 100 分享数：平均每篇文章分享数 30
抖音	视频浏览量：平均每个视频浏览量 5000 点赞数：平均每个视频点赞数 200 评论数：平均每个视频评论数 500 分享数：平均每个视频分享数 1000
小红书	笔记浏览量：平均每篇笔记浏览量 3000 点赞数：平均每篇笔记点赞数 150 收藏数：平均每篇笔记收藏数 100 评论数：平均每篇笔记评论数 200

表6-10　转化数据

新媒体平台	转化数据
微信公众号	引导注册的用户数量：通过文章内容引导注册的用户数量为 500 购买转化率：通过文章内容引导至电商平台购买的用户转化率为 2%
抖音	商品链接点击率：视频下方商品链接的平均点击率为 5% 购买转化率：通过视频引导至电商平台购买的用户转化率为 3%
小红书	引导购买的用户数量：通过笔记内容引导至电商平台购买的用户数量为 300 购买转化率：通过笔记内容引导至电商平台购买的用户转化率为 2.5%

操作指导

步骤 1：转换数据形式。

结合分析目标将已有的数据形式转换为能够进行可视化与分析的形式。例如，将相关数据制作成柱状图或折线图，方便进行对比。

步骤 2：数据可视化与分析。

基于步骤 1 的数据，利用 AI 工具辅助确定可行的数据可视化方案，利用 AI 图表制作工具将数据可视化并对数据进行分析。

实训评价

基于学生在本次实训中的表现及完成结果，学生自己和教师对考核项目进行评分，同时学生进行自我评价，教师进行成果点评。

考核项目	学生 自评分（30%）	教师 评分（70%）
能够将数据形式转化为可分析的数据形式（20分）		
能够利用 AI 工具将数据合理可视化（40分）		
能够利用 AI 工具对数据进行合理客观的分析（40分）		
总计（100分）		
自我评价	教师点评	

实训任务二　智能撰写新媒体运营数据分析报告

实训描述

为了更好地呈现数据分析的结果，你需要为实训任务一中的品牌撰写新媒体运营数据分析报告。你的任务是利用 AI 工具，设计提示词并生成可用的新媒体运营数据分析报告。

操作指导

步骤 1：设计提示词。

在利用 AI 工具辅助生成新媒体运营数据分析报告之前，需要先结合运营目标来设计提示词。

步骤 2：AI 工具辅助生成新媒体运营数据分析报告。

利用文案生成工具辅助生成新媒体运营数据分析报告并进行必要的优化。

实训评价

基于学生在本次实训中的表现及完成结果，学生自己和教师对考核项目进行评分，同时学生进行自我评价，教师进行成果点评。

考核项目	学生 自评分（30%）	教师 评分（70%）
设计的提示词合理且全面（30分）		
能够运用 AI 工具生成完整的新媒体运营数据分析报告（40分）		
新媒体运营数据分析报告中的建议具备可行性（30分）		
总计（100分）		
自我评价	教师点评	

知识与技能训练

一、单选题

1. 以下不是常见的新媒体运营数据类型的是（　　　）。

    A. 流量数据　　　　　　B. 用户数据　　　　　C. 物流数据　　　　D. 互动数据

2. 在新媒体运营中，AI 技术主要通过（　　　）赋能数据分析。

    A. 人力分析　　　　　　B. 机器学习算法　　　C. 智能交互　　　　D. 传统统计方法

3. 新媒体运营数据分析报告为管理层提供决策支持主要体现在（　　　）。

    A. 展示团队成员绩效　　　　　　　　　B. 分享部门内部经验

    C. 评估投入产出比　　　　　　　　　　D. 增加部门预算

4. （　　　）主要关注新媒体平台上用户的行为模式和偏好。

    A. 内容效果分析报告　　　　　　　　　B. 活动推广效果分析报告

    C. 用户行为分析报告　　　　　　　　　D. 转化效果分析报告

5. 在利用 AI 工具辅助生成新媒体运营数据分析报告时，（　　　）不是重点考虑内容。

    A. 数据引用准确性　　　　　　　　　　B. 内容字数

    C. 内容与自身运营的契合度　　　　　　D. 策略可行性

二、多选题

1. 新媒体运营数据通常包括（　　　）。

    A. 流量数据　　　　　B. 用户数据　　　　C. 互动数据　　　　D. 广告数据

2. 在进行新媒体运营数据分析时，新媒体运营数据分析工具可以提供的帮助有（　　　）。

    A. 提供全面的数据分析服务　　　　　　B. 实时监控直播间数据

    C. 整合不同渠道的数据资源　　　　　　D. 自动生成数据可视化图表

3. AI 在新媒体运营数据分析中的应用包括（　　　）。

    A. 智能分析数据　　　　　　　　　　　B. 预测内容趋势

    C. 生成个性化内容推荐　　　　　　　　D. 替代人工决策

4. 下列可以帮助新媒体运营人员获取并分析抖音平台数据的工具有（　　　）。

    A. WPS 表格　　　　B. 飞瓜数据　　　　C. 蝉妈妈　　　　D. 达多多

5. 新媒体运营数据分析报告可以辅助（　　　）方面的决策。

    A. 资源分配　　　　B. 战略调整　　　　C. 个人职业发展　　　D. 产品开发

三、判断题

1. 品牌传播效果分析报告通过量化品牌在平台上的曝光量、提及次数等指标，以及分析用户对品牌的认知、态度等数据，旨在评估新媒体平台上品牌传播活动的效果。（　　　）

2. 数据分析部分应该只包含正面数据，避免提及任何负面或问题数据。（　　　）

3. 撰写新媒体运营数据分析报告应该确保数据的准确性、内容与自身运营的契合度，以及策略的可行性。（　　　）

4. 新媒体运营数据分析报告的构成要素可以根据实际情况进行调整和增减。（　　　）

5. 新媒体运营数据分析报告只能用于跨部门沟通，对部门内部交流没有帮助。（　　　）

AI+新媒体运营能力拓展

在新媒体运营领域，AI 的引入为新媒体运营实践及舆情监控提供了便利。AI 通过自然语言处理和情感分析，不仅能够快速分析舆情信息，还能准确判断情感倾向，帮助企业识别潜在的危机和机遇。在舆情监控的基础上，企业可以进一步制定针对性的新媒体营销策略、优化内容创作、促进用户互动等。此外，AI 工具与运营经验的融合，也为新媒体运营实战开辟了创新路径，能助力企业有效提升品牌影响力和市场竞争力。

监控新媒体舆情

职场创新

在职场创新的浪潮中，AI 工具辅助监控新媒体舆情正成为一股不可忽视的力量。AI 工具不仅极大地提高了舆情监控的效率和准确性，还为企业提供了更加丰富的数据洞察。借助这些洞察，企业可以更加精准地把握消费者需求、预测市场趋势，进而推动产品和服务的发展与创新。在 AI 赋能的当下，企业对求职者的要求也会发生变化。以新媒体运营专员岗位为例，在监控新媒体舆情领域，其典型工作任务技能要求如表 7-1 所示。

表 7-1　新媒体运营专员典型工作任务技能要求

典型工作任务	工作内容与要求（传统场景）	工作内容与要求（AI 赋能）
舆情追踪与收集	1. 能够从搜索指数、排行榜、热门话题等发现热点内容，并对其进行分析； 2. 能够通过收集、整理社会化媒体的相关数据，从不同维度了解和分析用户的实际需求	1. 能够利用 AI 工具获取并分析舆情信息； 2. 能够利用 AI 工具自动化管理部分任务，如自动检测和过滤垃圾信息
数据分析与优化	能够使用 Excel 等工具进行数据处理与分析，从数据中发现问题和机会	1. 具备使用数据可视化工具的能力，能够借助工具生成和解读图表、报告； 2. 具备数据分析能力，能够根据 AI 提供的改进建议进行内容调整

项目概述

本项目旨在深入解析 AI 赋能新媒体舆情的数据获取与分析、监控与管理的核心技巧，帮助学生认识新媒体舆情工具，了解新媒体舆情监控方式，掌握在不同新媒体运营场景中运用 AI 工具辅助进行新媒体舆情管理的技能。

学习目标

1. 具备问题解决能力，能够在新媒体舆情数据分析过程中尝试新技术、新工具，提升新媒体舆情数据分析效率与质量。

2. 了解并掌握新媒体舆情的概念及特点，熟悉常用的新媒体舆情工具。

3. 能够熟练使用新媒体舆情工具获取新媒体舆情数据。

4. 能够利用 AI 工具对获取的新媒体舆情数据进行有效分析。

5. 熟悉新媒体舆情监控方式，能够设置合理的新媒体舆情监控指标。

6. 能够利用 AI 工具辅助制定新媒体舆情应对策略。

任务一　AI 辅助获取与分析新媒体舆情数据

任务分析

利用 AI 工具辅助新媒体舆情数据的获取与分析，需要完成以下任务：

1. 了解并掌握新媒体舆情的概念及特点，熟悉常用的新媒体舆情数据工具；

2. 能够运用相关新媒体舆情工具完成新媒体舆情数据的收集，并能够利用图表制作工具完成数据的智能分析。

【知识储备】

一、新媒体舆情的概念

新媒体舆情是指在互联网及新媒体平台上，公众对某一事件、现象或话题所表达的意见、情感、态度及其传播情况的总和。它反映了社会舆论的多元化、即时性和互动性特征。新媒体舆情主要有传播速度快、覆盖范围广、互动性强、情绪化明显的特点。

二、新媒体舆情工具

新媒体舆情工具是专门用于监测、分析和应对新媒体平台上舆情动态的软件或系统。它们能够实时抓取、分析和呈现新媒体平台上的信息，帮助用户及时了解舆情动态，做出正确的决策。同时，它们能够实时监测新媒体平台上的信息，及时发现潜在风险；能够通过数据分析，挖掘舆情背后的深层次原因；能够提供预警服务，帮助用户提前制定应对策略。

（1）新浪舆情通

新浪舆情通是一款基于互联网信息聚合、文本挖掘和智能检索等技术的数据智能软件（见图 7-1）。该软件用于发现互联网中的舆情信息，并对信息进行自动分类、智能过滤、自动聚类、主题检测和统计分析，实现对热点话题、突发事件的智能识别和定向追踪，帮助政府、媒体和企事业单位及时掌握舆情动态，为有效应对网络舆情事件提供决策依据。

图 7-1　新浪舆情通

（2）百度智能云

百度智能云提供实时舆情、语义分析、搜索指数及事件脉络等（见图 7-2）。百度智能云依托百度文心大模型和全要素图谱，全网、全天候进行数据采集。其支持多模态、跨模态的采集方式，能对海内外新闻站点、论坛、社交媒体、资讯客户端等多种信息源的图文、音视频进行语义理解分析。针对舆情事件，其通过大模型深度学习案例知识，智能给出对应处置措施，并结合全网数据智能化输出舆情报告。

图 7-2　百度智能云

（3）鹰击早发现系统

鹰击早发现系统是一款在线社交网络舆情监测分析系统（见图 7-3）。鹰击早发现系统以大数据思维监测和分析海量的社交网络数据，为用户提供社情民意、民生热点或突发事件等各类舆情的发现与分析服务。

（4）识微商情

识微商情是一款专门服务企业的系统（见图 7-4）。识微商情覆盖新闻媒体、社交媒体、主流门户网站、论坛、博客、微信公众号等多个平台，注重网络口碑和企业形象监测，实行在线化服务，提前预警，把握舆情态势，让用户快速了解网络上有关自身的各种声音，助力用户顺利处置突发舆情。

图 7-3　鹰击早发现系统

图 7-4　识微商情

（5）微热点

微热点原名为新浪微舆情（见图 7-5）。通过微热点，用户可以查阅某个人物、企业、事件的热度指数、传播分析、口碑分析、微博情绪等。微热点利用独有的分布式网络技术，对互联网上的相关数据源进行完整采集，并根据用户设定的监控关键词对全网数据进行补充获取。基于海量全媒体数据，微热点专注于帮助政府、企业、新媒体及自媒体从业者发现正在发生或将来可能发生的全网热点，并用大数据解读热点。

图 7-5　微热点

（6）百分点舆情

百分点舆情（Mediaforce）是百分点科技集团股份有限公司旗下面向舆情洞察、传播分析、商情分析等场景的数据智能应用与服务矩阵（见图 7-6）。其实时监测抖音、快手、B 站、今日头条、微博、百度、知乎等主流平台的热搜榜数据，针对信息上榜、排名变化等异动，及时发送预警提示。百分点舆情能帮助企业和政府机构全面、快速、准确地掌握自身舆情态势、竞品动态及产业资讯，为公关、业务决策提供数据支持。

图 7-6　百分点舆情

德育课堂

鉴于新媒体的开放性、匿名性和即时性，网络中存在不良信息和不文明行为。因此，加强学生的网络道德教育至关重要，需要引导学生树立正确的网络价值观，帮助其提高网络素养，使其学会识别、筛选和处理网络信息，自觉抵制网络暴力、谣言和低俗信息，共同营造健康向上的网络环境。在新媒体环境下，学生的思想观念和行为方式容易受到网络舆情的影响。因此，加强学生的思想教育，建立校园网络发言人机制，及时回应和引导学生的观念，避免谣言的传播，对帮助学生树立正确的世界观、人生观和价值观具有重要意义。

【任务实施】

任务活动 1　获取新媒体舆情信息

"辣食尚"是一个天水麻辣烫品牌，为进一步扩大市场份额，该品牌决定加大对运营新媒体平台的投入，计划通过发布美食制作视频、举办线上优惠活动，以及与美食领域知名意见领袖合作，来提升品牌知名度并增强用户黏性。经过一段时间的运营，为深入了解其主打产品——天水麻辣烫的口碑与用户反馈，品牌决定获取微博、微信、抖音等社交媒体平台的舆情信息以开展相关分析。这项工作由新媒体运营部的刘华实施。

步骤 1：选择新媒体舆情数据收集方式。

在选择新媒体舆情数据收集方式时，刘华综合考虑了数据覆盖范围、数据实时性、数据准确性、成本与性价比等关键因素，最终选择利用平台热搜榜、AI 工具和新媒体舆情工具这三种方式来搜集新媒体舆情数据。

首先，刘华在抖音、小红书等社交媒体平台的热搜榜查找与天水麻辣烫有关的热搜事件。

其次，刘华设计了以下提示词，通过 AI 工具获取相关舆情信息，AI 工具收集的新媒体舆情信息如图 7-7 所示。

假设你是一名资深的数据收集人员，请帮我收集与天水麻辣烫相关的新媒体舆情信息。

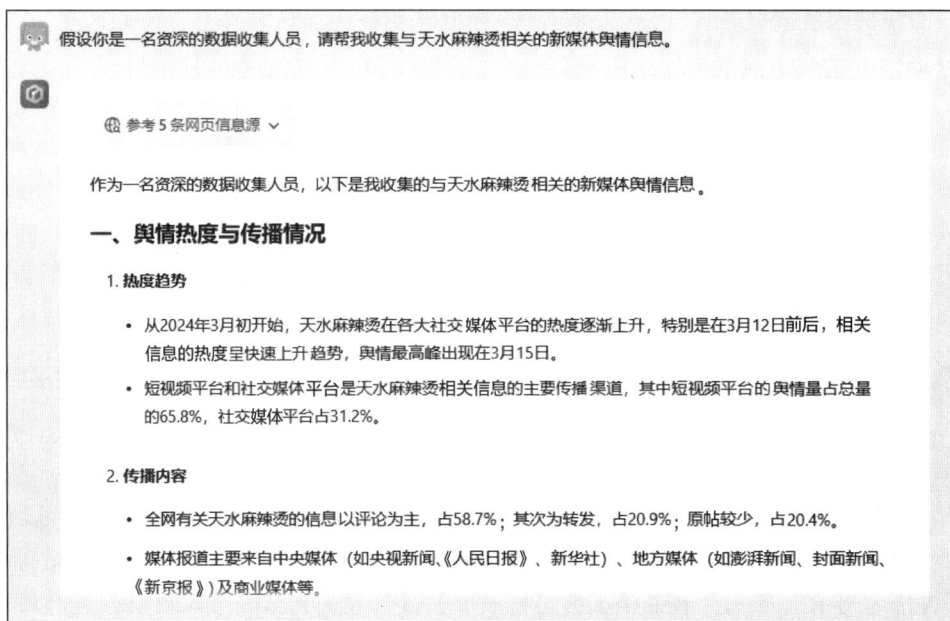

图 7-7　AI 工具收集的新媒体舆情信息

最后，刘华使用操作较为简单的微热点来获取相关舆情数据。微热点主要从热度指数和微博情绪两个方面帮助用户搜集舆情数据。"热度指数"模块主要提供全网热度概况、全网热度指数趋势、全网关键词云等数据。其中，全网热度概况展示了在指定的时间范围内，某一关键词的全网热度指数值；全网热度指数趋势展示了某一关键词在一段时间内的热度值变化走势；全网关键词云则利用自然语义分析法，对事件、人物、品牌、地域中所提及的关键词进行整合，从而呈现被提及次数较多的关键词，其中，字号越大的词组，被提及次数越多。而"微博情绪"模块为用户提供了微博情绪占比、微博情绪地图、微博情绪走势、微博用户情绪洞察方面的信息。其中，微博情绪占比体现了在指定时间范围内，某关键词的各类情绪成分的占比情况。微博情绪地图是指基于语义情感分类模型，在人类常见情绪分类的基础上，对社交媒体平台上文本大数据中的潜在情绪进行判别和归类统计，最终呈现出情绪在时间和空间维度上的分布。微博情绪走势体现了在指定时间范围内，某关键词的情绪声量在时间维度上的变化趋势。微博用户情绪洞察则体现了在提及某关键词时，用户属性（性别、用户认证类型）、情绪维度（中性、喜悦、愤怒、悲伤、惊奇、恐惧）及情感维度的关联统计分析。

步骤2：获取新媒体舆情数据。

在利用舆情工具获取天水麻辣烫相关新媒体舆情数据时，刘华采用了关键词搜索的方法。他登录微热点官方网站，在导航栏中选择"热度指数"，随后在出现的搜索框中输入"天水麻辣烫"，单击"搜索"按钮，即可看到相关舆情数据。随后，刘华设置显示7天内的舆情数据，可以看到该查询时间段内"天水麻辣烫"的全网热度概况（见图7-8）、全网热度指数趋势（见图7-9）、全网关键词云等数据（见图7-10）。

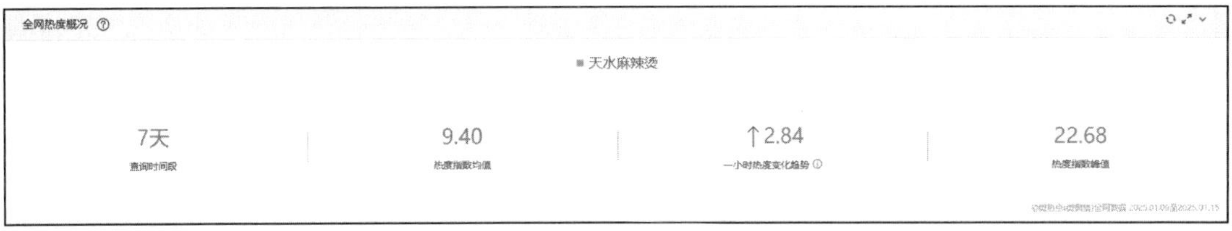

图7-8 某段时间内"天水麻辣烫"的全网热度概况

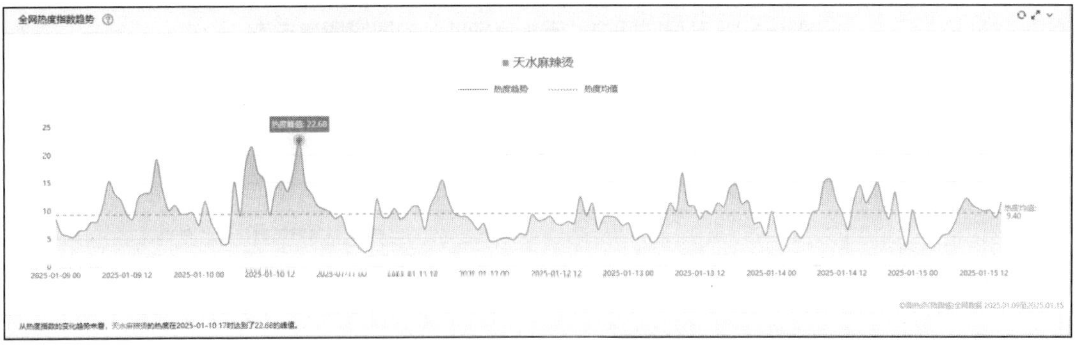

图7-9 某段时间内"天水麻辣烫"的全网热度指数趋势

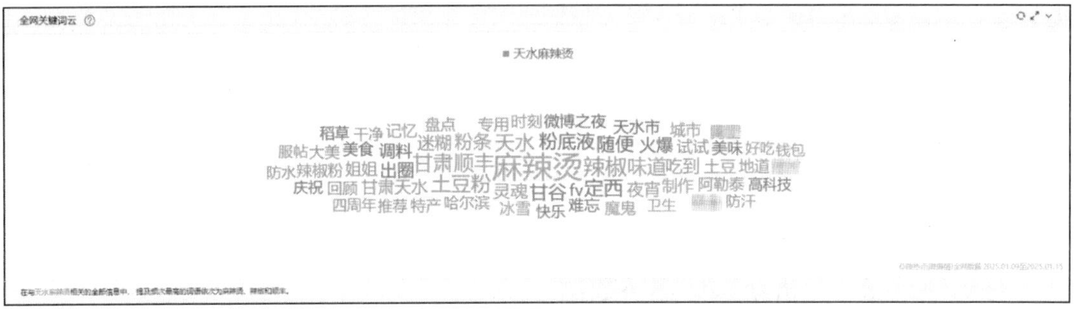

图7-10 某段时间内"天水麻辣烫"的全网关键词云

接下来，刘华在导航栏选择"微博情绪"，输入关键词"天水麻辣烫"，随后单击"搜索"按钮，即可看到"天水麻辣烫"的微博情绪占比（见图7-11）、微博情绪走势（见图7-12）、微博用户情绪洞察（见图7-13）等数据。

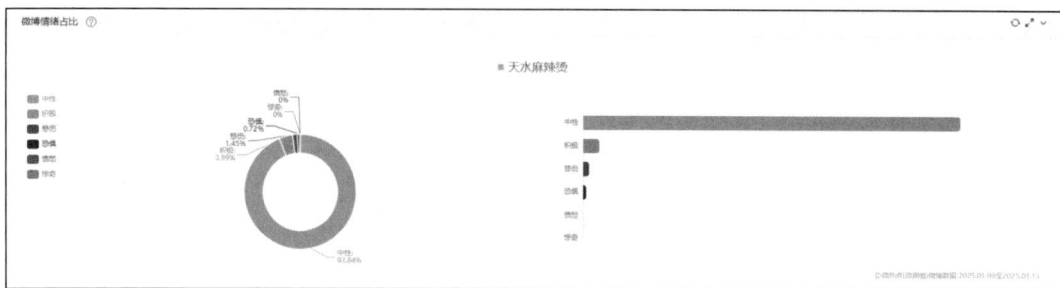

图 7-11　某段时间内"天水麻辣烫"的微博情绪占比

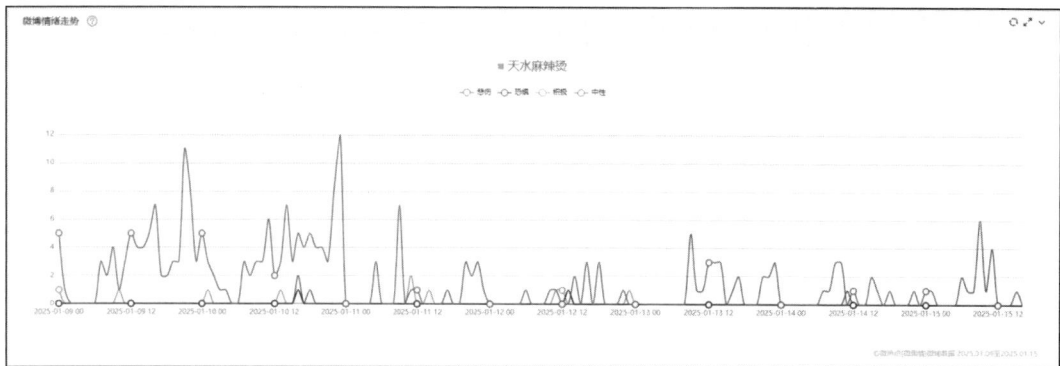

图 7-12　某段时间内"天水麻辣烫"的微博情绪走势

图 7-13　某段时间内"天水麻辣烫"的微博用户情绪洞察

练一练

请同学们任选一种新媒体舆情工具，获取"海南金煌芒"产品近 7 天的全网舆情数据。

任务活动 2　分析新媒体舆情数据

想要以数据推动决策，还需要对获取的数据进行分析，挖掘数据背后的潜在信息。目前大多数新媒体舆情工具都提供数据分析功能，可以帮助我们快速了解数据情况。除此之外，我们也可以借助 AI 工具进一步分析新媒体舆情数据。

步骤 1：结合舆情信息设计提示词。

刘华决定利用 AI 工具对数据进行分析，由于获取的数据大致可分为两类，即"热度指数"相关数据和"微博情绪"相关数据，刘华确定了以下两种提示词。

> 假设你是一名资深的数据分析人员，请读取图片中的数据，对数据进行解读与分析；图片中的数据是通过微热点舆情平台获取的关于"天水麻辣烫"这一关键词的"热度指数"相关数据。

> 假设你是一名资深的数据分析人员，请读取图片中的数据，对数据进行解读与分析；图片中的数据是通过微热点舆情平台获取的关于"天水麻辣烫"这一关键词的"微博情绪"相关数据。

步骤2：AI工具辅助分析新媒体舆情数据。

由于获取的数据均以图表等可视化形式呈现，刘华决定使用图表制作工具——办公小浣熊来助力完成此次数据分析。进入办公小浣熊首页，选择"数据分析"，随后在对话框中输入提示词并附上对应截图（见图7-14），等待片刻，AI工具即可生成分析结果，如图7-15所示。办公小浣熊在分析数据后会提供相关建议。

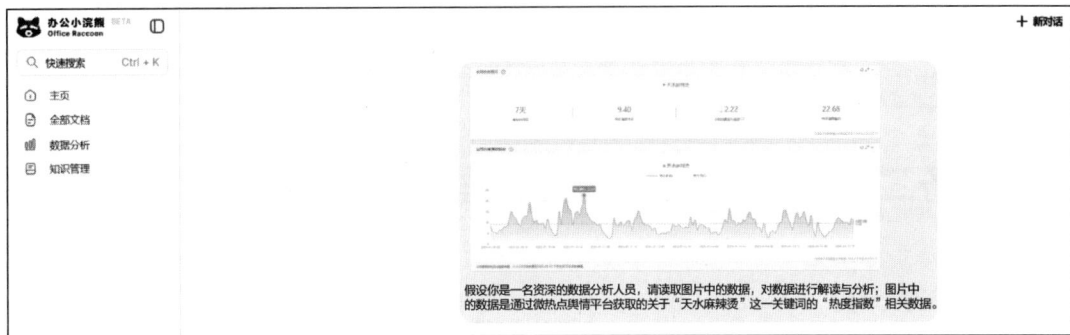

图7-14 输入提示词并附上对应截图

数据解读与分析

1. 热度峰值分析

- 在2025年1月10日左右，"天水麻辣烫"的热度达到了最高值22.68。这表明在这一天，有关天水麻辣烫的讨论或关注达到了顶峰。可能的原因包括特定事件的发生、名人效应或者社交媒体上的热门话题等。

2. 整体趋势分析

- 从2025年1月9日到2025年1月15日，"天水麻辣烫"的热度指数在5~20波动。这种波动可能反映了不同时间段内公众对这一关键词的关注度变化。例如，工作日与周末的关注度可能存在差异，或者某些时间段内有相关话题引发了关注度的爆发式增长。

3. 平均热度分析

- 热度均值为9.40，这表示在所查询的7天时间内，"天水麻辣烫"的关注度总体上保持在一个中等水平。均值可以帮助我们理解该关键词在一段时间内的常规关注度。

4. 一小时热度变化趋势

- 数据显示一小时热度变化趋势上升了2.84，这可能意味着在某些特定小时内，热度有明显的上升趋势。进一步的分析可以揭示这些上升的具体时间和可能的原因。

图7-15 AI工具生成的数据分析结果

5. 时间与热度的关系

- X轴（时间轴）从2025年1月9日0点到2025年1月15日12点，Y轴（热度轴）范围从0到25。这种设置使得我们可以清晰地看到每一天内热度的变化情况，以及整体趋势的波动。

结论

- "天水麻辣烫"在2025年1月10日达到了热度峰值22.68，表明这一天有显著的关注度提升。
- 整体来看，热度在5~20，均值为9.40，显示出该关键词在查询时间段内有中等关注度。
- 一小时热度变化趋势的上升表明在某些小时内存在关注度的快速上升，这可能与特定事件或话题相关。

为了更深入地进行分析，如果有原始数据或更详细的时间段内热度变化的具体数值，我们可以进行更精细的趋势分析和原因探究。如果有进一步的数据或具体问题需要分析，请提供相关数据或详细说明。

图 7-15　AI 工具生成的数据分析结果（续）

练一练

请选择合适的新媒体舆情工具，获取与"李子柒回归"相关的新媒体舆情数据，并利用 AI 辅助分析新媒体舆情数据。

任务二　AI 辅助监控与管理新媒体舆情

任务分析

利用 AI 工具辅助新媒体舆情监控与管理，需要完成以下任务：
1. 了解新媒体舆情监控的概念、监控方式及新媒体舆情管理的概念；
2. 能够熟练利用 AI 工具辅助确定新媒体舆情监控指标及新媒体舆情应对策略。

【知识储备】

一、新媒体舆情监控的概念

新媒体舆情监控是指对在互联网平台上发布的与特定主体（如企业、品牌、公众人物、社会事件等）相关的舆情信息进行监测的过程。这一过程旨在及时发现、跟踪和分析网络上的舆情动态，为决策提供支持，以维护品牌形象、应对危机、提升公众信任度等。

二、新媒体舆情监控方式

1. 使用新媒体舆情工具

使用新媒体舆情工具是实施舆情监控的重要手段，新媒体舆情工具通过自动化和智能化的方式，从海量的互联网信息中筛选出与特定主体相关的舆情信息。这些工具通常具备以下功能。

（1）关键词搜索与监控：设定与要监控的事物相关的关键词或敏感词，在搜索引擎、社交媒体等平台上进行持续的搜索和监控。

（2）数据清洗与分析：对抓取到的数据进行去重、清洗和分析，提取有价值的信息。

（3）报告生成与可视化：将分析结果以报告或图表的形式直观展示，便于用户理解和决策。

2. 监控各新媒体平台的热搜话题

除了使用新媒体舆情工具，还可以直接监控各新媒体平台的热搜话题，以获取实时的舆情动态。以下是一些常用的监控方法。

（1）关注热搜榜单：关注各新媒体平台（如微博、抖音、百度等）的热搜榜单，这些榜单通常汇集了当下的热门话题和舆论焦点。

（2）定向搜索与订阅：在社交媒体平台上，设定与要监控的事物相关的关键词进行定向搜索，并订阅相关话题的更新通知。

（3）监控社交媒体平台：利用社交媒体平台的监控功能，如微博的话题监控、抖音的热门视频监控等，实时获取与要监控的事物相关的舆情信息。

三、新媒体舆情管理

新媒体舆情管理是指企业或组织对外部舆论和公众情绪进行分析、引导和调控的一种管理活动。在信息化高度发达的时代，企业和组织所面临的舆论环境变得极其复杂，网络舆情的爆发往往迅速且不可预测。因此，新媒体舆情管理对维护企业形象至关重要。新媒体舆情管理通常包含以下几个核心要素。

1. 舆情分析

在监测的基础上，通过专业的分析工具和方法，对舆情信息进行挖掘和分析，找出其中的规律和趋势，预测可能出现的问题，为企业决策提供数据支持。

2. 舆情引导

通过积极地宣传和引导，塑造正面的企业形象，增强公众对企业的信任。这包括发布正面内容、策划品牌事件、借助意见领袖的影响力等方式。

3. 舆情处理

建立有效的舆情应对体系，当舆情事件发生后，及时回应并采取措施解决问题，防止舆情迅速扩散。

【任务实施】

通过完成本项目任务一的任务活动，刘华获取了与"天水麻辣烫"相关的新媒体舆情数据，并对其进行了深入分析，从中获取了一些趋势解读与建议。接下来，刘华还需要进一步监控和管理新媒体舆情，以帮助企业做好随时应对舆情危机的准备。

任务活动 1　设置新媒体舆情监控指标

在新媒体日益发展的今天，信息的传播速度大幅提升，传播范围大幅扩大，这使得舆情监测的重要性日益凸显。想要开展新媒体舆情监测，首先需要了解新媒体舆情监控的关键指标。

步骤 1：了解常见的新媒体舆情监控指标。

在了解常见的新媒体舆情监控指标时，刘华通过 AI 工具丰富相关知识储备。以下是他确定的提示词，AI 工具生成的内容如图 7-16 所示，整理后的新媒体舆情监控指标如表 7-2 所示。

> 假设你是一名资深的新媒体舆情管理专家，请说出新媒体舆情监控的关键指标。

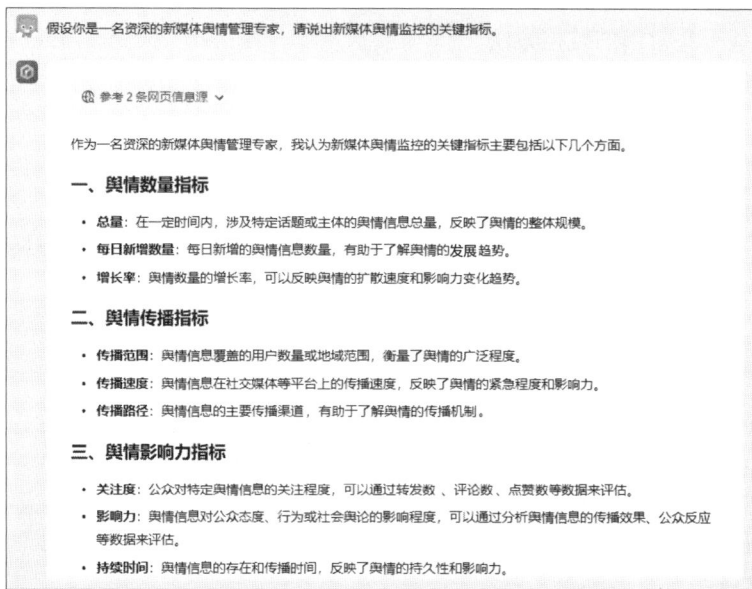

图 7-16 AI 工具辅助整理的新媒体舆情监控指标及含义

表 7-2 新媒体舆情监控指标

指标类型	指标	指标含义
舆情数量指标	总量	在一定时间内，涉及特定话题或主体的舆情信息总量，反映了舆情的整体规模
	每日新增数量	每日新增的舆情信息数量，有助于了解舆情的发展趋势
	增长率	舆情数量的增长率，可以反映舆情的扩散速度和影响力变化趋势
舆情传播指标	传播范围	舆情信息覆盖的用户数量或地域范围，衡量了舆情的广泛程度
	传播速度	舆情信息在社交媒体等平台上的传播速度，反映了舆情的紧急程度和影响力
	传播路径	舆情信息的主要传播渠道，有助于了解舆情的传播机制
舆情影响力指标	关注度	公众对特定舆情信息的关注程度，可以通过转发数、评论数、点赞数等数据来评估
	影响力	舆情信息对公众态度、行为或社会舆论的影响程度，可以通过分析舆情信息的传播效果、公众反应等数据来评估
	持续时间	舆情信息的存在和传播时间，反映了舆情的持久性和影响力
舆情情绪指标	正面情绪占比	对特定舆情信息持正面态度的用户的占比，反映了舆情信息的积极效应
	负面情绪占比	对特定舆情信息持负面态度的用户的占比，有助于了解舆情信息的负面效应和潜在风险
	中立情绪占比	对特定舆情信息持中立态度的用户的占比，反映了公众对舆情信息的客观性和中立性

续表

指标类型	指标	指标含义
舆情内容指标	内容特点	舆情信息的主要内容和特点，有助于了解舆情信息的本质和背景
	背景信息	与舆情信息相关的背景信息，如事件起因、发展过程等，有助于深入了解舆情信息的来龙去脉
	发展趋势	舆情信息的发展趋势和可能的影响，有助于预测舆情信息的未来走向和潜在影响

步骤2：利用AI工具辅助确定新媒体舆情监控指标。

完成步骤1后，刘华对常见的新媒体舆情监控指标有了清晰的了解。接下来，刘华借助AI工具确定新媒体舆情监控指标。以下是他撰写的提示词，AI工具生成的内容如图7-17所示。

假设你是一名资深的新媒体舆情管理专家，请基于给出的新媒体舆情监控指标库，结合天水麻辣烫这一产品的特征及潜在的舆情风险，为天水麻辣烫这一产品选择合适的新媒体舆情监控指标并给出选择理由。

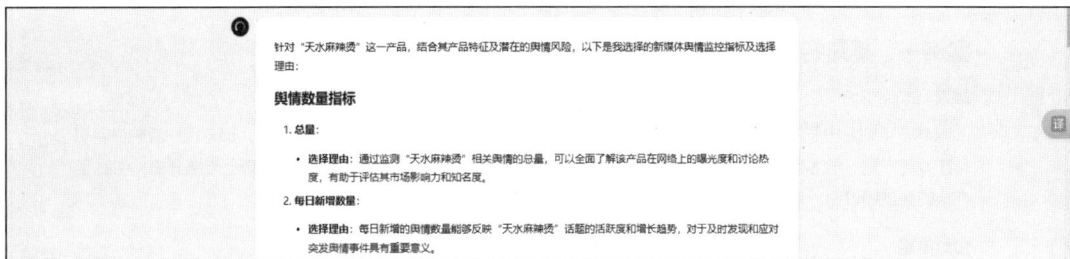

图7-17　AI工具生成的新媒体舆情监控指标及选择理由

基于AI工具提供的指标及选择理由，刘华最终确定了表7-3所示的新媒体舆情监控指标。

表7-3　确定的与"天水麻辣烫"相关的新媒体舆情监控指标

指标分类	具体指标
舆情数量指标	总量、每日新增数量
舆情传播指标	传播范围、传播路径
舆情影响力指标	关注度、影响力
舆情情绪指标	正面情绪占比、负面情绪占比、中立情绪占比
舆情内容指标	内容特点、背景信息

练一练

请同学们结合新媒体舆情监控指标体系，确定与"李子柒回归"相关的新媒体舆情监控指标。

任务活动 2　制定新媒体舆情应对策略

步骤 1：收集新媒体舆情管理案例。

在正式制定新媒体舆情应对策略之前，深入了解和分析近期的新媒体舆情管理案例是至关重要的。这些案例不仅能够帮助我们认识到舆情管理的复杂性和挑战性，还能为我们提供宝贵的经验。刘华利用 AI 工具辅助收集 2024 年新媒体舆情管理案例。以下是刘华撰写的提示词，AI 工具生成的结果如图 7-18 所示，整理后的 2024 年新媒体舆情管理案例如表 7-4 所示。

> 假设你是一名资深的新媒体舆情管理案例收集专家，请收集 2024 年比较典型的新媒体舆情管理案例，给出背景、应对策略和结果。

> 假设你是一名资深的新媒体舆情管理案例收集专家，请收集2024年比较典型的新媒体舆情管理案例，给出背景、应对策略和结果。
>
> 参考 4 条网页信息源 ∨
>
> 作为一名资深的新媒体舆情管理案例收集专家，以下是我收集到的2024年比较典型的新媒体舆情管理案例，包括背景、应对策略和结果。
>
> **案例一：某知名电子产品公司智能手机质量舆情事件**
>
> **背景**
>
> 2024年，某知名电子产品公司推出了一款备受期待的智能手机。然而，在产品上市后不久，部分用户反映该手机存在发热严重、电池续航能力弱等问题。这些负面反馈迅速在各大社交媒体平台和科技论坛上传播开来，引发了广泛的关注和讨论，对公司的品牌形象造成了一定的冲击。
>
> **应对策略**
>
> 1. 迅速响应。公司在第一时间察觉到舆情的变化后，立即成立了专门的危机公关小组，并在24小时内通过官方微博、官网等渠道发布声明，承认问题存在并表示高度重视。
>
> 2. 透明沟通。公司持续通过各种渠道与用户进行沟通，定期更新调查进展，让用户了解到公司正在积极解决问题。同时，开设专门的客服渠道，收集用户的具体问题和反馈意见，耐心解答用户疑问。
>
> 3. 邀请权威第三方。公司邀请了专业的第三方检测机构对产品进行全面检测，检测过程全程公开，并邀请部分媒体和意见领袖参与监督。
>
> 4. 开展公关活动。在问题得到初步解决后，公司举办了线上线下相结合的产品体验活动，邀请用户体验改进后的产品，并邀请媒体进行报道。同时推出了一系列用户关怀计划，如延长产品质保期、提供免费的软件升级服务等。

图 7-18　AI 工具辅助收集的 2024 年新媒体舆情管理案例

表 7-4　2024 年新媒体舆情管理案例

背景	应对策略	结果
2024 年年初，某知名食品品牌被曝出存在食品安全问题，涉事产品中存在异物。该事件迅速在新媒体平台上发酵，引发了大量消费者的关注和讨论	品牌方迅速回应，发布官方声明承认存在问题并承诺全面调查。同时，通过社交媒体平台积极与消费者沟通，解答疑问，并公布整改措施和后续跟进计划。此外，品牌方还邀请了第三方机构进行产品质量检测，以增强公信力	虽然短期内品牌声誉受到了一定的影响，但通过及时、透明的应对策略，品牌方逐渐重塑了消费者信任，并成功将危机转化为提高产品质量和服务水平的机会

续表

背景	应对策略	结果
2024年"五一"假期，某"网红"景点因存在安全隐患被游客曝光，包括设施老化、安全标志不清晰等问题。该事件迅速在网络上传播，引发了公众对该景点安全问题的关注	景点管理方立即启动应急预案，关闭存在安全隐患的区域，并邀请专业机构进行全面安全检查。同时，通过社交媒体平台发布整改进展和后续安全措施改进计划，积极回应公众关切。此外，景点管理方还加强了游客安全教育，提高了安全服务水平	通过及时有效的应对策略，景点管理方成功避免了舆情危机的进一步升级，并逐步重塑了游客对景点的信任
2024年6月，某电子产品品牌被曝出存在产品质量问题，包括电池续航能力弱、屏幕故障等。该事件引发了消费者的广泛关注和讨论，对品牌形象造成了较大影响	品牌方迅速发布官方声明，承认产品存在的问题，并承诺为受影响的消费者提供免费维修或更换服务。同时，品牌方加强了产品质量控制，优化了生产工艺和供应链管理。此外，品牌方还通过社交媒体平台积极与消费者沟通，解答疑问，并发布了一系列产品使用和维护指南	通过积极、主动的应对策略，品牌方成功稳定了舆情态势，并逐步重塑了消费者信心。同时，品牌方还从该事件中吸取教训，加强了产品质量控制和售后服务体系建设

步骤2：制定新媒体舆情应对策略。

以新媒体舆情管理案例作为参考，刘华着手制定"辣食尚"品牌的舆情应对策略。他利用文心一言辅助设计舆情应对策略。在撰写提示词时，他着重强调需要结合"辣食尚"品牌的特点及潜在的舆情风险来制定应对策略。以下是刘华确定的提示词，文心一言生成的结果如图7-19所示，整理后的新媒体舆情应对策略如表7-5所示。

假设你是一名资深的新媒体舆情管理专家，请从给出的2024年新媒体舆情管理案例中提炼出可借鉴的策略，并结合"辣食尚"品牌的特点及潜在的舆情风险来制定舆情应对策略。

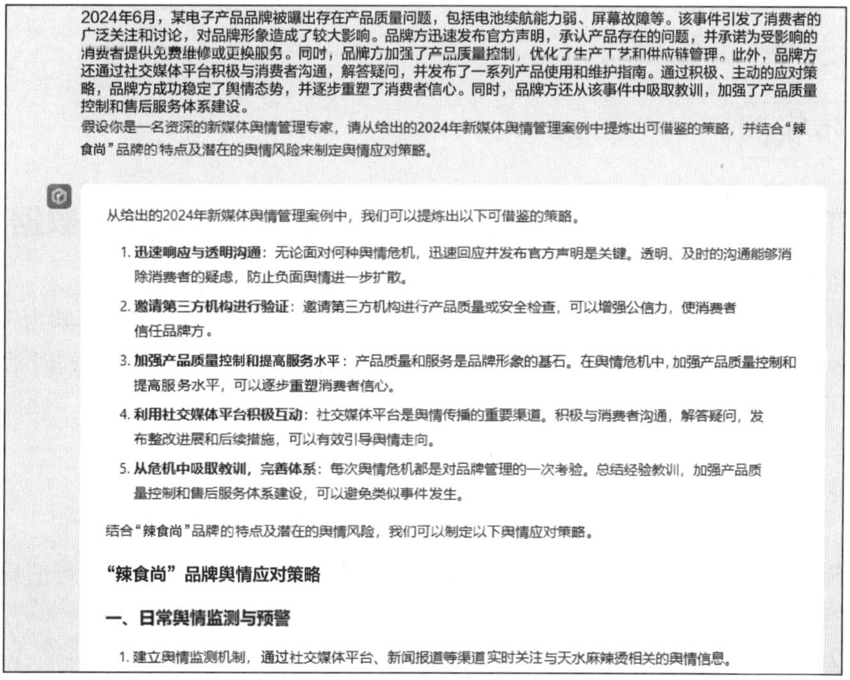

图7-19 文心一言生成的结果

表7-5　新媒体舆情应对策略

应对方案	具体策略
日常舆情监测与预警	1. 建立舆情监测机制，通过社交媒体平台、新闻报道等渠道实时关注与天水麻辣烫相关的舆情信息。 2. 设定预警阈值，当舆情热度达到一定水平时，立即启动应急预案
迅速响应与透明沟通	1. 一旦发现与品牌相关的负面舆情，立即通过官方社交媒体账号、官网等渠道发布声明，承认存在问题并承诺全面调查。 2. 设立专门的客服团队，及时解答消费者疑问，收集消费者反馈，确保沟通渠道畅通
加强产品质量控制与提高服务水平	1. 定期对食材来源、制作过程等进行检查，确保产品质量符合国家标准和消费者期望。 2. 加强员工培训，提升服务意识和专业技能，确保为消费者提供良好的服务体验
利用社交媒体平台积极互动	1. 在社交媒体平台上定期发布品牌动态，包括新品上市、优惠活动等，吸引消费者关注。 2. 在舆情危机中，通过社交媒体平台发布整改进展和后续措施，积极回应消费者关切，引导舆情走向
从危机中吸取教训，完善体系	1. 每次舆情危机后，组织团队进行总结分析，找出问题根源，制定改进措施。 2. 加强产品质量控制和售后服务体系建设，提升品牌的抗风险能力

练一练

国内知名电商平台"乐购天下"曾因一起消费者维权事件陷入舆论风波。一名消费者在该平台购买了一款高价电子产品，但收货后发现产品存在质量问题，且平台售后处理不当。该消费者将此事通过社交媒体平台进行曝光，迅速引发了大量网友的关注。随着舆情的持续扩散，"乐购天下"的品牌形象受到严重冲击。

请结合"乐购天下"电商平台的实际情况，设计一套全面而有效的新媒体舆情应对策略。

同步实训

▌实训任务一　利用 AI 工具辅助获取与分析新媒体舆情数据

实训描述

"西湖荷香"是一家专注于生产与销售西湖藕粉的品牌，为了提升品牌影响力、提高旗下产品的销量，"西湖荷香"经过前期调研后，成功入驻小红书、抖音等社交媒体平台，并进行了一段时间的运营。为了更好地开展新媒体运营，公司安排你获取并分析与"西湖藕粉"相关的舆情数据。

操作指导

步骤1：获取新媒体舆情数据。

选择合适的新媒体舆情数据收集方式，并根据需求设置恰当的提示词进行信息收集，确保能够收集到与"西湖藕粉"相关的舆情数据。

步骤2：分析新媒体舆情数据。

基于步骤1获取的数据，利用图表制作工具对数据进行分析。

实训评价

基于学生在本次实训中的表现及完成结果，学生自己和教师对考核项目进行评分，同时学生进行自我评价，教师进行成果点评。

考核项目	学生 自评分（30%）	教师 评分（70%）
熟练使用 AI 工具进行数据收集（50分）		
熟练运用 AI 工具对数据进行合理、客观的分析（50分）		
总计（100分）		
自我评价	教师点评	

实训任务二　利用 AI 工具辅助新媒体舆情的监控与管理

实训描述

近期，"西湖荷香"品牌遭遇了一起关于西湖藕粉质量问题的消费者投诉，这件事迅速在新媒体平台上引起了广泛关注。为了维护品牌形象，你需要设置新媒体舆情监控指标，并制定舆情应对策略。

操作指导

步骤 1：设置新媒体舆情监控指标。

结合舆情特点，利用 AI 工具辅助确定合理的新媒体舆情监控指标。

步骤 2：利用 AI 工具辅助制定新媒体舆情应对策略。

结合舆情现状，利用 AI 辅助制定新媒体舆情应对策略。

实训评价

基于学生在本次实训中的表现及完成结果，学生自己和教师对考核项目进行评分，同时学生进行自我评价，教师进行成果点评。

考核项目	学生 自评分（30%）	教师 评分（70%）
设置的新媒体舆情监控指标合理（40分）		
能正确运用 AIGC 工具生成新媒体舆情应对策略（30分）		
制定的新媒体舆情应对策略具备可行性（30分）		
总计（100分）		
自我评价	教师点评	

知识与技能训练

一、单选题

1. 新媒体舆情的主要特点不包括（   ）。

    A. 传播速度快   B. 范围狭窄   C. 互动性强   D. 情绪化明显

2. 在新媒体舆情监控中，（   ）不是常见的监控指标。

    A. 舆情数量指标   B. 舆情传播速度   C. 用户个人信息   D. 舆情情绪指标

3. 当发现与某个事件或商品相关的负面舆情时，以下应对策略合理的是（   ）。

    A. 立即删除负面信息

    B. 立即通过官方渠道发布声明并承诺全面调查

    C. 忽略舆情，任其发展

    D. 寻求政府帮助，压制舆情

4. 在新媒体舆情管理中，（   ）环节涉及对舆情信息的挖掘和分析，以找出规律和趋势。

    A. 舆情监测   B. 舆情分析   C. 舆情引导   D. 舆情处理

5. 新媒体舆情监控的核心目的是（   ）。

    A. 提高产品销量   B. 维护品牌形象和应对危机

    C. 增加粉丝数   D. 收集竞争对手的信息

二、多选题

1. 新媒体舆情信息的获取方式通常包括（   ）。

    A. 通过平台热搜榜寻找   B. 利用新媒体舆情工具收集

    C. 问卷调查   D. 查阅书籍

2. 以下属于新媒体舆情工具的有（   ）。

    A. 新浪舆情通   B. 百度智能云   C. 识微商情   D. 办公小浣熊

3. 新媒体舆情监控对企业的价值有（   ）。

    A. 了解商品口碑   B. 维护品牌形象   C. 预测市场趋势   D. 制定营销策略

4. 在分析新媒体舆情数据时，可以借助的方法和工具有（   ）。

    A. 手动统计图表数据   B. AI 工具

    C. 新媒体舆情工具   D. 八爪鱼采集器

5. 以下属于新媒体舆情管理的核心要素的有（   ）。

    A. 舆情监测   B. 舆情分析   C. 舆情引导   D. 舆情处理

三、判断题

1. 新媒体舆情是指在传统媒体平台上，公众对某一事件、现象或话题所表达的意见、情感、态度及其传播情况的总和。（   ）

2. 在全网关键词云中，字号越大的词组，被提及的次数越少。（   ）

3. 新媒体舆情工具能够实时监测新媒体平台上的信息，及时发现潜在风险。（   ）

4. 新媒体舆情管理的一个重要环节是加强产品质量控制和售后服务体系建设，以提升品牌的抗风险能力。（   ）

5. 当发现负面舆情时，应强制要求发布人员删除负面信息以避免影响扩大。（   ）

小红书运营综合实战

小红书为新兴的社交电商平台，其凭借高度活跃的用户群体和强大的内容"种草"能力，已成为众多品牌不可忽视的营销阵地。假设你是"千乐咖啡"品牌的新媒体运营部门负责人，经过前期调查研究，你发现小红书平台的平台定位及用户很符合品牌风格和产品特点，近期将通过小红书平台进行产品和品牌的宣传推广，并通过小红书运营来实现品牌的矩阵营销。在 AI 赋能的当下，融合 AI 技术与实战运营经验，有利于开辟小红书营销的创新路径。小红书运营专员的典型工作任务及具体的创新点如表 8-1 所示。

表 8-1　小红书运营专员的典型工作任务及具体的创新点

典型工作任务	工作内容与要求（传统场景）	工作内容与要求（AI 赋能）
账号设置	结合品牌特性与目标受众画像，设置小红书账号，包括账号名称、头像、背景图设计、标签选择等，打造具有辨识度且有吸引力的品牌形象	能借助 AI 工具，并结合品牌特性与目标受众，设置个性化的小红书账号，提升品牌形象
文案撰写	能够根据产品特点和品牌定位完成小红书笔记的撰写	能利用文本生成工具（如 ChatGPT、文心一言等）自动生成符合小红书平台风格、目标受众偏好的笔记文案，提高内容产出效率与内容质量，降低人力成本
运营效果分析	具备较强的数据收集和整理能力，能够完成小红书运营数据的采集，并使用 Excel 等工具进行数据处理，从数据中发现问题和机会	具备数据分析能力，能够根据处理完成的数据生成图表分析报告，并根据 AI 提供的改进建议进行内容调整

项目概述

本项目旨在打造一个全面、高效的小红书运营体系，借助 AI 工具提升各运营环节的效率与效果。精心设置小红书账号，塑造鲜明且有吸引力的品牌形象；运用 AI 工具生成高质量、有针对性的笔记，吸引目标受众关注；利用 AI 工具深入剖析运营数据，为优化运营策略提供有力支持，从而实现小红书账号的粉丝增长，促进用户互动及商业价值转化。

学习目标

1. 具备市场敏锐度和创新能力，通过小红书账号定位和内容定位实践，提高对市场趋势和目标受众需求的敏感度，激发创新思维，以独特视角打造有吸引力的内容。

2. 掌握小红书平台规则与运营策略，熟悉如何通过合理设置账号信息和内容定位来提升账号曝光度并增强用户黏性。

3. 掌握撰写吸引目标受众的小红书笔记文案的技巧，掌握基本的视觉设计原理，能够设计或选择符合文案主题的配图，提升笔记的吸引力。

4. 熟练掌握获取小红书运营数据的方法，利用 AI 工具对运营数据进行深入分析，并能根据分析结果撰写详细的数据分析报告，提出有效的运营建议。

任务一　设置小红书账号

任务分析

掌握设置小红书账号的技巧和方法，需要完成以下任务：

1. 通过实践训练，了解小红书平台的具体运营规则及账号设置的要求。

2. 通过实践训练，熟悉小红书平台账号定位的具体操作方法和技巧，掌握 AI 工具在小红书账号设置中的具体应用，以及提示词撰写的逻辑和方法。

【任务实施】

你决定利用 AI 工具辅助设置小红书账号，首先需要确定账号定位，然后要基于账号定位来设置账号的名称、简介等内容。

一、确定账号定位

1. 市场调研

步骤 1：问卷调查。

通过线上（社交媒体、电子邮件、公司网站）和线下（活动现场、门店）问卷调查的方式收集用户的基本信息、消费习惯、兴趣爱好等。你选择采用问卷星的"AI 创建问卷"功能来设计问卷，如图 8-1 所示。

图 8-1　AI 工具创建问卷

单击"AI 创建问卷"按钮，进入"AI 创作"页面，如图 8-2 所示。根据要求填写调研主题、题目数量、调研目的，完成后单击"开始创作"按钮即可生成调研问卷，生成的调研问卷题目如图 8-3 所示。

查看调研问卷题目，确认符合自己的需求后单击下方的"完成"按钮，即可生成调研问卷，制作完成的调研问卷如图 8-4 所示。还可以对生成的问卷进行进一步编辑，如图 8-5 所示。

图 8-2　"AI 创作"页面

图 8-3　AI 生成的调研问卷题目（部分）

图 8-4　制作完成的调研问卷（部分）

图 8-5 编辑调研问卷

编辑完所有的题目后，还可以对生成的调研问卷进行预览，包括手机预览、计算机预览，如图 8-6 所示。预览并确认无误后，单击"完成编辑"按钮即可生成最终版调研问卷，单击"发布此问卷"按钮，即可完成调研问卷的线上发布，发布调研问卷页面如图 8-7 所示。

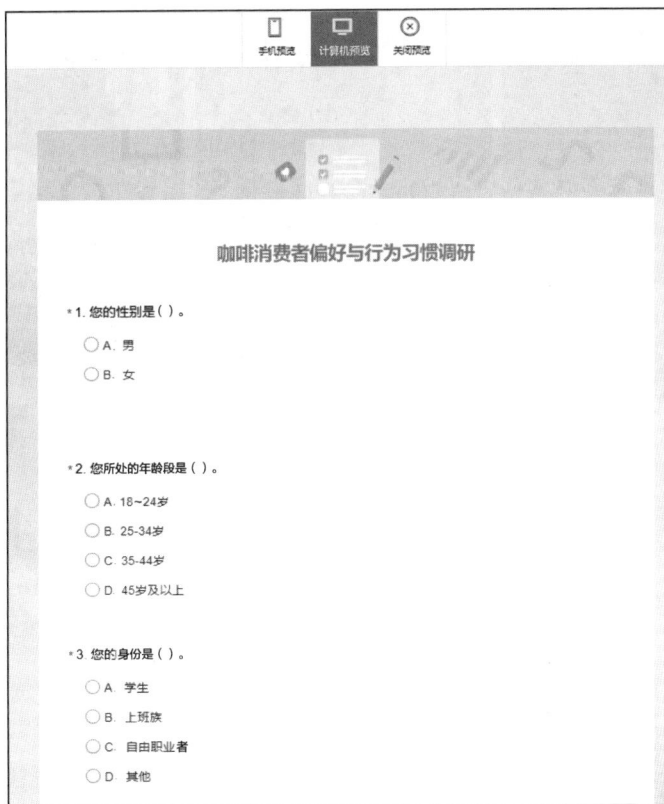

图 8-6 预览调研问卷

图 8-7　发布调研问卷页面

步骤 2：小红书账号分析。

研究同行业竞争对手的小红书账号，分析其粉丝画像、互动数据等，了解相似产品或服务的受众特征。图 8-8 所示为"千乐咖啡"品牌选择的几个竞争对手的小红书账号，并按照热度整理了这些账号发布的小红书笔记，以便对这些账号进行分析。

图 8-8　小红书账号分析

步骤 3：数据分析。

可以利用百度指数，搜索关键词"咖啡"，如图 8-9 所示。还可以搜索其他关键词，如"咖啡豆""咖啡品牌"等。

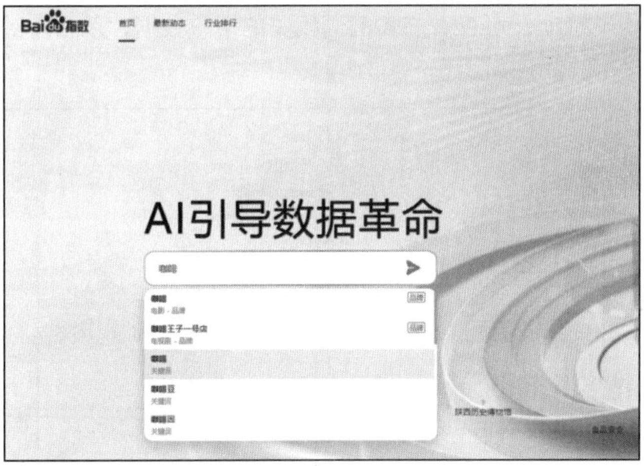

图 8-9　搜索关键词"咖啡"

单击"需求图谱"选项，可查看咖啡的搜索指数、搜索热度及搜索变化率等，如图 8-10、图 8-11 所示。

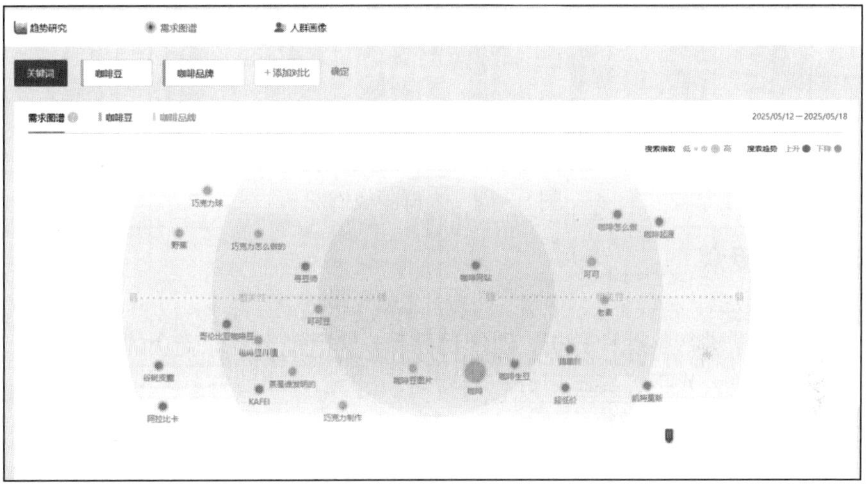

图 8-10　需求图谱分布情况

图 8-11　相关词热度情况

单击"人群画像"选项，可查看与关键词相关的用户数据，包括年龄分布、性别分布及兴趣表现等，如图 8-12 所示。

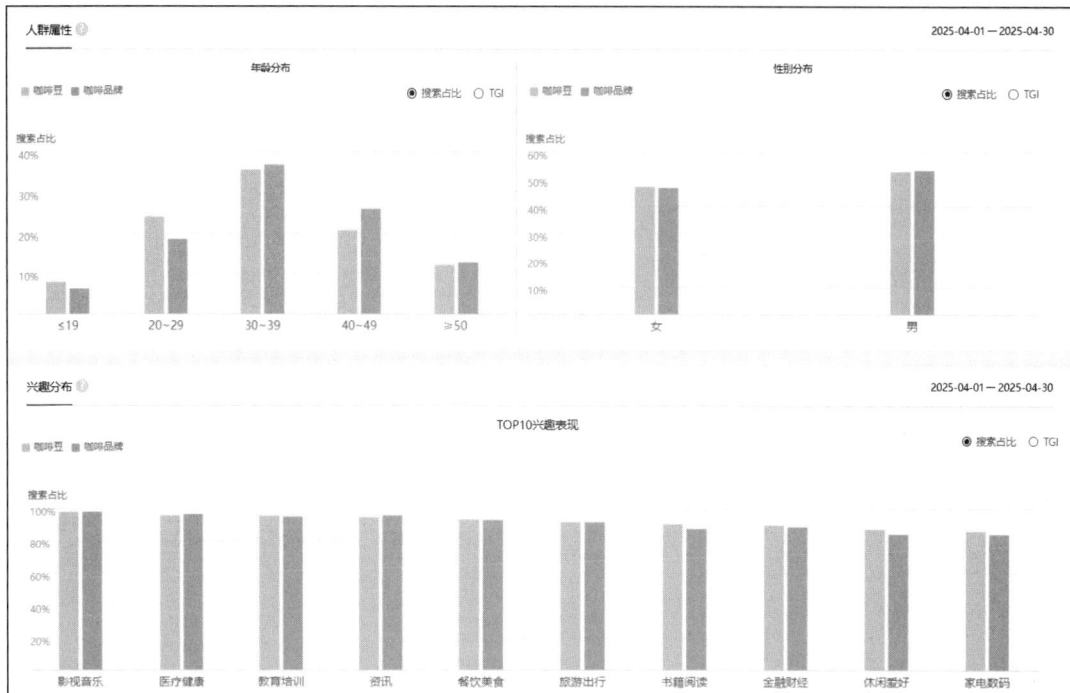

图 8-12　人群画像情况

2. 确定目标受众

步骤 1：整理数据。

对收集到的数据进行整理和分析，确定目标受众，提炼出目标受众的关键特征，如年龄、性别、所处地域、收入水平、兴趣爱好、消费习惯等。

步骤 2：构建目标受众画像。

基于数据分析结果，构建目标受众画像，包括目标受众的特征描述及购买渠道，如表 8-2 所示。

表 8-2　目标受众画像

目标受众	特征描述
品质咖啡与健康生活追求者	30～39 岁，对生活品质有一定的追求； 关注健康与时尚，热爱社交与旅行； 品牌忠诚度较高，偏爱现磨咖啡，购买咖啡的方式为线上线下结合

3. 确定核心价值

你可以通过以下几个步骤确定"千乐咖啡"品牌小红书账号的核心价值。

步骤 1：分析核心价值。

分别通过品牌理念提炼、产品特性分析、市场调研及内部讨论对小红书账号的核心价值进行分析，如表 8-3 所示。

表 8-3 核心价值分析

分析方式	分析内容
品牌理念提炼	提炼出品牌的核心价值和使命
产品特性分析	根据产品体系中的各类产品，分析其特点、优势及与竞争对手的差异
市场调研	通过问卷调查、竞品分析、消费者访谈等方式，了解目标受众的偏好和需求
内部讨论	组织团队讨论，集思广益，确定账号的核心价值方向

步骤 2：得出核心价值。

综合分析后，你可以确定"千乐咖啡"品牌小红书账号的核心价值，确定的核心价值如表 8-4 所示。

表 8-4 确定的核心价值

核心价值	具体描述
快乐传递，品质生活	"千乐咖啡"品牌秉承"快乐、轻松、简单"的品牌理念，精选全球优质咖啡原料，打造高品质咖啡产品，致力于将快乐的生活态度融入每一杯咖啡，让消费者在品味咖啡的同时，享受轻松愉悦的生活方式。千乐咖啡，品质之选，快乐传递

4. 完成账号定位

在完成市场调研、目标受众确定、核心价值确定之后，结合"千乐咖啡"品牌的特色，将小红书账号的定位最终确定为"品质咖啡生活的引领者与分享者"，旨在通过分享高品质的咖啡产品、独特的咖啡文化及健康时尚的生活方式，吸引并留住 30～39 岁的品质咖啡与健康生活追求者。这一群体对生活品质有较高的要求，热爱社交与旅行，关注健康与时尚，且对品牌忠诚度较高。

二、设置账号信息

1. 注册并登录小红书账号

在手机应用市场下载小红书 App，打开 App，通过手机号、微信账号或 QQ 账号等方式进行注册。注册完成后，采用注册完成的账号登录。小红书账号登录页面如图 8-13 所示。

2. 编辑小红书账号资料

点击右下角的"我"进入个人中心页面，然后点击"编辑资料"按钮，进入小红书账号资料编辑页面，如图 8-14

图 8-13 小红书账号登录页面

所示。在该页面完善个人信息，包括名字、小红书号、背景图、简介、性别、生日、地区等基本信息。

3. 设置账号名称

为了直观体现千乐咖啡"品质咖啡生活的引领者与分享者"账号定位的特色，账号名称需便于消费者记忆和识别，同时要富有韵味和吸引力。你可以通过 AI 工具——文心一言设

置账号名称。在文心一言中输入相关提示词，如图 8-15 所示，可得到若干个账号名称，如图 8-16 所示。

图 8-14　进入小红书账号资料编辑页面

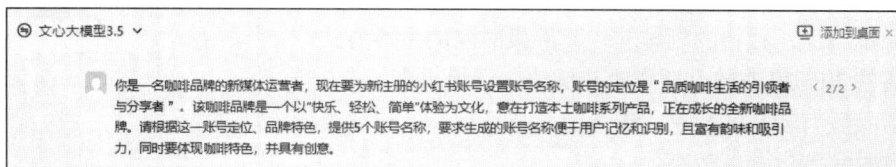

图 8-15　输入提示词

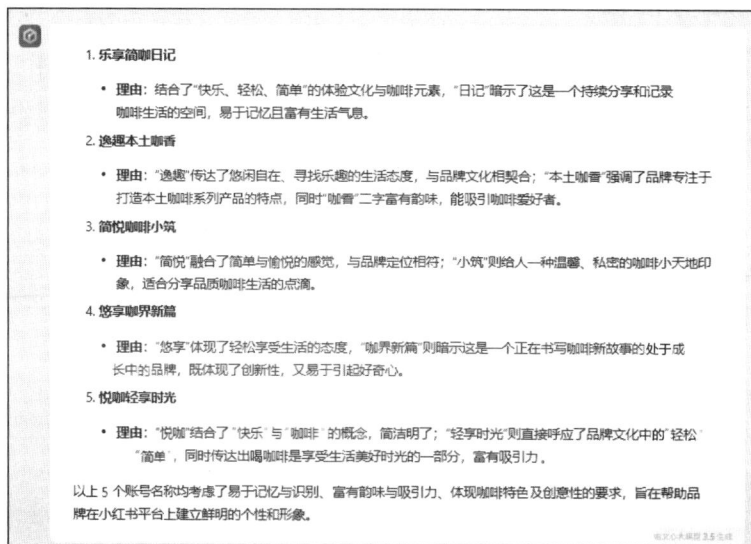

图 8-16　文心一言根据提示词生成的结果

结合品牌的理念和账号定位，以"乐享简咖日记"作为小红书账号名称，点击"名字"按钮，输入选择的账号名称，如图 8-17 所示，然后点击"确认"按钮即可。

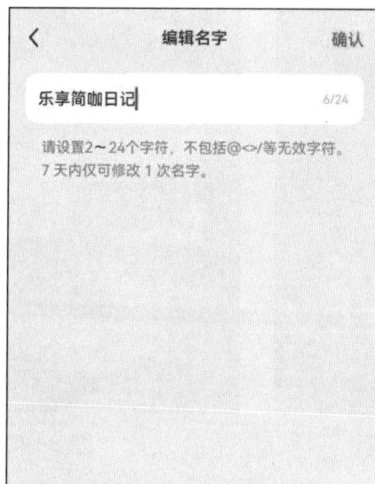

图 8-17　编辑账号名称

4. 设置账号头像和背景图

完成账号名称设置后，你还需要设置账号头像和背景图。通常，账号的头像可使用个人形象照或品牌标志，避免使用风景照或难以识别的图片。你以品牌标志作为"千乐咖啡"品牌的小红书账号头像，并基于品牌故事和品牌寓意，使用豆包设计账号背景图。打开并登录豆包，然后在输入框中输入提示词，单击右下角的"发送"按钮即可生成相应的图片，如图 8-18 所示，还可以不断优化描述，直至生成满意的图片。

图 8-18　根据提示词生成账号背景图

最终确定的账号头像和背景图分别如图 8-19 和图 8-20 所示。

图 8-19　确定的账号头像

图 8-20　确定的账号背景图

选择"头像"—"上传新头像"选项，如图 8-21 所示。在相册中选择并上传确定的账号头像后点击"完成"按钮即可，如图 8-22 所示。

图 8-21　上传新头像

图 8-22　确认头像

选择"背景图"—"更换背景"选项，如图 8-23 所示，在手机相册中选择并上传确定的背景图，进行适当剪裁，完成后点击"完成"按钮即可，如图 8-24 所示。

图 8-23　更换背景

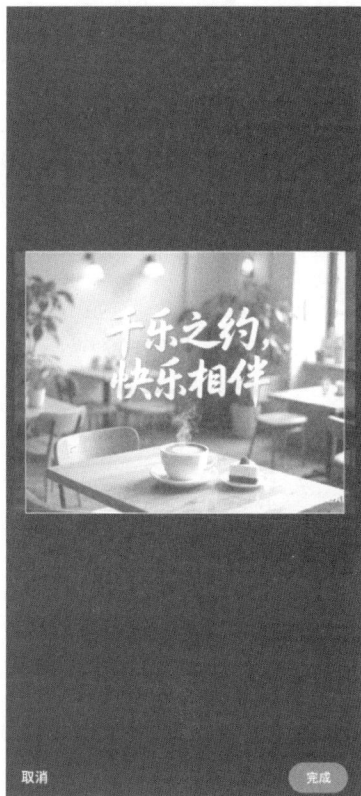

图 8-24　确认背景图

设置好的账号名称、头像、背景图的预览效果如图 8-25 所示。

图 8-25　预览效果图

5. 设置账号简介

　　设置好账号名称、头像及背景图后，接下来还需要完善账号简介。你可借助文心一言，结合账号定位及品牌故事为账号生成账号简介。设置的提示词及文心一言生成的结果如图 8-26 所示。

图 8-26　设置的提示词及文心一言生成的结果

通过不断优化提示词，最终确定账号简介如下。

> 生活滚烫，咖啡满糖！我是乐享简咖日记。千乐咖啡 2023 年追梦，以"快乐、轻松、简单"为信仰打造本土咖啡。坚信好咖啡赋予能量，愿与您共赴品质生活，让快乐相伴。

点击"简介"选项，输入个人简介，完成后点击"确认"按钮即可，如图 8-27 所示。

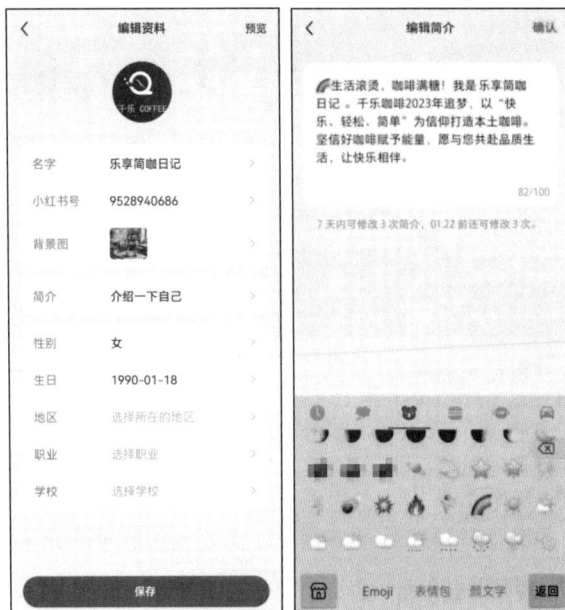

图 8-27　编辑账号简介

请同学们选择一款文本生成工具，为某个甜品品牌设计小红书账号名称、账号简介，以吸引用户关注，并突出品牌的产品特色。以下是该甜品品牌的特色。

该甜品品牌以匠心独运的艺术呈现、天然健康的食材选择、层次丰富的口感设计、个性化的定制服务及环保的包装，致力于成为传递幸福美好的甜蜜使者，让每一次品尝都成为一场视觉与味觉的双重盛宴。

6. 设置其他信息

填写性别、生日、地区、职业、学校等信息，完成对小红书账号的设置，填写完成后点击"保存"按钮。

任务二　撰写与发布小红书笔记

任务分析

熟练掌握 AI 工具在小红书笔记撰写与发布中的应用技巧和具体使用场景，需要完成以下任务：

1. 通过实践操作，掌握小红书笔记创作的具体步骤；

2. 通过实战训练，熟悉 AI 工具在小红书笔记撰写与发布中的主要使用功能，以及这些工具的具体操作和使用技巧。

【任务实施】

在任务 1 中，你已经完成了小红书账号的设置，现在你要在此基础上，完成账号的内容定位，并据此撰写小红书笔记，同时为笔记设计相应的配图，且对最终的笔记进行美化、排版，以便定期发布，推广品牌及产品，吸引更多消费者的关注。

一、确定账号的内容定位

1. 确定内容形式

你需要从"千乐咖啡"品牌的账号定位、品牌故事及目标受众喜好的角度进行内容形式分析，如表 8-5 所示。确定的内容形式如表 8-6 所示。

表 8-5　内容形式分析

分析角度	分析内容
账号定位	"千乐咖啡"品牌旨在成为品质咖啡生活的引领者与分享者，这需要通过多样化的形式来全面展示咖啡生活。图文笔记能直观呈现咖啡产品、包装及各种场景，方便用户快速获取信息，契合账号定位。视频笔记则能以更生动、详细的方式展示咖啡冲泡过程、品牌故事，加深用户对品牌的理解，强化品牌在品质咖啡生活领域的引领作用

分析角度	分析内容
品牌故事	品牌成立于 2023 年，相对年轻且富有活力。互动笔记，如线上抽奖、话题讨论等，能很好地吸引年轻用户参与，促使用户与品牌进行互动，这与品牌积极向上、充满活力的形象相匹配，也有助于品牌传播快乐文化，将快乐传递给更多人
目标受众喜好	小红书用户多为年轻、追求品质生活的人，他们对视觉效果好、有趣且互动性强的内容感兴趣。图文、视频笔记能满足其对视觉内容的需求，而互动笔记迎合了他们乐于分享、参与互动的特点，有助于增强和提高用户黏性与参与度

表 8-6　确定的内容形式

内容形式	详细说明
图文笔记	通过精美的图片展示咖啡产品、包装，以及在家中、办公室等场景享用咖啡的画面，搭配风格活泼、富有感染力的文字，生动展现产品特色与品牌理念
视频笔记	制作咖啡冲泡教学视频，突出产品的便捷性；创作品牌故事动画短片，以新颖有趣的形式传播品牌文化；邀请网络红人拍摄使用产品的 vlog
互动笔记	定期开展线上抽奖、话题讨论等活动，例如 "分享你的咖啡'续命'时刻"，鼓励用户分享与咖啡有关的趣事，增强用户黏性与参与感

2. 确定内容主题

在确定内容形式的基础上，还需要从账号定位、品牌故事及目标受众需求角度进行内容主题分析，如表 8-7 所示。确定的内容主题如表 8-8 所示。

表 8-7　内容主题分析

分析角度	分析内容
账号定位	品牌作为品质咖啡生活的引领者，需要提供丰富的咖啡知识，提升用户对咖啡的认知，所以设置"咖啡知识科普"主题。同时，分享不同场景下的咖啡生活方式，如设置"咖啡生活美学"主题，以展示品牌对品质咖啡生活的理解与引领作用
品牌故事	品牌以"快乐、轻松、简单"为文化，在"品牌文化传播"主题中讲述品牌故事等，能让用户深入了解品牌文化内涵。"产品展示推广"主题则通过介绍产品，传递品牌精心打造咖啡的理念，将快乐通过产品传递给用户
目标受众需求	目标受众渴望了解更多咖啡知识，提升自己的咖啡品鉴能力，"咖啡知识科普"主题满足了这一需求。目标受众希望看到真实的用户体验，"用户体验分享" 主题能够让他们从真实的用户故事中找到共鸣点，增强对品牌的认同感

表 8-8　确定的内容主题

内容主题	详细说明
咖啡知识科普	深入介绍不同咖啡豆的来源、独特风味和适宜的冲泡方法，同时分享咖啡品鉴技巧，帮助用户提高咖啡品鉴水平
产品展示推广	详细展示"千乐咖啡"品牌的新品、经典单品，包括产品的口感、配料、包装设计等信息，并附上线上购买链接和优惠活动信息，引导用户购买
品牌文化传播	讲述"千乐咖啡"的品牌故事、品牌理念，分享品牌发展过程中的重要节点、团队的创作灵感等，让用户深入了解品牌内涵
咖啡生活美学	分享在家中、办公室、户外等各种场景享受咖啡的创意方式，如打造家庭咖啡角、户外野餐咖啡搭配等，传递品牌倡导的快乐生活态度
用户体验分享	邀请用户分享自己与"千乐咖啡"品牌的故事，包括品尝感受、与品牌的互动经历等，增强用户对品牌的认同感和归属感

3. 制定内容日历

在确定内容形式和主题的基础上，还需从时间分布合理性、内容连贯性与多样性的角度来分析小红书账号的内容日历，如表 8-9 所示。确定的内容日历如表 8-10 所示。

表 8-9　内容日历分析

分析角度	分析内容
时间分布合理性	一周内不同时间用户的需求和活跃度有所不同。周一是工作开始，用户可能希望获取新知识。周三是工作中期，展示新品及优惠活动能吸引用户关注并购买，促进销售。周五临近周末，分享品牌故事能让用户放松心情，同时加深用户对品牌的印象。周末，用户有更多休闲时间，分享用户体验等内容，能让用户在闲暇时间了解品牌相关内容，提升品牌好感度
内容连贯性与多样性	从内容的连贯性来看，周一的"咖啡知识科普"能为周三的"产品展示推广"做铺垫，让用户更好地理解产品特点；周五的"品牌文化传播"与品牌整体形象塑造相呼应，周末的"咖啡生活美学"和"用户体验分享"则让用户深度参与品牌文化的塑造；同时，每周安排不同主题能保证内容的多样性，满足用户多方面的需求

表 8-10　确定的内容日历

时间	内容主题	内容形式	具体内容
周一	咖啡知识科普	图文笔记、视频笔记（可制作讲解视频）	介绍一款小众咖啡豆的产地、风味、处理方法及适合的冲泡器具
周三	产品展示推广	图文笔记（图片突出产品细节）、视频笔记（如产品展示视频）	展示当季主推新品，详细介绍口感、配料、包装特色，提供线上购买优惠码
周五	品牌文化传播	图文笔记（搭配团队寻找咖啡豆的图片）、视频笔记（动画短片或 vlog 形式）	讲述品牌团队某次寻找优质咖啡豆的有趣经历
周末	咖啡生活美学/用户体验分享	图文笔记（展示自制场景及用户分享截图）、互动笔记（发起相关话题讨论，鼓励用户分享自己的创意和故事）	分享在家自制咖啡的经历及咖啡与甜点的搭配创意，或选取用户精彩的体验故事进行展示

二、撰写小红书笔记文案

1. 确定文案风格

确定账号的内容定位后，接下来你要着手撰写小红书笔记文案。你通过分析主题的特点和情感基调，梳理出了不同主题的文案风格，如表 8-11 所示。

表 8-11　常见的文案风格

内容主题	文案风格	描述
咖啡知识科普	趣味知识风	以轻松有趣的内容开篇，介绍知识时穿插咖啡历史小故事、冷知识，运用比喻、拟人等修辞手法，将复杂的知识通俗化，让用户轻松学习
产品展示推广	引导购买风	开头直抛产品亮点，生动描绘产品口感、香气、外观，加入用户好评截图、优惠信息，刺激用户产生购买欲望
品牌文化传播	温情叙事风	讲述品牌创立初衷、发展历程，刻画品牌的坚持与信念，传递品牌的温暖与情怀，增强用户认同感
咖啡生活美学/用户体验分享	生活记录风	以贴近生活的场景引入，用平实的语言记录与"千乐咖啡"品牌相关的故事和体验，分享生活小贴士、自制咖啡小窍门，引发用户共鸣

根据内容日历，你计划撰写周一的以"咖啡知识科普"为主题的笔记文案，你以"千乐

咖啡"品牌的一款咖啡豆作为主要产品，介绍这款咖啡豆的产地、风味、处理方法等内容，并通过图文笔记来呈现内容。

2. 构建文案框架

你需要根据选择的内容主题和文案风格来构建文案框架，包括标题、开头、正文和结尾部分，如表8-12所示。

表8-12　文案框架

组成部分		具体内容
标题		采用吸引人、有趣的词汇，激发读者的好奇心，让人一看就想点击阅读
开头		以轻松诙谐、亲近读者的语气开场，迅速拉近与读者的距离，营造轻松氛围
正文	知识主体部分	咖啡豆产地介绍：运用拟人、比喻等手法，将咖啡豆的产地环境描绘得生动有趣，穿插当地有趣的传说或故事。 独特风味解读：用形象的比喻等，让读者能真切感知咖啡豆的风味特点。 冷知识分享：分享一些有趣的有关咖啡豆生长、处理过程的冷知识，增强新奇感
	冲泡指南	用简单易懂、幽默的语言描述冲泡步骤，加入实用小技巧，让读者轻松上手
结尾		以提问、邀请分享等方式，鼓励读者参与互动，提高笔记热度

3. 撰写文案初稿

利用文心一言完成文案初稿的撰写。根据内容主题、文案风格及文案框架，输入如下提示词。

> 你是一名小红书运营人员，负责小红书账号的运营，该账号的定位是"品质咖啡生活的引领者与分享者"。现在需要根据以下内容主题、文案风格及文案框架撰写一篇有关咖啡的笔记文案，在文案的相应位置需要插入配图，目的是向消费者科普有关咖啡的知识，并能够吸引更多用户的关注。
>
> 内容主题：咖啡知识科普。
>
> 文案风格：趣味知识风。
>
> 文案框架如下。
>
> | 组成部分 | | 具体内容 |
> | --- | --- | --- |
> | 标题 | | 采用吸引人、有趣的词汇，激发读者的好奇心，让人一看就想点击阅读 |
> | 开头 | | 以轻松诙谐、亲近读者的语气开场，迅速拉近与读者的距离，营造轻松氛围 |
> | 正文 | 知识主体部分 | 咖啡豆产地介绍：运用拟人、比喻等手法，将咖啡豆的产地环境描绘得生动有趣，穿插当地有趣的传说或故事。
独特风味解读：用形象的比喻等，让读者能真切感知咖啡豆的风味特点。
冷知识分享：分享一些有趣的有关咖啡豆生长、处理过程的冷知识，增强新奇感 |
> | | 冲泡指南 | 用简单易懂、幽默的语言描述冲泡步骤，加入实用小技巧，让读者轻松上手 |
> | 结尾 | | 以提问、邀请分享等方式，鼓励读者参与互动，提高笔记热度 |

根据输入的提示词，文心一言生成了图8-28所示的内容。

图 8-28　文心一言生成的小红书笔记文案

4. 修改笔记文案

你还需要对生成的笔记文案初稿进行修改，主要包括检查文案的语法，调整文案的逻辑，优化文案的语言，并对修改后的文案进行审核定稿。最终的文案如下。

【标题】咖啡豆科普！秒变咖啡达人

配图：一张充满神秘感的咖啡豆封面图，咖啡豆排列成问号形状，引起用户好奇。

【开头】

嗨～小伙伴们，是不是每次路过咖啡馆，都被那浓郁的咖啡香勾得迈不开脚？今天，就让我带你们一起走进咖啡豆的奇妙世界！

【正文】

咖啡豆产地介绍

你知道吗？咖啡豆可是有自己的"出生地"的哦！想象一下，在遥远的哥伦比亚高原，阳光亲吻着每一颗饱满的咖啡豆，它们在那里悠然自得地生长。还有那些流传在当地的古老传说——咖啡豆是爱情的结晶，每一颗都蕴含着深情与温暖。

（配图：咖啡豆在阳光下生长，以及充满当地风情的图片）

独特风味解读

说到咖啡的风味，那可真是千变万化！就像你在品尝一杯埃塞俄比亚耶加雪啡时，仿佛置身于清新的果园，那酸甜的口感就像在品尝刚摘下的草莓，带着一丝丝清新。而哥伦比亚慧兰呢？它就像一位优雅的舞者，在舌尖上轻盈起舞，让你感受到巧克力般的丝滑，留下淡淡的坚果香。

（配图：各种咖啡豆及对应风味的美食联想图）

冷知识分享

你知道吗？咖啡豆在成长过程中，还会经历一场"变形记"呢！从青涩的果实到成熟的咖啡豆，它们要经历采摘、去皮、发酵、晾晒等一系列复杂的过程。其中，发酵可是关键步骤，它决定了咖啡豆的最终风味哦！发酵就像是一场精心策划的化学反应，能让咖啡豆焕发出独特的魅力。

（配图：咖啡豆的处理过程图）

冲泡指南

想要泡出一杯完美的咖啡吗？来来来，看这里！首先，记得要选用新鲜研磨的咖啡豆哦！其次，用90℃左右的热水将咖啡粉充分浸润。最后，耐心等待几分钟，一杯香气四溢的咖啡就出炉啦！记得加入适量的牛奶或糖，调出你喜欢的味道哦！

（配图：冲泡咖啡的步骤图）

【结尾】

怎么样？是不是已经迫不及待地想要尝试一番了？快来评论区告诉我，你最爱的咖啡风味是什么吧！或者，你还有什么关于咖啡豆的知识想要分享吗？一起来交流吧！

#咖啡豆冷知识 #咖啡达人养成记 #品质咖啡生活

三、设计笔记文案配图

确定笔记文案后，还要根据文案结构为内容设计相应的配图。你可以借助图片生成工具——可灵AI来完成配图的设计。首先设计封面图，输入提示词，如图8-29所示。

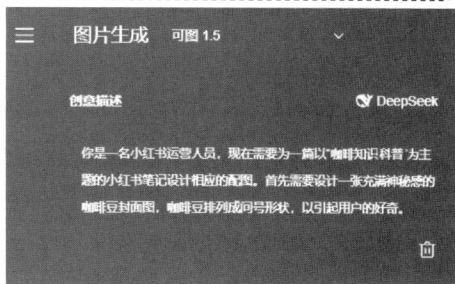

图8-29 输入提示词

根据提示词，可灵AI生成了4组图片，如图8-30所示。若对生成的图片不满意，可以重复生成，也可以不断地修改提示词，直至生成较为满意的图片，如图8-31所示。

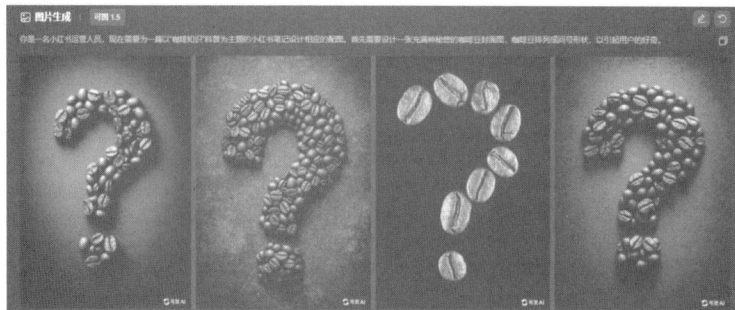

图8-30 图片生成结果（1）

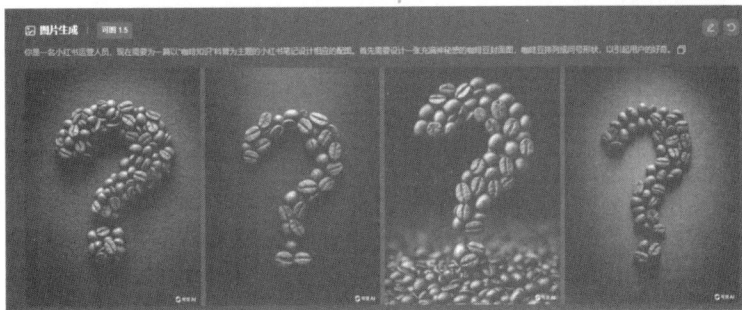

图 8-31　图片生成结果（2）

采用同样的方式，完成小红书笔记文案中其他内容的配图设计，最终确定的文案配图如表 8-13 所示。

表 8-13　确定的文案配图

图片位置	配图
标题	
咖啡豆产地介绍	
独特风味解读	
冷知识分享	

续表

图片位置	配图
冲泡指南	

四、优化文案配图

设计完成笔记文案的配图后，还要对配图进行优化。可以通过稿定设计来完成笔记文案配图优化。稿定设计首页如图 8-32 所示。

图 8-32　稿定设计首页

采用稿定设计推荐的小红书模板来优化配图，如图 8-33 所示。

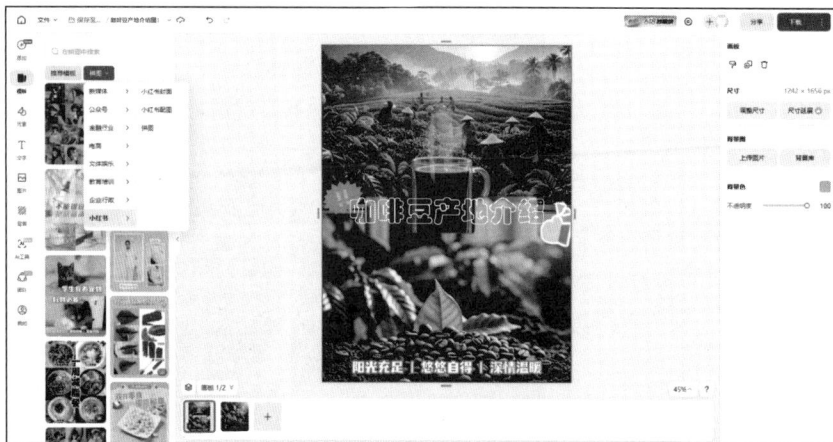

图 8-33　采用推荐模板

优化完成的文案配图如表 8-14 所示。

表 8-14　优化完成的文案配图

图片位置	配图
标题	
独特风味解读	
咖啡豆产地介绍	
冷知识分享	
冲泡指南	

配图优化完成后，就可以进行小红书笔记的发布了。点击"去发布"按钮，如图 8-34 所示，在相册中选择并上传优化完成的图片，此时可以对图片进行进一步处理，如添加滤镜、文字、贴纸或裁切等，同时还可以添加音乐，如图 8-35 所示，处理完成后点击"下一步"按钮。

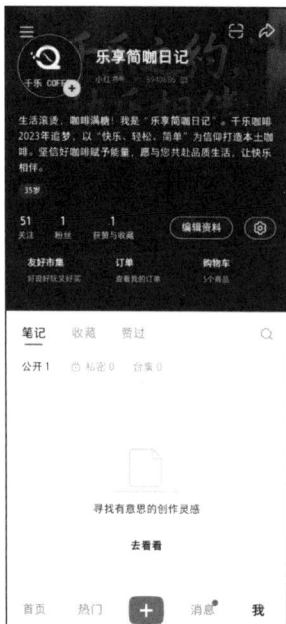

图 8-34　点击"去发布"按钮

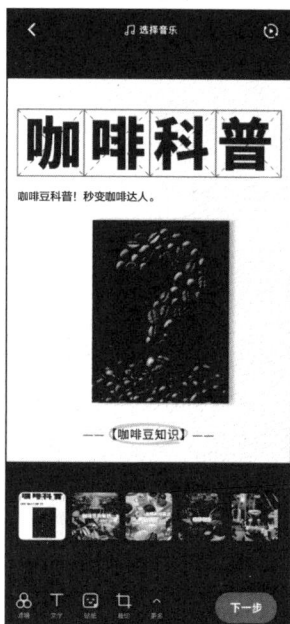

图 8-35　进一步处理图片

编辑文案内容。输入标题、正文等，添加话题，还可以@用户、标记地点等，如图 8-36 所示。点击"预览"按钮，还可以预览编辑好的笔记，如图 8-37 所示。确认无误后点击"发布笔记"按钮即可。

图 8-36　编辑文案内容

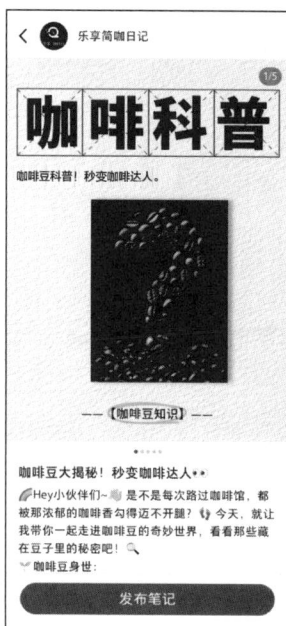

图 8-37　预览笔记

📜 **练一练**

请同学们使用文本生成工具，撰写一篇关于冬日养生的小红书笔记，包含冬日生活习惯、冬日保暖穿搭和冬日食谱搭配等，并设计相应的配图，然后对内容进行优化。

任务三 分析小红书运营效果

📖 **任务分析**

掌握运用 AI 辅助分析小红书运营效果的方法，需要完成以下任务：

1. 熟悉运用 AI 辅助分析运营数据的具体操作，并得出具有价值的分析结果；

2. 熟悉运用 AI 辅助撰写数据分析报告的具体操作，生成结构完整、内容全面、逻辑清晰的报告。

💻 **【任务实施】**

你已经完成小红书笔记的发布，现在需要对笔记的运营效果进行分析评估。

1. 获取小红书运营数据

登录小红书账号，点击个人主页左上角的 ☰，选择"创作者中心"选项，如图 8-38 所示。

图 8-38 选择"创作者中心"选项

在"创作者中心"页面可获取账号的基础数据、单篇笔记数据及粉丝数据等，如图 8-39 所示。

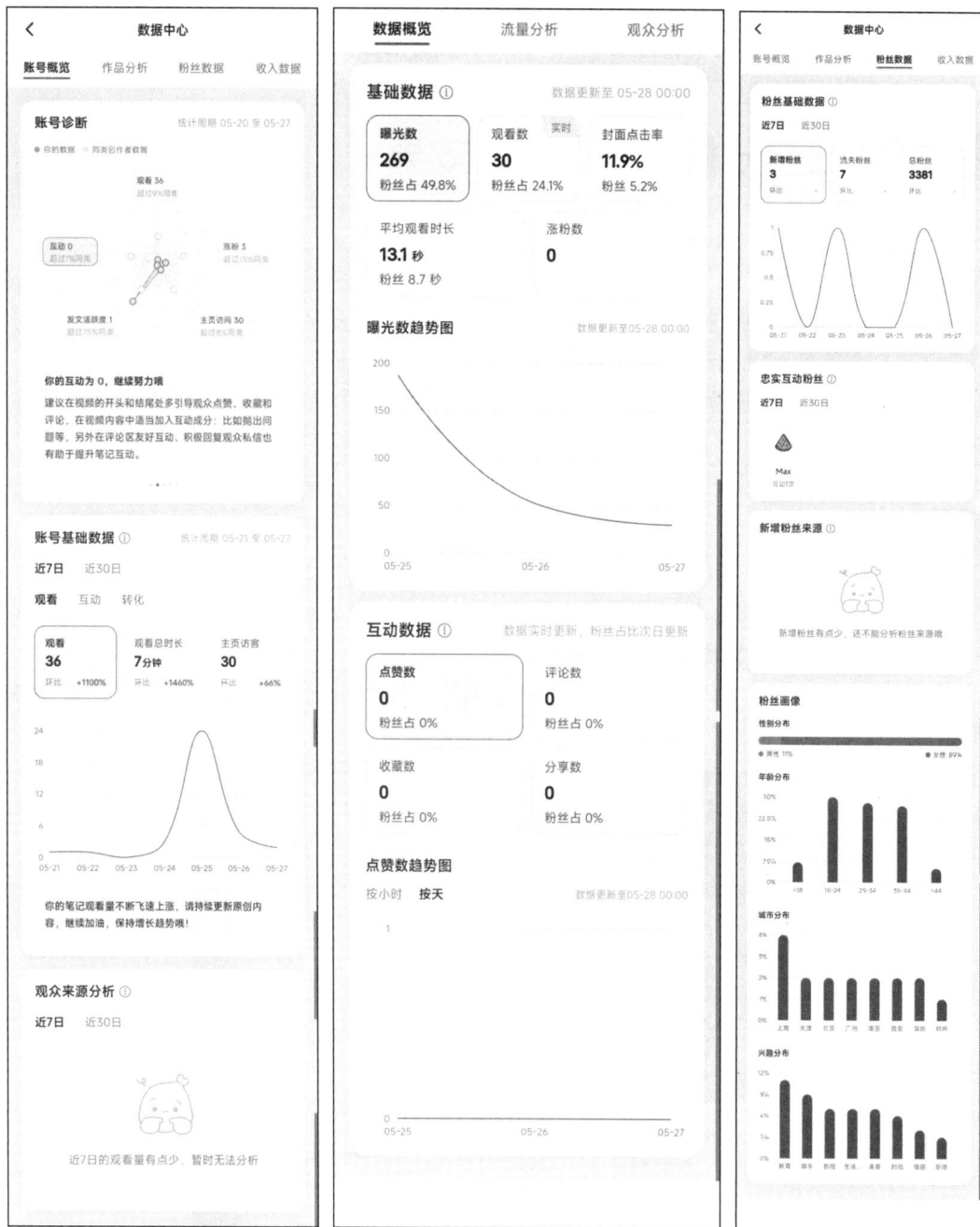

图 8-39　小红书运营数据

2. 分析小红书运营效果

根据获取的运营数据分析小红书运营效果，你可以借助 AI 工具来完成运营数据的分析。打开文心一言，新建对话，上传获取的数据截图，并在下方的文本框中输入提示词，如图 8-40 所示。

你是一名小红书运营人员，目前发表了一篇小红书笔记，且已从创作者中心获取了运营数据，图中是获取的数据，现在需要对采集到的数据进行分析，目的是为后期的小红书运营提出优化策略。

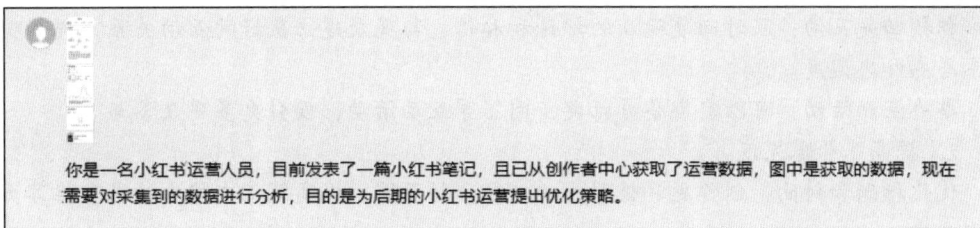

图 8-40　输入提示词

分析结果如下。

账号基础数据分析结果
一、数据概述
　　本次分析的数据统计周期涵盖账号诊断（5.20—5.27）与账号基础数据（5.21—5.27）等时段。其间共获得 36 次观看，主页访客达 30 人，涨粉 3 人，但互动量为 0。
二、详细数据分析
　　1. 账号诊断
　　观看量：36 次观看，超过 9% 的同类创作者，表现相对较好，但仍处于较低水平。
　　涨粉数：涨粉 3 人，超过 15% 的同类创作者，粉丝增长缓慢。
　　互动情况：互动量为 0，远低于同类创作者，超过仅 1% 的同类创作者，这是亟待解决的问题。
　　其他指标：发文活跃度为 1，超过 75% 的同类创作者，说明发文频率尚可；主页访问 30 次，超过 8% 的同类创作者。
　　2. 账号基础数据
　　观看数据：观看量为 36 次，环比上升 1100%，增长显著，可能是某篇笔记带来了流量。
　　观看总时长：7 分钟，环比上升 1460%，表明观众在笔记上停留的时间有所增加，内容吸引力有一定提升。
　　主页访客：30 人，环比上升 66%，主页曝光度有所提高。
　　观看趋势：从趋势图来看，在 5 月 25 日左右出现观看量高峰，之后有所回落，须分析该高峰出现的原因，如是否为特定内容或推广带来的流量。
　　3. 观众来源分析
　　近 7 日观看量较少，暂时无法进行深入分析。但从整体情况推测，可能缺乏有效的引流渠道，导致账号曝光度不足。
三、问题总结
　　互动率极低，观众参与度差，缺乏与粉丝的有效互动。
　　观看量虽然有所增长，但整体基数仍然较小，账号曝光度有待提高。
　　粉丝增长缓慢，未能有效吸引新粉丝关注。
四、优化策略
　　1. 提升互动率
　　优化内容设计：在视频开头和结尾处多引导观众点赞、收藏和评论，如设置互动性问题、鼓励观众在评论区留言分享自己的经验和看法。

积极回复互动：及时回复观众的评论和私信，与观众建立良好的互动关系，提高观众的参与感和忠诚度。

举办互动活动：可以定期举办抽奖、问答等互动活动，吸引更多观众参与。

2. 提高账号曝光度

优化标题和封面：创作更具吸引力的标题和封面图，提高笔记在搜索结果和推荐页面的点击率。

利用热门话题：结合当下热门话题和趋势，创作相关内容，增加账号在热门话题下的曝光机会。

合作推广：与其他有影响力的博主或品牌进行合作推广，互相引流，扩大账号的受众群体。

3. 加速粉丝增长

持续输出优质内容：保持一定的发文频率，不断更新原创、有价值的内容，满足观众的需求，吸引新粉丝关注。

分析粉丝画像：深入了解现有粉丝的特征和兴趣，针对性地创作内容，提高粉丝的黏性和活跃度，进而吸引更多类似受众成为粉丝。

利用社交媒体推广：在其他社交媒体平台宣传自己的小红书账号，引导更多潜在用户关注。

单篇笔记分析结果

一、基础数据分析

1. 曝光数：269 次，其中粉丝曝光占比 49.8%。这表明笔记有一定的初始曝光，但整体曝光量较低。粉丝是曝光的主要来源之一，说明粉丝对笔记有一定的关注度，但非粉丝曝光量也有较大提升空间。

2. 观看数：30 次，粉丝观看占比 24.1%。结合曝光数来看，观看转化率（观看数/曝光数）约为 11.9%（30/269），这个转化率相对较低，说明笔记在吸引用户点击观看方面存在不足。

3. 封面点击率：11.9%，粉丝封面点击率为 5.2%。封面点击率整体不高，尤其是粉丝封面点击率较低，可能意味着封面在吸引粉丝兴趣方面不够有效。

4. 平均观看时长：13.1 秒，粉丝平均观看时长为 8.7 秒。观看时长较短，说明笔记内容未能充分吸引用户持续观看，内容的吸引力有待提高。

5. 涨粉数：0，说明笔记内容在吸引新用户关注方面效果不佳。

二、互动数据分析

点赞数、评论数、收藏数和分享数均为 0，且粉丝占比均为 0%。这表明笔记在引发用户互动方面表现极差，内容可能缺乏吸引力、话题性或价值。

三、优化策略

1. 优化封面设计

突出亮点：在封面上更直观地展示笔记的核心亮点或关键信息，吸引用户点击。

测试风格：尝试不同的封面风格，如对比强烈的色彩、有趣的图片组合等，找到更受目标受众欢迎的封面样式。

2. 提升标题吸引力

制造悬念：使用疑问句、悬念式的标题，激发用户的好奇心，提高点击率。

关键词优化：结合热门关键词和用户搜索习惯，优化标题，提高笔记在搜索结果中的曝光机会。

3. 优化内容质量

增加价值：提供更有深度、更实用的内容，如专业知识分享、独特的经验总结等，吸引用户观看和互动。

改进叙事方式：采用更生动、有趣的叙事方式，增强内容的可读性和吸引力，延长用户的观看时长。

4. 引导互动

提问引导：在笔记结尾提出开放性问题，引导用户在评论区留言讨论。

鼓励分享和收藏：明确告知用户笔记的价值，鼓励他们分享给朋友或收藏备用。

5. 分析受众喜好

研究粉丝画像：深入了解现有粉丝的特征和兴趣，创作更符合他们兴趣的内容。

关注热门话题：结合小红书上的热门话题和趋势，创作相关内容，提高笔记的热度和曝光机会。

6. 定期复盘和调整

持续监测数据：定期分析笔记的数据表现，总结经验、教训，及时调整运营策略。

尝试不同形式：不断尝试新的内容形式，如图文、视频等，找到最适合的呈现方式。

粉丝数据分析结果

一、粉丝基础数据分析

1. 近 7 日新增粉丝：3 人，数据较低，说明近期内容吸引新粉丝的能力较弱。

2. 近 7 日流失粉丝：7 人，流失粉丝数量相对新增粉丝较多，需要关注粉丝流失的原因。

3. 总粉丝数：3381 人，这是账号的粉丝基础，但需要结合互动数据来判断粉丝的活跃度和忠诚度。

4. 粉丝增长趋势：从折线图来看，粉丝增长趋势波动较大且整体数值较低，说明粉丝增长不稳定，缺乏持续吸引新粉丝的有效手段。

二、忠实互动粉丝分析

目前只有 1 位忠实互动粉丝（Max），互动 1 次。这表明账号与粉丝之间的互动性较差，需要加强与粉丝的互动，提高粉丝的参与度和忠诚度。

三、新增粉丝来源分析

系统提示新增粉丝有点少，还不能分析粉丝来源。这意味着账号的影响力可能还比较有限，未能吸引到足够多的新粉丝，以至于无法进行有效的来源分析。

四、粉丝画像分析

1. 性别分布：女性粉丝占比 89%，男性粉丝占比 11%。说明账号内容更受女性用户欢迎，后续内容创作可以继续针对女性用户的兴趣和需求。

2. 年龄分布：粉丝主要集中在 18～34 岁，其中 18～24 岁和 25～34 岁的用户占比较高。这个年龄段的用户通常对时尚、生活、娱乐等内容比较感兴趣，可以结合这些特点进行内容策划。

3. 城市分布：上海、天津、北京、广州、南京等城市的粉丝占比较高。可以根据这些城市的用户特点和需求，定制更具针对性的内容，也可以考虑在这些城市举办线下活动，增强与粉丝的互动。

4. 兴趣分布：教育、娱乐、影视、生活、美食等领域的兴趣占比较高。在内容创作上，可以围绕这些兴趣点展开，提供有价值、有趣的内容。

五、运营优化策略

1. 内容优化

结合粉丝画像中的兴趣分布，增加教育、娱乐、影视、生活、美食等领域的内容创作，确保内容符合目标受众的喜好。

提高内容质量，提供有价值的信息和独特的观点，增强内容的吸引力和实用性。

尝试多样化的内容形式，如视频、图文等，满足不同用户的浏览习惯。

2. 互动提升

主动与粉丝互动，回复评论和私信，与粉丝建立良好的沟通和互动关系。

举办互动活动，如抽奖、问答、话题讨论等，提高粉丝的参与度和活跃度。

关注粉丝的反馈和建议，根据粉丝需求调整内容方向和运营策略。

3. 推广拓展

利用小红书的热门话题和标签，提高内容的曝光度，吸引更多潜在粉丝。

与相关领域的优质博主合作，进行互推或合作创作内容，扩大账号的影响力和覆盖面。

考虑投放小红书广告，针对目标用户进行精准推广，快速增加粉丝数量。

3. 数据分析与调整

定期分析运营数据，关注粉丝增长、互动情况、内容阅读量等指标，及时发现问题并进行调整。

根据数据反馈，优化内容发布时间和频率，确保内容能够在用户活跃时段获得更多曝光。

得到文心一言生成的数据分析结果后，还需要对结果进行进一步优化，得出最终的分析结果。

3. 撰写数据分析报告

步骤1：构建数据分析报告框架。

在撰写数据分析报告前，你需要先设计小红书笔记运营数据分析报告的内容框架。一般数据分析报告使用"总—分—总"的结构，主要包括报告名称、目录、摘要、正文及附录，其中正文主要包含三个部分，即引言、运营数据分析、结论与建议。图8-41所示为数据分析报告内容结构。

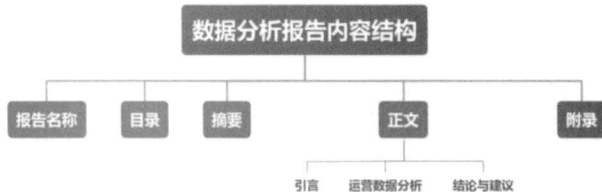

图8-41　数据分析报告内容结构

步骤2：生成数据分析报告内容。

确定了数据分析报告的框架后，就可以使用 AI 辅助完成报告初稿的撰写。打开文心一言，新建对话，输入提示词，如图 8-42 所示。

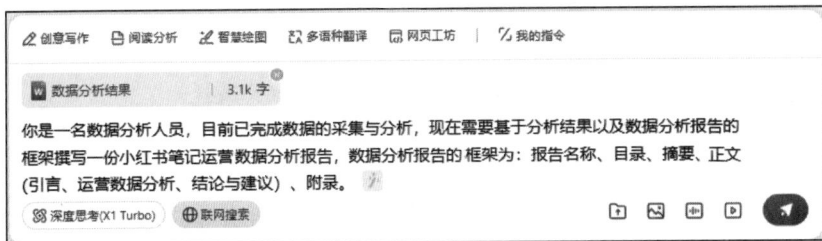

图 8-42　输入提示词

根据提示词，文心一言生成的结果如下。

【报告名称】
小红书笔记运营数据分析报告
【目录】
1. 摘要
2. 正文
2.1　引言
2.2　运营数据分析
2.2.1　账号基础数据分析
2.2.2　单篇笔记分析
2.2.3　粉丝数据分析
2.3　结论与建议
3. 附录
1. 摘要
本报告基于小红书账号在特定时间段内的运营数据，通过深入分析账号概览、单篇笔记及粉丝数据，揭示了当前运营中存在的问题，并提出了针对性的优化策略。分析结果显示，账号互动率极低，观看量基数小，粉丝增长缓慢，须从提升互动率、提高账号曝光度及加速粉丝增长三方面入手进行改进。

2. 正文
2.1　引言
在小红书平台日益激烈的竞争环境下，精准的数据分析成为提升账号运营效果的关键。本报告旨在通过系统分析账号运营数据，找出存在的问题，并提出切实可行的优化建议，以期提升账号的整体表现。
2.2　运营数据分析
2.2.1　账号基础数据分析
（1）数据概述：在 5 月 20 日至 5 月 27 日，账号共获得 36 次观看，主页访客 30 人，涨粉 3 人，但互动量为 0。
（2）详细分析
观看量：超过 9% 的同类创作者，但整体水平仍较低。

涨粉数：超过 15% 的同类创作者，但增长缓慢。

互动情况：互动量为 0，远低于同类创作者。

发文活跃度：超过 75% 的同类创作者，发文频率尚可。

（3）问题总结：互动率极低，观看量基数小，粉丝增长缓慢。

（4）优化策略

提升互动率：优化内容设计，积极回复评论，举办互动活动。

提高账号曝光度：优化标题和封面，利用热门话题，合作推广。

加速粉丝增长：持续输出优质内容，分析粉丝画像，利用社交媒体推广。

2.2.2 单篇笔记分析

（1）基础数据分析

曝光数：269 次，粉丝曝光占比 49.8%。

观看数：30 次，观看转化率约为 11.9%。

封面点击率：11.9%，粉丝封面点击率 5.2%。

平均观看时长：13.1 秒，粉丝平均观看时长 8.7 秒。

涨粉数：0。

（2）互动数据分析：点赞数、评论数、收藏数和分享数均为 0。

（3）优化策略

优化封面设计：突出亮点，测试不同风格。

提升标题吸引力：制造悬念，优化关键词。

优化内容质量：增加价值，改进叙事方式。

引导互动：提问引导，鼓励分享和收藏。

分析受众喜好：研究粉丝画像，关注热门话题。

定期复盘和调整：持续监测数据，尝试不同形式。

2.2.3 粉丝数据分析

（1）粉丝基础数据分析

近 7 日新增粉丝：3 人。

近 7 日流失粉丝：7 人。

总粉丝数：3381 人。

粉丝增长趋势：波动较大且整体数值较低。

（2）忠实互动粉丝分析：仅有 1 位忠实互动粉丝。

（3）新增粉丝来源分析：无法进行有效来源分析。

（4）粉丝画像分析

性别分布：女性占比 89%，男性占比 11%。

年龄分布：主要集中在 18～34 岁。

城市分布：上海、天津、北京、广州、南京等城市占比较高。

兴趣分布：教育、娱乐、影视、生活、美食等领域兴趣较高。

（5）运营优化策略

内容优化：结合粉丝画像，增加相关领域内容创作。

互动提升：主动与粉丝互动，举办互动活动。

推广拓展：利用热门话题和标签，与其他博主合作，考虑投放广告。

数据分析与调整：定期分析运营数据，优化笔记发布时间和频率。

2.3 结论与建议

2.3.1 结论

当前账号运营存在互动率低、观看量基数小、粉丝增长缓慢等问题，须从内容设计、互动引导、曝光度提升及粉丝增长策略等多方面进行改进。

2.3.2 建议

（1）加大内容创新力度，提升内容质量和吸引力。

（2）强化与粉丝的互动，与粉丝建立良好的沟通和互动关系。

（3）利用多种渠道提高账号曝光度，吸引更多潜在用户关注。

（4）定期分析运营数据，及时调整运营策略，确保账号持续健康发展。

附录

附件1：账号概览数据原始表格

附件2：单篇笔记数据详细分析表

附件3：粉丝画像详细数据图表

对生成的报告进行优化、完善，并补充相应的图表，以图文形式呈现报告内容，以便于直观了解数据的变化趋势。

练一练

请同学们使用文本生成工具，对图8-43所示的某抖音账号的运营数据进行分析，并根据数据分析结果撰写相应的数据分析报告。

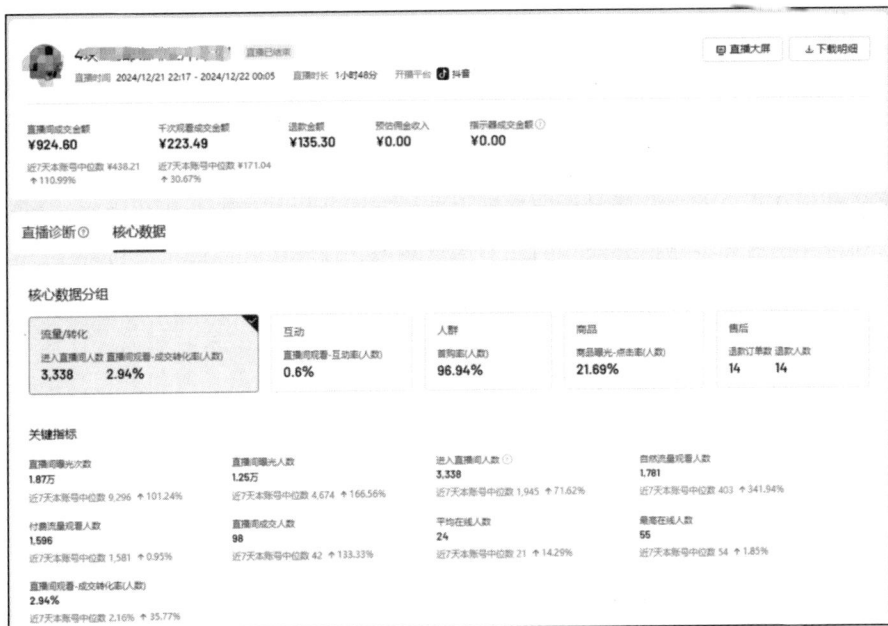

图8-43 某抖音账号的运营数据

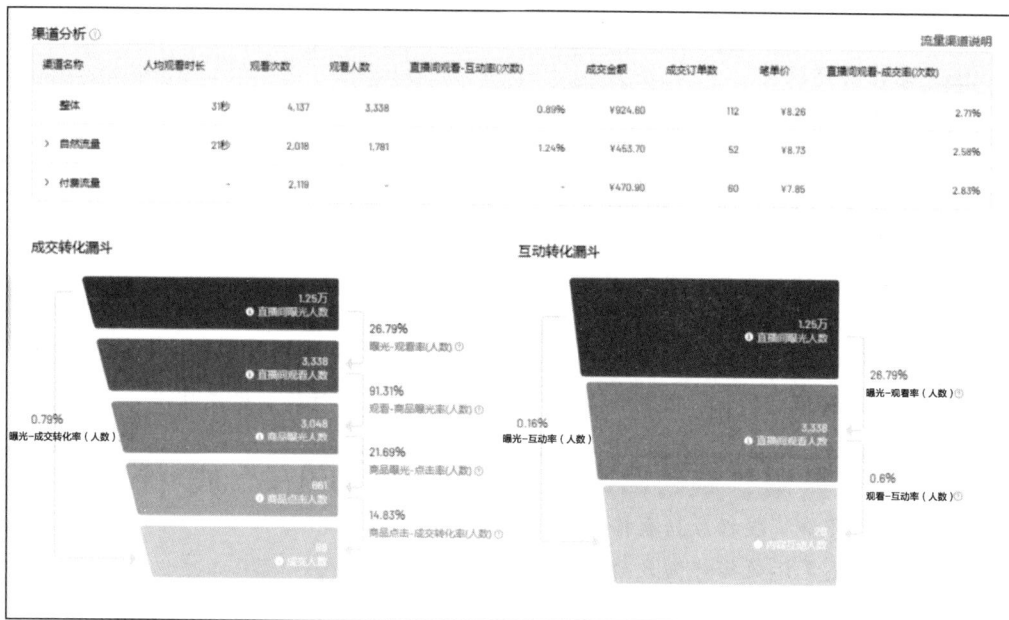

图 8-43　某抖音账号的运营数据（续）

同步实训

▌实训任务　为"千乐咖啡"品牌开展微信公众号运营

实训描述

本次实训你将担任一名新媒体运营专员，负责为"千乐咖啡"品牌开展微信公众号运营。你的任务是：通过市场调研，了解目标市场的需求、竞品表现及平台运作机制；基于市场调研结果，设计一套吸引年轻消费群体注意并引导其关注的内容策划方案；基于策划方案，撰写高质量的微信公众号文章；通过数据分析来评估运营效果，并据此优化内容策划和运营策略。本实训旨在通过模拟微信公众号的真实运营环境，让学生在品牌推广过程中，全面了解微信公众号实训平台（见图 8-44）的功能特点，掌握市场调研、内容策划、内容与互动、数据分析与优化的全流程营销技巧。

操作指导

一、市场调研

1. 阅读文章

实训平台内置两篇文章，分别围绕微信公众号的行业趋势与实际运营案例展开。阅读这些文章，可以更深入地理解微信公众号的运营逻辑及其在品牌推广中的作用。需参考文章中的数据和观点，结合调研发现撰写分析内容。

图 8-44　微信公众号实训平台首页

2.　分析竞品数据

实训平台提供了 5 个模拟咖啡品牌微信公众号的数据，需通过这些数据了解竞品的内容运营策略、用户互动情况及潜在优势或不足，为"千乐咖啡"品牌运营微信公众号提供参考。

3.　完成调研报告

通过上述分析，独立撰写一份市场调研报告。报告需体现分析的逻辑性和针对性，可以选择 AI 灵动助手协助完成撰写，但需确保最终内容表达清晰。

市场调研实训页面如图 8-45 所示。

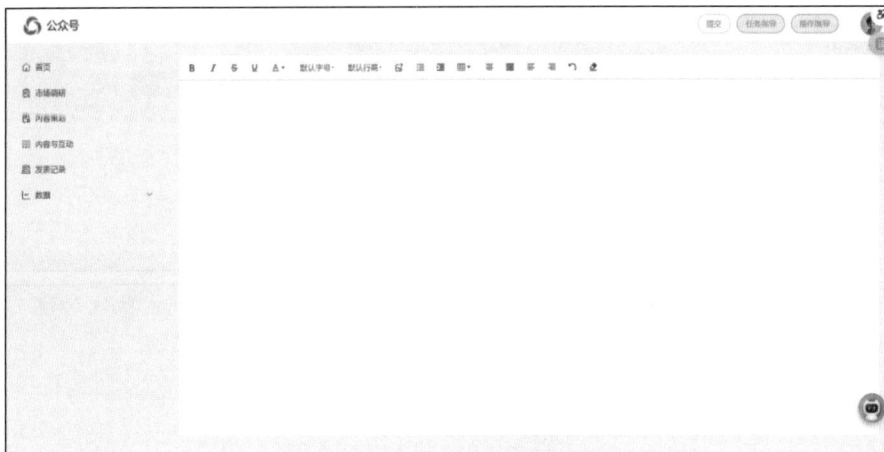

图 8-45　市场调研实训页面

二、内容策划

（1）提交一份完整的内容策划方案，包括主题设定、内容形式设计、互动形式设计及排期规划。

（2）排期规划需具有可行性，每周推文数量不少于 3 篇。

（3）可以选择 AI 灵动助手协助完成撰写，但需确保方案具有创意性、针对性及用户导向性。

内容策划实训页面如图 8-46 所示。

图 8-46　内容策划实训页面

三、内容与互动

完成文章撰写与发布：

（1）选择合适的文章封面图片，并且发布符合主题要求的文章内容，字数不少于 800 字；

（2）配图不少于 3 张，需与文章内容相关，提升阅读体验；

（3）添加引导用户互动的内容，可以选择 AI 灵动助手协助完成撰写，但需确保内容符合品牌形象，提问设计需简洁明确。

内容与互动实训页面如图 8-47 所示。

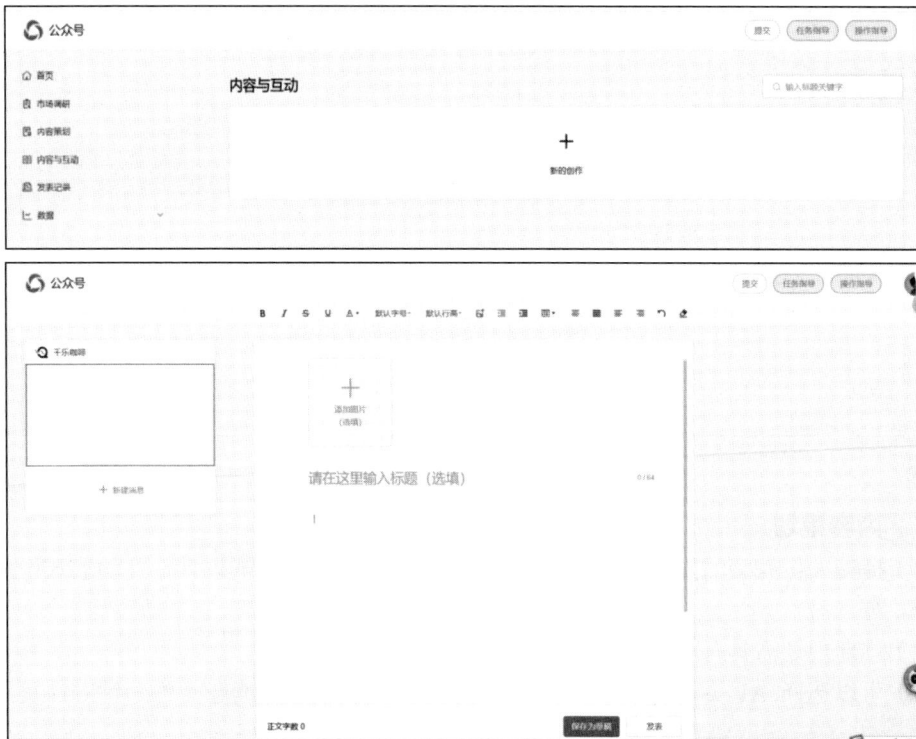

图 8-47　内容与互动实训页面

四、数据分析与优化

（1）提交一份数据分析报告，报告需清晰呈现分析结果，并提出具有可行性的优化建议。

（2）优化建议需包含明确的执行步骤，并结合品牌定位说明调整依据。

（3）报告需逻辑清晰，可以选择 AI 灵动助手协助完成撰写，但需体现数据驱动的分析思路和营销策略改进能力。

数据分析实训页面如图 8-48 所示。

图 8-48　数据分析实训页面

实训评价

基于学生在本次实训中的表现及完成结果，学生自己和教师对考核项目进行评分，同时学生进行自我评价，教师进行成果点评。

考核项目	学生 自评分（30%）	教师 评分（70%）
市场调研过程中，能够根据所提供的文章资源及竞品数据进行调研分析，并利用 AI 工具完成调研报告的撰写（25 分）		
内容策划过程中，能够结合品牌定位和目标用户特征，设定微信公众号主题、设计内容形式和互动形式，并借助 AI 工具撰写出具有创意性、针对性及用户导向性的内容策划方案（25 分）		
内容发布过程中，能够结合内容主题，选择合适的文章背景图及内容配图，并借助 AI 工具撰写吸引用户参与互动的问题或活动内容。发布文案内容是否经过了合理的排版及内容优化（25 分）		
数据分析过程中，能够收集微信公众号推文数据，并对收集的数据进行分析，提出合理的优化建议，并能够利用 AI 工具辅助完成数据分析报告的撰写（25 分）		
总计（100 分）		

自我评价	教师点评

参考文献

[1] 周玉姣. 新媒体运营：账号定位+文案创作+广告设计+数据分析[M]. 北京：清华大学出版社，2024.

[2] 麓山AI研习社. 文心一言：人人都能上手的AI工具[M]. 北京：人民邮电出版社，2024.

[3] 秦清梅. 新媒体营销[M]. 北京：中国财富出版社，2024.

[4] 苏艳艳. 新媒体营销[M]. 北京：中国财富出版社，2023.

[5] 程希冀. 学会提问，驾驭AI：提示词从入门到精通[M]. 北京：电子工业出版社，2024.

[6] 秋叶，刘进新，贾凝墨，万静. 秒懂AI写作[M]. 北京：人民邮电出版社，2023.